1789 KOEHLER & AMELANG 1806

KULTURHISTORISCHE REIHE

EVELYN KLENGEL-BRANDT

DER TURM VON BABYLON

LEGENDE UND GESCHICHTE EINES BAUWERKES

KOEHLER & AMELANG

Klengel-Brandt, Evelyn:
Der Turm von Babylon: Legende und Geschichte
eines Bauwerkes / Evelyn Klengel-Brandt. –
2. Aufl. - Berlin; Leipzig: Koehler & Amelang,
1992. - 196 S.: zahlr. Abb. (z. T. farb.), 1 Kt.
ISBN 3–7338–0089–3

ISBN 3–7338–0089–3
2., veränderte Auflage 1992
(14.–17. Tausend)

Printed in Germany
Reproduktionen: Märkische Verlags- und Druck-Gesellschaft mbh Potsdam
Satz, Druck und Binden: Druckwerkstätten Stollberg GmbH
Zeichnungen: Hans-Ulrich Herold
Typographie: Joachim Kölbel
Schutzumschlag und Einband: Jens Prockat

INHALT

«WOHLAN, WIR WOLLEN UNS EINE STADT BAUEN UND EINEN TURM...»

Biblische Nachrichten ■ Selten hat eine Stadt des Altertums durch die Jahrhunderte hindurch die Phantasie der Menschen so beschäftigt wie Babylon. Ihr Name, der vor allem durch die Bibel überliefert wurde, ist zum Inbegriff einer großen und volkreichen Stadt mit prachtvollen Bauten geworden. Die Erwähnungen Babylons in den Büchern des Alten Testaments gehen auf die zumeist kriegerischen Begegnungen der Babylonier mit den Bewohnern Palästinas zurück. Ihre Erfahrungen bestimmten auch die negative Tendenz der Aussagen. Die Eroberung von Jerusalem und die Zerstörung des Salomonischen Tempels ist für immer mit dem Namen von Babylon und dem seines Königs Nebukadnezar II. verbunden, der in den Jahren 597 und 587 v. Chr. nach Palästina gezogen war und Teile der judäischen Bevölkerung in die Gefangenschaft nach Babylon geführt hatte.

Unter all diesen engagierten Äußerungen der Verfasser der biblischen Schriften hat sich von jeher ein Bericht herausgehoben, der besonders einprägsam war, in hohem Maße Gefühl und Phantasie der Menschen ansprach und zum künstlerischen Gestalten anregte: die Geschichte von Bau und Zerstörung des Babylonischen Turmes.

«Die ganze Erde hatte nur eine Sprache und gebrauchte die gleichen Worte. Als sie von Osten aufbrachen, fanden sie eine Ebene im Lande Sinear und ließen sich dort nieder. Sie sprachen zueinander: ‹Wohlan, wir wollen Ziegel formen und sie brennen!› Die Ziegel dienten ihnen als Bausteine und das Erdpech als Mörtel. Dann sagten sie: ‹Wohlan, wir wollen uns eine Stadt bauen und einen Turm, dessen Spitze bis zum Himmel reicht! Wir wollen uns einen Namen machen, damit wir uns nicht über die ganze Erde zerstreuen!›

Da stieg Jahwe herab, um die Stadt und den Turm anzusehen, den die Menschen gebaut hatten. Und Jahwe sprach: ‹Siehe, sie sind ein Volk und sprechen alle eine Sprache. Das ist erst der Anfang ihres Tuns. Fortan wird für sie nichts mehr unausführbar sein, was immer sie zu tun ersinnen. Wohlan, wir wollen hinabsteigen und dort ihre Sprache verwirren, so daß keiner mehr die Sprache des anderen versteht!› Da zerstreute Jahwe sie von dort über die ganze Erde, und sie mußten aufhören, die Stadt zu bauen. Darum nennt man sie Babel. Denn dort hat Jahwe die Sprache der ganzen Erde verwirrt und von dort hat sie Jahwe über die ganze Erde zerstreut.» [1]

Es war diese Geschichte, die Babylon zum Symbol für menschliche Schöpferkraft und menschlichen Hochmut werden ließ, die sich gewaltige und alles Maß übersteigende Aufgaben stellen. Die Vollendung der Arbeit wird durch göttliches Eingreifen unterbrochen und damit sinnbildlich das Scheitern solcher Vorhaben gezeigt.

Turmdarstellungen des Mittelalters ■ Schon bald nach der Verbreitung des Christentums und seiner Annahme als Staatsreligion entwickelte sich die Illustrierung der Bibelhandschriften zu einem wichtigen Zweig des künstlerischen Schaffens. Aber nicht nur hier, sondern auch in anderen Kunstgattungen stand die Wiedergabe von Begebenheiten aus den biblischen Schriften im Mittelpunkt. Gerade der Babylonische Turm bot den Künstlern durch die einprägsame Schilderung des Alten Testaments einen Anreiz zur bildlichen Umsetzung. Hierbei darf man allerdings keine realistischen Darstellungen erwarten, denn dazu fehlten den Künstlern jede Grundlage und auch das historische Interesse. Ihre Bilder waren vielmehr von der zeitgenössischen Tradition geprägt, mußten sich an den Wünschen der Auftraggeber und am Material orientieren. Die eigene künstlerische Freiheit konnte sich gewöhnlich nur im Detail ausleben, das dadurch gewisse Variationen erfuhr.

Erst heute, nachdem jahrzehntelange Forschungen und Ausgrabungen in den Ländern des Nahen Ostens gezeigt haben, daß die biblische Geschichte vom Turm zu Babel auf einen historischen Kern zurückgeht, weiß man mehr vom Aussehen des Bauwerks. Man kann ermessen, mit welcher Phantasie die Künstler das Thema gestalteten und wie weit sie sich von den Realitäten entfernten. Trotzdem entbehren die Darstellungen des Turmes von Babylon in der Kunst nicht des Interesses, sind sie doch wichtige Zeitdokumente. Schon das sich wandelnde Aussehen des Turmes kann Auskunft geben über die zu Lebzeiten des Künstlers vorhandenen Kenntnisse und Vorstellungen vom Bauwerk selbst und seiner Umgebung sowie über die Entwicklung der Bautechniken.

Zu den frühesten uns bekannten Darstellungen gehört ein Elfenbeinrelief aus der Kathedrale von Salerno, jener Stadt, die vor allem durch den Handel mit dem Orient zu Reichtum kam. Es entstand im 11. Jahrhundert und gehört an den Anfang einer langen Entwicklungsreihe, die die eigentliche Erbauung des Turmes zum Thema hat. Zwar ist in diesem Relief auch der strafende Gott in gleicher Größe wie der Turm wiedergegeben, daneben nehmen jedoch die kleinen Gestalten der Bauarbeiter einen ebenso wichtigen Raum ein. Das Gebäude selbst ist als einfacher schmaler Pfeilerbau gestaltet, der sich im Rahmen der Gesamtdarstellung recht unscheinbar ausnimmt.

Viele der mittelalterlichen Künstler benutzten das Thema der Errichtung eines solchen Riesenbauwerkes, um ausführlich die verschiedenen Arbeitsvorgänge zu schildern. Das Gebäude, meist ein schmaler zwei- oder dreigeschossiger Turm, trat daneben fast in den Hintergrund. Auf der aus dem Jahre 1411 stammenden Bibelillustration eines Schweizer Meisters für Friedrich von Toggenburg hat der Turm das 1
Aussehen einer Befestigung angenommen und erinnert mit seinem fünfeckigen Grundriß an die Barbakane in den mittelalterlichen Stadtmauern. Sehr realistisch sind die einzelnen Arbeiten und die dabei verwendeten Werkzeuge gemalt. Man spürt die Freude des Künstlers an diesen technischen Details, die er sicher häufig bei Bauten in seiner Heimat beobachten konnte.

Das Morgenland, das für den Europäer des Mittelalters voller Geheimnisse und sagenhafter Schätze war, hatte kaum einer der Zeitgenossen mit eigenen Augen gesehen. So ist es verständlich, daß der Turm den ihnen bekannten Bauten ihrer Heimatländer glich. Erst durch die Kreuzfahrer, die auf ihren Kriegszügen bis nach Palästina, Syrien und in die Türkei gelangten, kamen ausführlichere Informationen über Land und Leute nach Europa. Viele mögen von den großen Moscheebauten mit ihren Gebetstürmen berichtet oder gelegentlich eine Zeichnung mitgebracht haben. So zeigt die Darstellung aus dem «Stundenbuch» des Herzogs von Bedford um 1430 einen hohen, von einer Wendeltreppe umgebenen Turm. Seine Gestalt mag beeinflußt sein durch Minarette wie die der großen Moscheen von Samarra 7
oder der Ibn-Tulun-Moschee in Kairo. Wichtig ist hier nicht nur die gewandelte Form des mit reich

1
Der Turmbau zu Babel, Illustration aus der Toggenburg-Bibel. Schweizer Meister, Oberrheinische Schule, um 1411

Disses ist der turn võ Babilon v tuser viiii hūdert lxxiiii schrit hoch vn

II
Der Turmbau zu Babel. Gemälde von Pieter Breughel d. Ä., 1563

verzierten Balustraden umgebenen Turmes, sondern auch die Tatsache, daß er in eine vielgestaltige Landschaft hineingesetzt wurde, die mit ihren Türmen und Kuppeln ein fast orientalisches Gepräge erhält. Die kleinteilige Wiedergabe der Arbeitsvorgänge spiegelt die in der Mitte des 15. Jahrhunderts verwendeten Techniken anschaulich wider. Das in der Bibel beschriebene göttliche Eingreifen wird durch die herabschwebenden Engel gekennzeichnet, die offensichtlich bereits erfolgreich die Verwirrung der Sprachen eingeleitet haben.

Das Turmmotiv in neuerer Zeit ■ Hatten die Türme bisher einen vier- oder mehreckigen Grundriß, so trat mit einem Holzschnitt von Hans Holbein d. J. 1526 erstmalig der Rundbau in Erscheinung. Bei Holbein ist es noch ein recht bescheidenes Bauwerk, doch
1 führt von hier der Weg zu den gewaltigen Rundtürmen mit Wendelrampen, wie sie auf zahllosen niederländischen Gemälden und Graphiken vorkommen. Das Hauptinteresse der Künstler war nicht mehr auf die Illustration der Arbeitshandlungen gerichtet, sondern vielmehr auf den Turm an sich und seine Konstruktion. Die riesigen, bis in die Wolken ragenden Bauwerke entsprechen mehr den Schilderungen der Bibel, in denen gerade die Maßlosigkeit des Vorhabens den Grund für die Katastrophe bildet. Künstler aus verschiedenen niederländischen Malerfamilien und Werkstätten nahmen sich des Themas nachdrücklich an. Es scheint bei den Auftraggebern und in der Öffentlichkeit ein großes Interesse daran bestanden zu haben.

Ausgehend von der Form des runden Turmes entwickelten sie zahlreiche phantasievolle Varianten, die vor allem durch unterschiedliche Details ausgedrückt wurden. Unter ihnen nimmt die beeindruk-
II kende Darstellung des Pieter Brueghel, datiert 1563, einen besonderen Platz ein. Sie zeigt den mächtigen Rundturm bereits im Zustand der Zerstörung, so daß der Blick auf seine Konstruktion frei wird. Das ganze Bauwerk ist mit rundbogigen Tür- und Fensteröffnungen überzogen, die in die Räumlichkeiten im Inneren des Turmes weisen. Der Bau steht in einer weiten niederländischen Landschaft mit einer umwallten Stadt im Hintergrund, dazu Meer und Hafen, die dem Maler Gelegenheit zu kleinteiligen Schilderungen geben.

Die meisten der zu dieser Zeit dargestellten Türme haben mächtige, spiralförmig ansteigende Rampen, die bis zur Spitze führen. An ihrem Fuß stehen weitere, dem Zeitgeschmack entsprechende Bauwerke wie Brückenkonstruktionen, Auffahrten, Festungen und Kuppelanlagen. Die Menschen, winzig klein daneben, zeigen eine schöpferische Geschäftigkeit, die auch in vielen anderen niederländischen Gemälden zu beobachten ist. Auch bei dieser Thematik findet die Lust am Genrebild ihre Widerspiegelung. Fürstliche Auftraggeber und ausführende Architekten erscheinen erst klein am Rande und behaupten dann allmählich einen immer wichtigeren Platz im Bild. Das frühbürgerliche Selbstgefühl der niederländischen Bevölkerung manifestiert sich auch in der Gestaltung dieses biblischen Motivs. Auch das 1595
2 entstandene und heute in der Dresdner Gemäldegalerie befindliche Bild des Maerten van Valckenborch steht in dieser Tradition.

Es ist auch kein Zufall, daß in den anderen europäischen Ländern kein den Niederlanden vergleichbares Interesse an dieser Thematik zu erkennen ist. So entstanden dort nur wenige bildliche Wiedergaben des Babylonischen Turmes. Das Thema gehörte jedoch in die standardmäßig ausgestatteten Bibelausgaben, wo es im Kupferstich oder Holzstich, meist in Anlehnung an bekannte Gemälde, reproduziert wurde.

Inzwischen erwachte in Europa im Verlaufe des 17. Jahrhunderts ein über die Bibel hinausgehendes Interesse an den orientalischen Ländern. Wissenschaftler und Künstler versuchten, sich von den untergegangenen Kulturen und ihren Bauwerken ein differenzierteres Bild zu machen, obwohl ihnen dafür noch immer die eigentlichen Grundlagen fehlten. Es

gab zwar gelegentlich Berichte von Reisenden, wie von dem Arzt Leonhard Rauwolf und dem Italiener Pietro della Valle, die im 16. und 17. Jahrhundert 3
den Vorderen Orient bereisten und ihre Erlebnisse und Eindrücke niederschrieben. Aber auch sie hatten nur die kümmerlichen Reste der einstigen Städte gesehen und konnten keine genaueren Angaben über das Aussehen ihrer Bauten machen.

Man betrieb trotz allem Forschungen, die auf einer Zusammenstellung des bisher Bekannten beruhten. 1679 schrieb der bekannte Gelehrte Athanasius 4,
Kircher ein Werk über den Babylonischen Turm, in 5
dem er sich hauptsächlich auf die Angaben der antiken Schriftsteller Herodot und Ktesias mit ihrer Beschreibung des Turmes stützte. Die Illustrationen seines Buches unterscheiden sich wesentlich von den bisher üblichen Typen, denn sie stellen den Turm in eine Stadt hinein. Deren Anlage mit ihren schachbrettartig verlaufenden Straßenzügen, flachen Häusern und Prunkbauten orientierte sich wahrscheinlich an den Beschreibungen utopischer Staaten und ihrer Gesellschaft in der Literatur. Der Turm selbst nimmt eine wichtige Position ein und liegt nahe an dem die Stadt durchschneidenden Flußlauf. Er behält den runden Grundriß der früheren Zeiten bei und hat eine spitze, von einer spindelförmig aufsteigenden Rampe bestimmte Form. Dieses von Athanasius Kircher inspirierte Bild wurde lange Zeit hindurch kopiert, wie beispielsweise die nur unwesentlich in Einzelheiten abgewandelte Wiedergabe des Johann Georg Schmidt (1694–1767) aus Dresden beweist. 8,
Als eigene Zutat und dem Geschmack seiner Zeit 9, 10
entsprechend kann bei ihm wohl lediglich der griechisch wirkende Tempel mit skulptiertem Giebelfeld und figürlichen Akroteren auf dem Dach gelten, der den Abschluß des Turmes bildet.

Der bedeutende Architekt J. B. Fischer von Erlach ging in seinem Entwurf des Babylonischen Turmes 1721 noch einen Schritt weiter und löste sich von der bisher üblichen runden Form. Seine Rekonstruktion eines achtstöckigen Gebäudes mit rechteckigem Grundriß lehnt sich offensichtlich enger an die Beschreibung des Herodot an und nähert sich damit stärker als alle früheren Darstellungen jenem Bild, das die Forschung heute von den Türmen Babyloniens zeichnen kann. Seinen Entwürfen für zeitgenössische Schlösser und Gärten dürfte die Umgebung, in die der Turm gestellt wurde, entstammen.

Die Quellen- und Architekturstudien, die seit Athanasius Kircher vielen Darstellungen des Turmes vorausgingen, zeigen das Bemühen der Künstler, sich den Problemen des Turms von Babylon nicht unter einem religiös-mythischen, sondern einem historischen Aspekt zu nähern. Auch wenn zu gleicher Zeit noch zahlreiche im alten Stil stehende Illustrationen des Rundturmes in verschiedensten Abwandlungen verbreitet waren, so bahnte sich doch allmählich eine neue Auffassung an.

Wie beliebt und allgemein verbreitet die Thematik des Babylonischen Turms im 16. und 17. Jahrhundert war, zeigt das Kunstgewerbe. Die manchmal bis zur Unkenntlichkeit abgewandelten Bauwerke sind auf Gobelins, Kacheln und Miniaturen zu finden. Auch in Form von Tafelaufsätzen und Uhren, wie das Beispiel einer 1602 entstandenen Kugellauf- 6
uhr aus dem Dresdner Grünen Gewölbe zeigt, wurde das Motiv gestaltet.

Obwohl im 19. Jahrhundert durch Forschungsreisende und später durch die ersten archäologischen Untersuchungen authentische Berichte über Mesopotamien und seine Bauwerke nach Europa gelangten, ließ das Interesse der Künstler an dem Turm von Babylon spürbar nach. Es war nicht mehr das Alte Testament, das ihre Sujets bestimmte, sie wandten sich anderen Bereichen zu. Biblische Themen wurden mehr dem Neuen Testament entnommen und seine Geschichten und Gleichnisse bildlich gestaltet. Die in diesem Zeitraum entstandenen Bilder bieten keine wesentlich neue Sicht des Turmes; es war meist der Rundturm mit Wendeltreppe und bogenförmigen Öffnungen, der bereits seit dem 16. Jahrhundert die Wiedergabe bestimmt hatte. Entsprechend dem Zeitgeschmack treten dramatische Figurenszenen in den Vordergrund, für die der Turm nur die Kulisse liefert, ohne in wirklicher Beziehung dazu zu stehen. Als interessantes Beispiel dafür kann das 1847/48 von Wilhelm von Kaulbach geschaffene Wandgemälde ehemals im Treppenhaus des Neuen Museums in Berlin gelten. Der Turm, hier nur noch in seinem Unterbau sichtbar, zeigt die nach dem göttlichen Eingreifen einsetzende Sprachverwirrung, die durch theatralisch und posenhaft wirkende Einzelgruppen und Szenen angedeutet wird.

Nach den im Verlaufe des 19. und vor allem unseres Jahrhunderts erfolgten archäologischen Forschungen in allen Teilen des alten Mesopotamien konnte ein wissenschaftlich fundiertes Bild des Babylonischen Turmes entworfen werden. Seine Darstellung war damit aus dem Bereich der Phantasie in den des Authentischen hinübergewechselt. Seine Wiedergabe und die Beschäftigung damit gehörten mehr in die Kompetenz des Wissenschaftlers als des Künstlers. So ist es auch verständlich, daß nur noch wenige Darstellungen des Turmes in der bildenden Kunst zu finden sind. Die Bibel, ohnehin als Thematik vollkommen in den Hintergrund gedrängt, wird nur noch selten von den Künstlern herangezogen. Bei der Wiedergabe des Turmes kann man sich jetzt entweder an den in der wissenschaftlichen Literatur reichlich vorhandenen Abbildungen und Modellen orientieren oder diese absichtlich außer Acht lassen, um der eigenen Phantasie den Vorzug zu geben. So ist der Turm von Babylon nicht vollkommen vergessen; man findet ihn auch jetzt noch gelegentlich dargestellt. Der Maler kann beim gebildeten Betrachter anschließen an dessen Kenntnisse über dieses Bauwerk, oder er kann allgemein menschliche Probleme an Hand der Turmlegende in eine symbolhafte Gestalt kleiden. So hat sich der Leipziger Ma-
14 ler Bernhard Heisig in den letzten Jahren mit mehreren Bildern wieder dieser Problematik zugewandt. Mit seiner Ansicht des Turmes und dem geigenden Mann im Vordergrund des Bildes schlägt er eine Brücke zwischen der Wissenschaft und der mit diesem Bauwerk verbundenen Symbolik, der Bedrohung des Menschen durch die Gewalten des Krieges und des Unterganges.

«DER TEMPEL DES BELUS LIEGT MITTEN IN BABYLON...» *(Arrian)*

Wenn den Künstlern des hohen Mittelalters hauptsächlich daran gelegen war, eine Illustration und Interpretation des Bibelwortes zu liefern, so entsprach das dem Kenntnisstand ihrer Zeit. Man wußte damals in Europa kaum etwas vom Orient und so gut wie nichts von seiner Geschichte. Die religiösen Gegensätze zwischen Christentum und Islam prallten gerade in dieser Zeit heftig aufeinander. Die Kreuzzüge, die große europäische Heere in den Orient führten, dienten in erster Linie der Ausbreitung der Einflußbereiche europäischer Herrscher, die diese geschickt unter dem Mantel der «Verteidigung der heiligen Stätten» verbargen. Die Heere erreichten aber nicht die Gebiete Mesopotamiens, sondern blieben im wesentlichen auf Kleinasien, Syrien und Palästina beschränkt. So konnten die kriegerischen Invasionen nicht zu einer Erweiterung der Kenntnisse über die Stätten des mesopotamischen Altertums beitragen. Sie bewirkten im Gegenteil eher eine Abschließung der Gebiete und Feindseligkeit bei der islamischen Bevölkerung.

Frühe Reisende in Mesopotamien ■ So sind damals nur wenige Nachrichten über die weit von der Küste des Mittelmeeres entfernt liegenden Gebiete Arabiens nach Europa gekommen. Doch zeigen bereits diese schriftlichen Überlieferungen, daß die in Mesopotamien reisenden Europäer versuchten, den durch die Bibel bekannten Babylonischen Turm zu finden.

Diesem Wunsch stellten sich viele Schwierigkeiten entgegen. Zuerst einmal war das Reisen selbst äußerst beschwerlich. Es mußte zu Pferde, mit dem Esel oder zu Fuß vor sich gehen, was von den Reisenden gute Kondition und Gesundheit erforderte. Zum anderen waren die Gebiete, die sie durchzogen, alles andere als sicher. Auf dem Wege in das Zweistromland mußten entweder Kleinasien oder die syrisch-arabische Wüste durchquert werden, Gebiete, die von nomadisch lebenden Stämmen oder Völkerschaften kontrolliert wurden. Für sie waren Europäer seltsame und suspekte Personen, noch dazu, wenn sie sich allzusehr für bestimmte Plätze interessierten. Dazu kamen die religiösen Gegensätze, die manchen «Ungläubigen», das heißt Fremden, das Leben kosteten. So blieb es Jahrhunderte hindurch ein sehr gefährliches Abenteuer, durch den Orient zu reisen. Auch das Klima mit dem überaus heißen Sommer, den starken Gegensätzen von Tag und Nacht und der winterlichen Regenzeit stellte häufig eine Belastung für die Gesundheit dar, nicht zu reden von der ungewohnten Ernährung und der Hygiene.

Mesopotamien selbst dürfte dem Reisenden damals außerhalb der größeren Städte nur wenig Interessantes geboten haben. Waren doch die berühmten Orte des Altertums längst verfallen, vom Sande bedeckt und kaum noch aufzufinden. Nur in wenigen von der einheimischen Bevölkerung benutzten Namen lebten die alten Bezeichnungen fort. So war es möglich, die Plätze als ehemalige Siedlungen zu bestimmen. Zu den wenigen gehörte Babylon, dessen Name sich in der Benennung eines der Ruinenhügel als Babil erhalten hatte. Die Erinnerung an diese große und bedeutende Stadt war niemals ganz aus dem Gedächtnis der Menschen verschwunden. Die Bewohner der auf dem Ruinenfeld selbst oder der in der Nähe befindlichen Dörfer verbanden damit allerdings keine Vorstellungen über die zeitliche Stellung und Bedeutung der Stadt. Nur der Name war von Generation zu Generation weitergegeben worden. Auf diese Weise war es den wenigen bis nach Mesopotamien vordringenden Reisenden möglich, die Stätte des alten Babylon zu lokalisieren. Sie hielten meist auf Grund ihrer Bibelkenntnisse Ausschau nach dem dort geschilderten gewaltigen Gebäude des Turmes.

Der erste Reisende, von dem eine kurze Beschreibung der Ruinen Babylons vorliegt, ist der Spanier Benjamin von Tudela aus Navarra, der zwischen 1160 und 1173 den Orient bereiste. Ihn leiteten dabei weniger wissenschaftliche Interessen als der Auftrag, die im Zweistromland ansässigen Judengemeinden zu zählen. Da sich eine größere Ansiedlung in der Nähe von Babylon befand, kam er auch dorthin und fand die Stadt in trostlosem und verfallenem Zustand. Sicher suchte er auch nach dem Babylonischen Turm und dürfte einen der größeren Ruinenhügel, wahrscheinlich Birs Nimrud, dafür gehalten haben.

Die Schilderung des Benjamin von Tudela fand zu ihrer Zeit in Europa wenig Widerhall, und sie blieb für mehrere Jahrhunderte auch der einzige Bericht eines Augenzeugen. Erst aus dem 16. Jahrhundert sind wieder einige schriftliche Nachrichten über Reisen nach Mesopotamien bekannt. Es waren meist zufällige Besuche von Diplomaten und Händlern, doch erwiesen sich einige von ihnen als gute Beobachter und Schilderer der von ihnen gesehenen Landschaften. Hervorzuheben ist der deutsche Arzt Leonhard Rauwolf, der zwischen 1573 und 1576 den Orient bereiste und auch Babylon einen Besuch abstattete. Auch er suchte wie die meisten seiner Nachfolger nach Überresten eines mächtigen Bauwerkes, das er nicht unmittelbar an der als Babylon bekannten Stätte finden konnte.

Noch heute kann man die beiden großen Baureste besichtigen, die damals, je nach Anschauung und Überlegung der jeweiligen Reisenden, für den Babylonischen Turm gehalten wurden. Das eine ist der
Überrest des Turmes von Aqarquf, westlich von Bag- 37,
dad gelegen, das andere die Ruine von Borsippa, 70,
heute Birs Nimrud genannt, südwestlich von Baby- 71
lon. Diese beiden Hügel enthalten, wie die Reisenden sehr richtig beobachteten, die Überreste von Tempeltürmen. Es handelt sich jedoch bei keinem von

ihnen um den Turm von Babylon, sondern um ähnliche Anlagen. Diese wurden vor dem Hintergrund der nicht immer zuverlässigen und häufig auch fehlinterpretierten Schilderungen antiker Autoren wie Herodot, Strabon oder Arrian mit Babylon in Verbindung gebracht, was zu einer Überschätzung der Größe der Stadt führte. So glaubte man zum Beispiel den richtigen Hinweis des Arrian, daß sich der von ihm «Tempel des Belus» genannte Turm mitten in Babylon befinde, nur durch die gewaltige Ausdehnung der Stadt erklären zu können, indem Aqarquf oder Borsippa mit in das Stadtgebiet einbezogen wurden.

Als ein scharfer Beobachter erwies sich der italie-
3 nische Edelmann Pietro della Valle, den eine Pilgerfahrt zum Heiligen Grab in den Orient führte. Er benutzte die Gelegenheit, jahrelang in Ägypten, Syrien, Mesopotamien und Iran umherzureisen. Seine Beobachtungen veröffentlichte er 1650–53 in Rom und schilderte darin recht anschaulich seine Erlebnisse. Im Jahre 1616 erreichte er Babylon und sah dort einen kolossalen viereckigen Turm, dessen Ecken nach den Himmelsrichtungen ausgerichtet sind. Das Baumaterial, das er als das «anmercklichste Ding, so ich jemals gesehen habe» bezeichnet, sind in der Sonne getrocknete Ziegel. Doch kamen «bald hier, bald dort, sonderlich in denen Orten, die gleichsam als Stützen sein müssen, auch im Ofen gebrannte von gleicher Größe vor».[2] Er schritt die Größe des Turmumfanges ab und setzte sie mit den Maßen in Beziehung, die der griechische Schriftsteller Strabon für den Babylonischen Turm genannt hatte. Wie wir jetzt wissen, hielt Pietro della Valle den Ruinenhügel Babil im Nordosten von Babylon für die Überreste des Turmes. Sein Interesse an den alten Kulturen führte ihn dazu, daß er einige beschriftete Ziegel in Babylon und später auch in Ur auflas und sie nach Europa schickte. Diese Dokumente dürften, zusammen mit einigen von ihm in Persepolis kopierten Inschriften, die ersten nach Europa gelangten Zeugnisse für die geheimnisvolle Keilschrift des Altertums gewesen sein. Doch blieben sie zu diesem Zeitpunkt relativ unbekannt und wurden nur als Kuriositäten betrachtet. Pietro della Valle machte sich allerdings schon Gedanken über die Urkunden und vermutete, daß die Schrift von links nach rechts zu lesen sei.

Auch in den folgenden Jahrzehnten des 17. Jahrhunderts kamen hin und wieder europäische Reisende bis nach Babylon. Manche von ihnen verfaßten Berichte und äußerten eigene Beobachtungen und Meinungen zur Frage des Babylonischen Turmes, andere hingegen wiederholten nur die bereits bekannten Argumente. Die Diskussion ging in der Hauptsache um die Ruinen von Aqarquf und Birs Nimrud, hin und wieder wurde auch weiterhin Babil, der Ruinenhügel des Sommerpalastes von Nebukadnezar, ins Gespräch gebracht. Viele der Reisenden waren Missionare oder Priester, die die Frage des Babylonischen Turmes vom religiösen Standpunkt her betrachteten und eine Bestätigung der Bibel suchten.

Erwachendes wissenschaftliches Interesse ■ Das Interesse Europas an den außerhalb seines Kontinents gelegenen Ländern und ihrer Geschichte wuchs in der zweiten Hälfte des 17. und vor allem im 18. Jahrhundert spürbar. Die Entwicklung der Geisteswissenschaften, die Kenntnis und Erforschung fremder Sprachen brachte den Wunsch mit sich, mehr über die alten Staaten zu erfahren. Damit wuchs auch die Erkenntnis, daß die Wurzeln vieler menschlicher Errungenschaften im Orient zu suchen sind. Als Land einer blühenden, traditionsreichen Kultur erfreute sich besonders China steigender Beliebtheit; seine Erzeugnisse begannen von diesem Zeitpunkt an in immer höherem Maße die europäische Kunst zu beeinflussen. Auch Ägypten bot den Reisenden viele eindrucksvolle Zeugnisse seiner alten Kultur, hinter denen die Ruinenhügel Vorderasiens zurückstehen mußten. Die Gründung von Handelsgesellschaften führte Europäer auch nach Mesopotamien und ermöglichte ihnen durch die längere Aufenthaltsdauer eine intensivere Beschäftigung mit Land und Leuten. In einigen Bereichen blieb es nach wie vor äußerst gefährlich, aber bestimmte, öfter befahrene Routen wurden besser bekannt.

Häufig zogen jetzt Naturwissenschaftler — Botaniker, Zoologen, Geographen — in die orientalischen Länder. Gewöhnt an eine exakte Beobachtung und präzise Ausdrucksweise, brachten ihre Reisebeschreibungen auch den Historikern neue Erkenntnisse. Noch heute sind sie von großem Wert und Interesse, da sie des öfteren einen besseren Erhaltungszustand von Ruinenstätten und Denkmälern schildern konnten. Mesopotamien gehörte allerdings nicht zu den bevorzugten Reisezielen und wurde gewöhnlich auf der Durchreise besucht, so daß man nicht allzu viele neue Erkenntnisse in bezug auf Babylon erzielte. Es gab aber bisher fast unbekannte Gebiete wie Südarabien, die besonderes Interesse auf sich zogen.

Als Mitglied einer größeren Expedition, die durch den dänischen König Friedrich V. ausgerüstet wurde, kam der Däne Carsten Niebuhr in den Orient und reiste schließlich nach dem Tode seiner Gefährten allein durch verschiedene Länder. 1765 überzeugte er sich selbst von der Richtigkeit der These, daß die alte Stadt Babylon in dem Ruinenfeld in der Nähe des Städtchens Hilleh zu suchen sei. Diese Annahme sah er vor allem durch die zahlreichen Ziegel mit Inschriften bestätigt, die dort überall zu finden waren. Er versuchte bereits, einen der dortigen Hügel als Palast des Nebukadnezar mit den berühmten Hängenden Gärten und die Ruine Birs Nimrud mit dem Babylonischen Turm zu identifizieren.

Wesentlich mehr über Babylon ist aus den Schilderungen des Abbé de Beauchamp zu entnehmen, der zwischen 1780 und 1790 in Bagdad lebte. Er bemängelte, daß die Bewohner der in der Umgebung von Babylon befindlichen Dörfer das Ruinenfeld als Quelle für gebrannte Ziegel benutzten. Sie stellten sogar Grabungen an, um an das Material heranzukommen, «wobei sie häufig irdene Gefäße und bilderbedeckte Marmorplatten fanden, ... manchmal auch tönerne Götzenbilder, menschliche Figuren darstellend, oder massive, mit ganz feiner Schrift bedeckte Zylinder... und vor etwa acht Jahren ein lebensgroßes Standbild, das unter dem Schutt gelegen hatte».[3]

Die Schilderungen von der Lage und dem Zustand der Ruinen von Babylon, die Beschreibung einzelner Funde und vor allem der Vorkommen von Schrifturkunden stießen besonders in England auf zunehmendes Interesse. Die Vertreter der East India Company, der großen englischen Handelsgesellschaft, die auch in Mosul und Bagdad Niederlassungen hatte, schickten gelegentlich einige Funde nach England. Auch in den folgenden Jahren sollten die Mitarbeiter der Company bei der Erforschung Mesopotamiens eine wichtige Rolle spielen.

An der Wende vom 18. zum 19. Jahrhundert konzentrierte sich das Interesse erst einmal auf die Kulturen des alten Ägypten. Eine große wissenschaftliche Expedition, die 1798 den Feldzug von Napoleon I. Bonaparte nach Ägypten begleitete, veranlaßte erstmalig die Überführung bedeutender Sammlungen von Altertümern nach Paris, von wo sie später nach London ausgeliefert werden mußten. Die teilnehmenden Forscher hatten Untersuchungen durchgeführt, für die Zeichnungen, Karten und Beschreibungen angefertigt wurden. Die Veröffentlichungen ihrer Ergebnisse übten noch lange Zeit eine Vorbildwirkung bei ähnlichen Unternehmungen aus. Einer der bedeutendsten Funde der Expedition war der sogenannte Stein von Rosette mit einer mehrsprachigen gleichlautenden Inschrift, die der Franzose Jean François Champollion 1822 zur Entzifferung der ägyptischen Hieroglyphen nutzen konnte. Damit öffneten sich vor den Europäern neue Welten, denn die Schrifturkunden ließen neben den eindrucksvollen materiellen Überresten allmählich die Größe und Bedeutung der alten Kulturen hervortreten.

Gegenüber diesen bedeutsamen Ergebnissen trat Mesopotamien noch weit zurück. Zwar waren auch

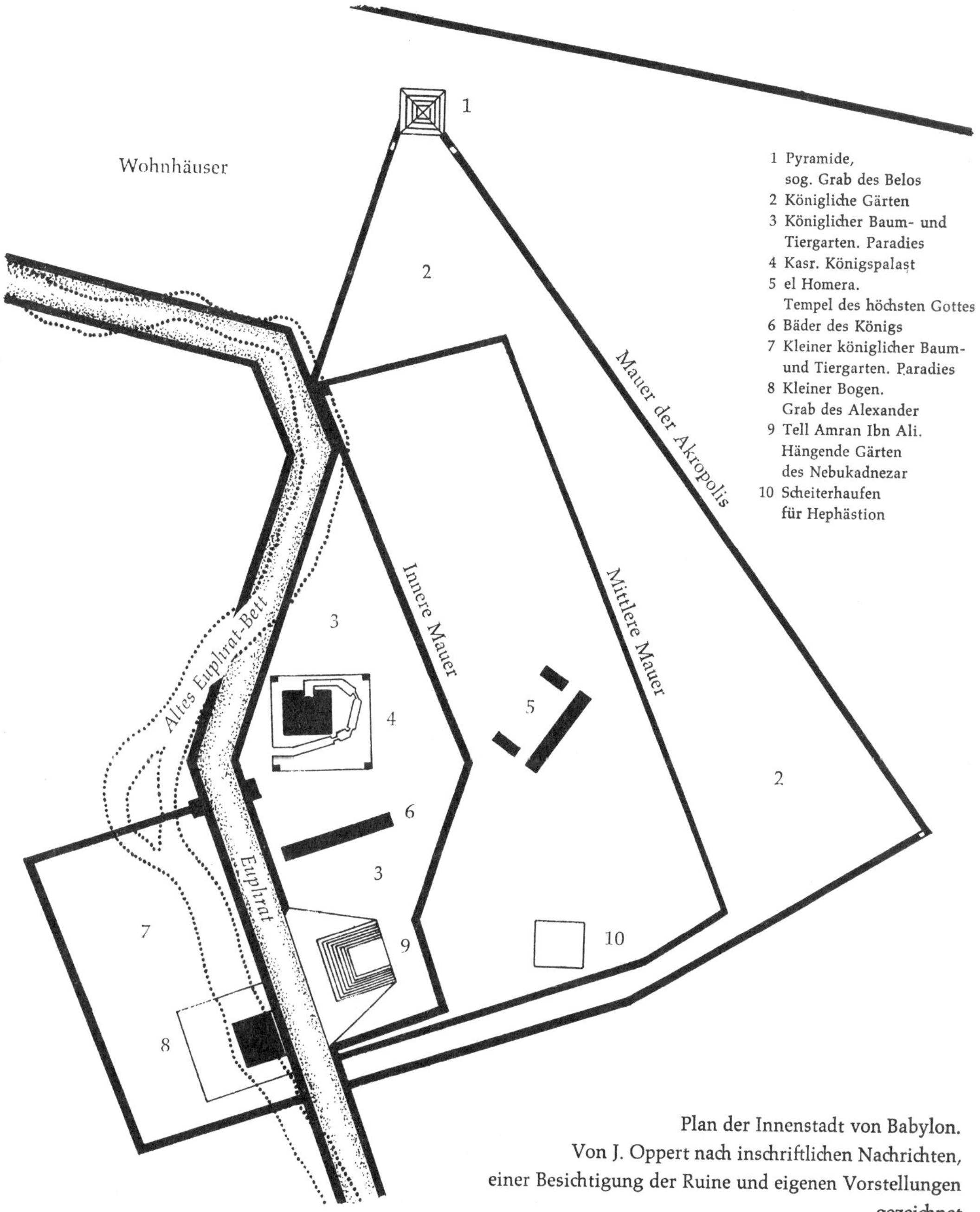

Plan der Innenstadt von Babylon.
Von J. Oppert nach inschriftlichen Nachrichten,
einer Besichtigung der Ruine und eigenen Vorstellungen
gezeichnet

hier bereits viele Forscher gerade auf den Gebieten der Sprachwissenschaft und Geschichte tätig, es fehlten aber bisher die großartigen, die Öffentlichkeit bewegenden Funde. Die bereits 1802 dem Göttinger Gymnasiallehrer Georg Friedrich Grotefend gelungene Entzifferung der persischen Keilschrift fand in der Öffentlichkeit kein Echo. Seine gelehrte Abhandlung, die er der Göttinger Akademie der Wissenschaften vortrug, wurde erst 90 Jahre später gedruckt. So blieb diese bedeutsame Leistung nur einem kleinen Kreis von Orientalisten bekannt. Grotefend stützte sich bei seiner Entzifferungsarbeit auf Kopien von Keilinschriften, die der obenerwähnte Carsten Niebuhr aus Persepolis, der einstigen Residenzstadt der Achämeniden, mitgebracht hatte. Seine Ergebnisse fanden Bestätigung durch die Untersuchungen eines englischen Offiziers, Henry Rawlinson, der unabhängig von Grotefend und mit Hilfe von weiterem Material, das er selbst aus Persien mitgebracht hatte, zu den gleichen Resultaten kam.

Gleichzeitig mit diesen in den Studierstuben europäischer Gelehrter vor sich gehenden bedeutenden Untersuchungen schritt in Mesopotamien die Erschließung seiner alten Kulturen langsam voran. Claudius James Rich, der Resident der East India Company in Bagdad, war ein hochbegabter, interessierter Mann, der sich bereits in jungen Jahren ausgezeichnete Kenntnisse der türkischen und arabischen Sprache angeeignet hatte. Seinen Aufenthalt im Lande nutzte er nun zu eigenen Unternehmungen. Bei seinem ersten Besuch 1811 in Babylon informierte er sich genau über den Umfang und die Lage der einzelnen Ruinen. Es folgten weitere Besichtigungen, die ihn auch zum Birs Nimrud führten. 70, 71
«Der Morgen war zuerst stürmisch und drohte mit schweren Regengüssen. Als wir jedoch dem Ziel unserer Reise nahe kamen, schwanden die finstern Wolken und enthüllten den Birs, der erhaben auf die Ebene niederschaute, in der Gestalt eines runden, von einem Turm gekrönten Hügels mit einem langen Höhenrücken an seinem Fuße. Da er während des ersten Teils unseres Rittes gänzlich vor unseren Augen verborgen gewesen, so waren wir verhindert, uns allmählich auf den Anblick vorzubereiten und dadurch den unmittelbaren Eindruck abzuschwächen – eine von Pyramidenbesuchern oft gehörte Klage. Gerade als wir in der richtigen Entfernung waren, tauchte er plötzlich vor uns aus dem dicken schwarzen Nebelgewoge empor, noch eingehüllt in jenen leichten Dunst, dessen verschwimmendes Zittern den Eindruck erhabener Größe erhöht, während einzelne grelle Lichtstrahlen ferne in der Wüste emporschossen und dazu beitrugen, dem Beschauer eine Vorstellung zu geben von der ungeheuren Ausdehnung und traurigen Öde dieser Wüstenei, inmitten derer diese ehrwürdige Ruine sich erhebt.» [4]

Außer seinen Messungen und Aufnahmen der einzelnen Baureste in Babylon konnte Rich auch einige Objekte freilegen und brachte eine der Bauurkunden des babylonischen Königs Nebukadnezar II. in Form eines Zylinders nach England. Später konzentrierte Rich seine Interessen mehr auf das nördliche Mesopotamien und trug mit seinen Beobachtungen in den Ruinen von Ninive und Nimrud zur Erforschung dieser wichtigen alten Hauptstädte bei.

Zahlreiche Reisende besuchten auch in den folgenden Jahren die Ruinen von Babylon. 1816 war es der Engländer John S. Buckingham und 1818 der bekannte Maler und Schriftsteller Robert Ker Porter. Besonders letzterer trug viel zur Popularisierung der alten babylonischen Kultur bei, da seine Skizzen und Schilderungen, in Buchform veröffentlicht, bei Adel und einflußreichen Kreisen in England Eingang fanden. Ker Porter hatte sich sowohl Aqarquf als auch Birs Nimrud angesehen. Bei seinem Besuch auf dem Birs Nimrud glaubte er dort sogar drei Bauphasen erkennen zu können. Es fehlte auch nicht an abenteuerlichen Begegnungen; so sah er auf dem Birs «drei majestätische Löwen, die auf dem Gipfel des Hügels herumstolzierten».[5] Eine Schar berittener Beduinen vertrieb ihn selbst sehr schnell von dort. Auch über Babylon und die anderen Ruinen in seiner Umgebung hinterließen die beiden Reisenden ausführliche Schilderungen.

1
Turmbau in Babylon, aus der Folge «Die vier Weltreiche».
Kupferstich von Johann Kellerthaler, um 1560

IM Nolseni ARc:
Inven
Iohan Kelertaler
Schulpsit

2
Der Turmbau zu Babel. Gemälde von Maerten van Valckenborch, 1595

3
Ruine des Sommerpalastes Nebukadnezars II.,
von Pietro della Valle als Babylonischer Turm bezeichnet. Nach Athanasius Kircher, 1679

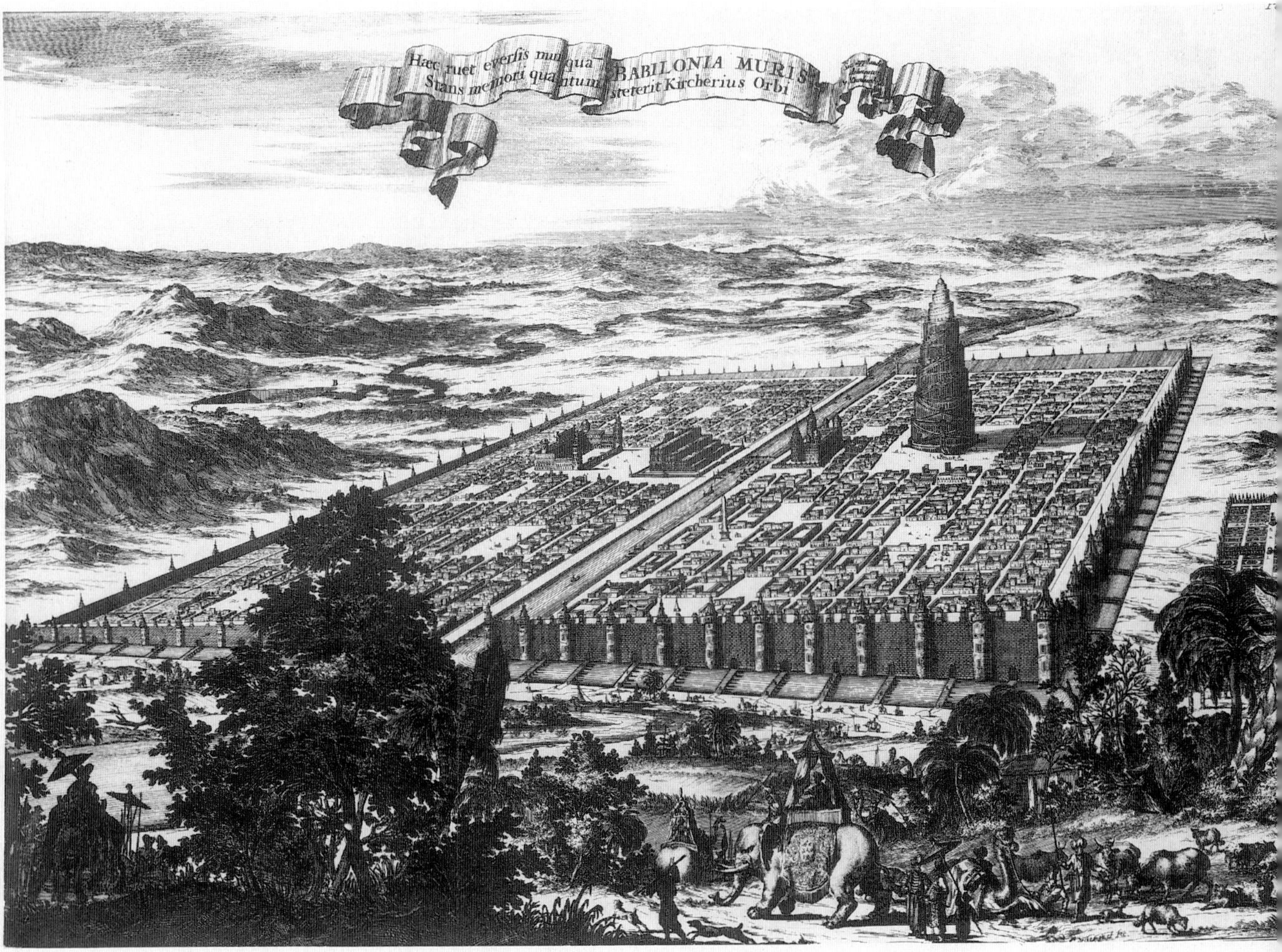

4
Prospekt der Stadt Babylon mit dem Babylonischen Turm.
Nach Athanasius Kircher, 1679

5
Prospekt des Babylonischen Turmes.
Nach Athanasius Kircher, 1679

Prospectus Turris Babylonicæ ex Præscripto R. Adm: Patris Athanasij Kircheri Soc: Jesu.
TURRIS BABEL

6
Kugellaufuhr
in Gestalt des Babylonischen Turmes
von Hans Schlottheim, 1602
7
Das Minarett (die soge-
nannte Malwije) der großen
Moschee von Samarra,
9. Jahrhundert

8
Prospekt
des Babylonischen Turmes.
Kupferstich
von Johann Georg Schmidt
(1694–1767).
Das Bild schließt sich
eng an die Darstellungen
von A. Kircher an.

9
Die Schwebenden Gärten zu Babylon.
Kupferstich von Johann Georg Schmidt (1694–1767)

10
Das Schloß zu Babylon.
Kupferstich von Johann Georg Schmidt (1694–1767)

Fig: V.

Das Schloss zu Babijlon. Ioh: Georg Schmidt Sculps:

F. Thomas ad nat. sc.   Gide et J. Baudry, éditeurs.   Imp. Delâtre, 145, Fg Poissonnière

11
Der Ruinenhügel Babil, unter dem der Sommerpalast Nebukadnezars II. verborgen liegt, gezeichnet von F. Thomas, 1853
12
Ansicht des Ruinenfeldes von Babylon mit dem Euphrat, vom Hügel Babil aus gesehen. Im Hintergrund rechts ist die Zikkurrat von Borsippa zu erkennen. Zeichnung von F. Thomas, 1853

13
Die Ruine Birs Nimrud, gezeichnet von F. Thomas, 1853

14
Der Babylonische Turm. Gemälde von Bernhard Heisig, 1978

Die Erforschung Mesopotamiens machte in den nächsten Jahrzehnten noch keine entscheidenden Fortschritte. Der Kenntnisstand wuchs zwar beträchtlich an, da immer mehr Reisende zu Pferde, zu Fuß oder mit dem Boot das Land durchzogen, doch kam es nur vereinzelt zu kurzen Schürfungen und Grabungsversuchen. Die meisten Besucher erreichten
11 auch Babylon, besuchten Birs Nimrud sowie Aqarquf
–13 und äußerten ihre nur in Einzelheiten sich unterscheidenden Meinungen zum Problem des Babylonischen Turmes.

Rivalität der Mächte ■ Die Gründe für eine Reise durch das Gebiet Mesopotamiens waren häufig nicht nur in einem naturwissenschaftlichen Interesse am Land oder in einem historischen Interesse an seiner alten Kultur zu suchen, sondern sie waren vielmehr auch von handfesten ökonomischen und politischen Ambitionen geprägt. Um das besser verstehen zu können, erscheint es angezeigt, kurz auf die Geschichte des Zweistromlandes und auf die politische Situation der Länder des Nahen Ostens im vorigen Jahrhundert einzugehen.

Bereits im frühen 13. Jahrhundert nahm das Schicksal der bis dahin selbständigen arabischen Staaten in Syrien und Mesopotamien eine verhängnisvolle Wendung, als die Heerscharen der Mongolen, aus den innerasiatischen Wüstensteppen kommend, zur Eroberung des Vorderen Orients aufbrachen. Diese Züge waren begleitet von Verwüstungen der fruchtbaren Gebiete, Zerstörung blühender Städte sowie Ermordung oder Versklavung der Bevölkerung. 1258 wurde Bagdad erobert, und der Niedergang dieser einst so reichen und kulturell fortgeschrittenen Gebiete setzte sich in katastrophalem Maße fort. Die Bewässerungssysteme waren zerstört, die Bevölkerung verarmt und ohne Möglichkeit zu einem wirksamen Widerstand. Weitere Kriege und Vernichtungen brachten am Anfang des 15. Jahrhunderts die Züge des Mongolenherrschers Timur mit sich.

Als sich im Laufe des 16. Jahrhunderts das Osmanenreich in der Türkei auszudehnen begann, konnten die geschwächten arabischen Staaten ihm keinen Widerstand entgegensetzen, und bald war der gesamte Nahe Osten einschließlich Ägyptens unter türkischer Herrschaft zu einem riesigen Reich vereint. Die Politik der osmanischen Sultane war in erster Linie darauf ausgerichtet, die Zentralmacht in diesem weitausgedehnten Gebiet zu stärken, die Ausbeutung der unterworfenen Völker zu verschärfen und jeden Widerstand zu brechen. Das konnten sie am wirksamsten durch die Erhaltung und Stärkung der bestehenden gesellschaftlichen Verhältnisse erreichen. Sie benutzten die einheimische Feudalaristokratie, um die Lage der Bauern und Handwerker weiter zu verschlechtern. Die türkischen Provinzgouverneure betrieben die Ausplünderung der unterworfenen Gebiete noch auf eigene Faust, so daß die Verarmung großer Teile der Bevölkerung ständig fortschritt. In zahlreichen, meist erfolglosen Aufständen hatten im Verlaufe der Jahrhunderte immer wieder einzelne Stämme und Gebiete versucht, ihre Unabhängigkeit zurückzugewinnen, doch erst gegen Ende des 18. Jahrhunderts konnten — bedingt durch eine allgemeine Schwächung des Osmanischen Reiches — einige Erfolge errungen werden.

Der russisch-türkische Krieg 1768–74 brachte eine entscheidende Machtminderung des Osmanenreiches mit sich, da das Schwarze Meer seinem alleinigen Einfluß entzogen wurde. Mit dem vorhin erwähnten Zug Napoleons I. 1798 nach Ägypten begann sich die Konfrontation zwischen den Großmächten England und Frankreich auch auf den Nahen Osten zu übertragen. Beide Seiten versuchten dabei, die arabische Bevölkerung für ihre eigenen Ziele zu gewinnen. Der Kampf der Großmächte erschöpfte sich nicht in militärischen Auseinandersetzungen, sondern wurde in zunehmendem Maße auf wirtschaftlichem Gebiet ausgetragen. Großbritannien richtete die ersten Niederlassungen der East India Company im Zweistromland ein. Einer ihrer ersten Residenten war der bereits erwähnte Claudius James Rich. Zusammen mit den Engländern konnte der osmanische Sultan die Unabhängigkeitsbestrebungen des damaligen Statthalters Dawud Pascha vereiteln, der sich 1830 unterwerfen mußte. Dadurch wurde der Irak noch fester an die türkischen Oberherren gekettet. Die Dezimierung der Bevölkerung durch Hunger und Epidemien nahm ihren Fortgang. Es waren die reichen Rohstoffquellen des Landes und seine günstige strategische Position, die genügend Anreiz boten, sich der Gebiete zu bemächtigen. Die Großmächte, in erster Linie Frankreich und Großbritannien, brachten durch die Gewährung riesiger Anleihen das Osmanische Reich 1881 zum Staatsbankrott und konnten sich durch diese Abhängigkeit immer mehr Privilegien im Nahen Osten sichern. Die Interessensphären festigten sich im harten Konkurrenzkampf. Großbritannien konnte sich eine führende Position in Mesopotamien, Palästina, am Roten Meer und am Arabischen Golf erobern.

Erste Ausgrabungen in Mesopotamien ■ Trotz dieser politischen Vormachtstellung Englands in Mesopotamien war es ein Franzose, der die erste wirkliche Ausgrabung auf dem Boden des Zweistromlandes begann. Der Ausgräber, der formell eine diplomatische Stellung als Konsularbeamter in Mosul bekleidete, war Paul Emile Botta. Er war für eine solche Aufgabe recht gut vorbereitet. Er kannte verschiedene orientalische Länder durch längere Aufenthalte und war mit arabischer Sprache und Sitte gut vertraut.

Trotz des jahrhundertelangen Interesses an Babylon sollte es nicht diese Ruinenstätte sein, die den Auftakt für Ausgrabungen bildete. Es war vielmehr die Stätte des alten Ninive, die in unmittelbarer Nähe von Bottas Wohnort Mosul gelegen ist. Er begann 1842 mit der Grabung, doch waren seine Ergebnisse reichlich unbefriedigend, denn «nichts wurde in unversehrtem Zustande gefunden, was für die aufgewandte Mühe und Kosten einigermaßen entschädigt hätte». Die Bewohner von Mosul und der umliegenden Dörfer, die die Bemühungen von Botta zwar mit Unverständnis, jedoch mit Neugier und Anteilnahme beobachteten, gaben ihm schließlich den Hinweis, es im 16 Kilometer nördlich von Ninive gelegenen Ruinenhügel Chorsabad noch einmal zu versuchen. Hier wurden in den ersten Tagen bereits bedeutsame Funde gemacht, nämlich große Alabasterplatten mit Reliefdarstellungen. Die Ruine konnte später als der Palast des assyrischen Königs Sargon identifiziert werden. Botta ließ einige der Reliefplatten herausnehmen, um sie nach Frankreich zu senden. Die anderen wurden zuerst von ihm und dem Maler Flandin gezeichnet. Als die Monumente 1846 in Paris eintrafen, erregten sie beträchtliches Aufsehen, da man unerwartet vor so eindrucksvollen Zeugnissen der alten mesopotamischen Kulturen stand.

Die Engländer wandten sich daraufhin der von Botta verlassenen alten Hauptstadt des assyrischen Reiches, Ninive, zu. Sie entdeckten dort nicht nur eine große Zahl von Reliefs in den Palästen der assyrischen Könige, sondern auch die etwa 25 000 Tafeln und Bruchstücke umfassende Tontafelbibliothek des Königs Assurbanipal. Sie erst machte es möglich, weiter in die Entzifferung der Schrift und Sprache der Völker des alten Mesopotamien einzudringen und dadurch mehr über ihre Geschichte, ihr Denken und Handeln zu erfahren. Auch in der Residenz des Königs Assurnasirpal II. aus dem 9. Jahrhundert v. Chr. hatte Austen Henry Layard Erfolg und konnte weitere Reliefs bergen.

Doch sind diese Untersuchungen, trotz ihrer unbestrittenen Erfolge, nicht im heutigen Sinne als Ausgrabungen zu bezeichnen, denn es kam in erster Linie darauf an, «eine möglichst große Zahl gut erhaltener Kunstwerke mit dem möglichst kleinsten Aufwand von Zeit und Geld in die Hände zu bekommen».[6] Weniger Wert legte man darauf, die Zusammenhänge zu erkennen und die Gebäude selbst mit ihrem gesamten Inventar freizulegen. Layard ließ Stollen an den Palastwänden entlangführen, um vor allem die großen Reliefs unbeschädigt bergen zu können. Er konnte somit Geld und Arbeit sparen, die bei einer plan- und schichtenmäßig betriebenen Ausgrabung hätten aufgewendet werden müssen.

Diese Ausgrabungsmethoden führten im nördlichen Mesopotamien, vor allem in den Palastbezirken mit ihren Alabasterreliefs und Skulpturen, zum Erfolg. Sie waren aber weniger geeignet für das südliche Zweistromland mit seinen reinen Lehmziegelbauten. Hier versuchten sich neben Layard auch zahlreiche andere Forscher an den Ruinen von Babylon, Uruk oder Nippur, doch konnten die mageren Ergebnisse die Funde in Assyrien nicht in den Schatten stellen. So wurden die Untersuchungen meist nach kurzer Zeit aus Mangel an Interesse oder Geld wieder aufgegeben. Viele der Männer, die damals das Land bereisten, standen im diplomatischen Dienst, gehörten Handelsgesellschaften an oder waren Mitglieder geologischer und naturwissenschaftlicher Expeditionen. Vielen von ihnen kann man Idealismus und wahren Forschergeist bescheinigen, daneben spielten jedoch politische Ziele und die persönliche Bereicherung keine unwesentliche Rolle.

Standen sich im Nahen Osten bisher hauptsächlich die beiden Großmächte Frankreich und Großbritannien gegenüber, so gesellte sich am Ende des 19. Jahrhunderts Deutschland dazu, das bei der Verteilung der Kolonien glaubte, zu kurz gekommen zu sein.

Die deutsche Außenpolitik konzentrierte sich auf die Türkei und versuchte, die französisch-britischen Positionen zu erschüttern. Starke Kapitalinvestitionen begannen, den türkischen Markt zu erschließen, der Export wuchs ständig; die Entsendung von Militärmissionen sowie der Bau der Bagdad-Bahn trugen zu einer noch engeren Zusammenarbeit bei. Da es Deutschland umöglich war, auf kriegerischem Wege seinen Zielen näherzukommen, so sollten neben der wirtschaftlichen Einflußnahme die wissenschaftliche Forschung und eine breite kulturpolitische Tätigkeit, wie sie die Engländer und Franzosen seit langem betrieben, entfaltet werden. Es war deshalb auch kein Zufall, daß sich Deutschland um Grabungskonzessionen im Nahen Osten bemühte. Man begann nun auch von staatlicher Seite, die Interessen der deutschen Orientforschung zu unterstützen.

Die Ausgrabungen der vierziger Jahre des 19. Jahrhunderts sowie die Entzifferung der Keilschrift hatten besonders jene Kreise der Bevölkerung angesprochen, denen Namen wie Babylon, Ninive, Sardanapal oder Nebukadnezar aus der Bibel bekannt waren und die nun eine überraschende Bestätigung der biblischen Erzählungen durch die archäologischen Funde und die keilschriftliche Überlieferung sahen. So hatte zum Beispiel die Auffindung der babylonischen Sintfluterzählung durch George Smith, einen Assistenten des berühmten Keilschriftforschers Henry Rawlinson, in der englischen Öffentlichkeit ein breites Echo gefunden. Da Smith zuerst nur ein Bruchstück der Tafel zur Verfügung hatte, finanzierte ihm die Zeitung «Daily Telegraph» eine weitere Reise nach Mosul, um nach den anderen Bruchstücken oder zusätzlichen Teilen dieses durch die Bibel so bekannten Berichtes zu suchen. Smith hatte das Glück, neben zahlreichen anderen Tontafeln tatsächlich auch ein zum Sintflutbericht gehöriges Fragment in den Ruinen der Bibliothek des Assurbanipal in Ninive zu entdecken.

«ICH GRABE SEIT 14 TAGEN, UND DIE GANZE SACHE IST VOLLSTÄNDIG GELUNGEN.»

(Aus einem Brief von Robert Koldewey)

Deutsche Grabungspläne ■ In verschiedenen Ländern, so auch in Deutschland, kam es zur Gründung von Gesellschaften und Komitees, die sich das Ziel setzten, durch finanzielle Spenden tatkräftig die Ausgrabungen zu unterstützen. In Berlin war es das 1887 gegründete Orient-Komitee, unter dessen Patronat Ausgrabungen in Sendschirli durchgeführt wurden und das die Funde zum Selbstkostenpreis den Berliner Museen verkaufte. Seine Initiatoren, die bekannten Altertumswissenschaftler Conze, Curtius, Erman, Sachau, Schrader und Dilmann konnten aber nur einen verhältnismäßig kleinen Kreis von Mäzenen um sich versammeln; der größte Teil der für die Grabung benötigten Mittel wurde aus der kaiserlichen Privatschatulle beigesteuert.

Wilhelm II. hatte sein Interesse für die Altertumswissenschaften besonders bei seinem Staatsbesuch 1898 im Nahen Osten bekundet. Er besuchte außer den heiligen Stätten der Christenheit und des Islam, wie dem Felsendom in Jerusalem, auch einige Ruinenplätze. Besonders beeindruckten ihn die Überreste der gewaltigen römischen Tempel von Baalbek, über deren Entstehungszeit und Bedeutung noch wenig bekannt war. Bald nach seiner Rückkehr sandte er deshalb den bereits bei einigen Grabungen erfahrenen Robert Koldewey mit seinem Assistenten Walter Andrae nach Baalbek, um eine erste Aufnahme der Ruinen zu unternehmen und eine Kostenrechnung für die spätere Ausgrabung vorzubereiten.

Dieses persönliche Interesse Wilhelms II., das seinen politischen Zielen und den Interessen der deutschen Wirtschaft entgegenkam, machte ihn zum großzügigen Förderer der weiteren Ausgrabungsprojekte im Vorderen Orient. Da das Orient-Komitee sich bald in seiner Organisationsform als ungeeignet erwies, wurde am 24. Januar 1898 die Deutsche Orient-Gesellschaft gegründet. Die wohlwollende Unterstützung des Kaisers war ihr sicher; zu ihren Mitgliedern zählten sehr bald zahlreiche Angehörige der Hochfinanz und der Industrie. Den Vorsitz führte Prinz zu Schoenaich-Carolath, die weiteren Posten nahmen ebenfalls in der Öffentlichkeit bekannte und reich bemittelte Persönlichkeiten ein. Einer ihrer wichtigsten Förderer und Geldgeber war der als stellvertretender Schatzmeister amtierende Bankier James Simon, dessen Engagement auch die damaligen Königlichen Museen zahlreiche Kunstwerke verdankten.

Nachdem auf diese Weise die finanzielle Grundlage gesichert war, galt es, eine geeignete Ausgrabungsstätte zu finden, die von ihrer Bedeutung und vom Reichtum der zu erwartenden Funde her die Hoffnungen der Geldgeber befriedigen könnte. Eine Vorexpedition, von Robert Koldewey und Eduard Sachau durchgeführt, empfahl die alten berühmten Hauptstädte Assur und Babylon, deren Namen auch über die Jahrhunderte nie ganz der Vergessenheit anheimgefallen waren. Die Entscheidung fiel nach langer Diskussion in den Gremien der Orient-Gesellschaft und der Königlichen Museen für die Aufnahme der Grabungen in Babylon, wofür man fünf Jahre und einen Gesamtkostenaufwand von 500 000 Mark veranschlagte.

Endlich hatte auch die deutsche Altertumswissenschaft ihr Ziel erreicht, tatkräftig in die Erforschung der alten mesopotamischen Kulturen einzugreifen und die Vorrangstellung der Engländer und Franzosen in diesem Bereich zu brechen. Im ersten seiner viel besuchten Vorträge zum Thema «Bibel und Babel» machte der Assyriologe Friedrich Delitzsch am 13. Januar 1902, als die Grabungen in Babylon schon erfolgreich vorangingen, diese Zielsetzung noch deutlicher, als er sagte: «Möchte es (das Gesagte) die Erkenntnis befestigen helfen, daß es für Deutschland höchste Zeit war, auch seinerseits an den palmenbekränzten Ufern des Paradiesstromes sein Zelt aufzuschlagen!»

Obwohl die türkische Regierung den Wünschen der europäischen Großmächte keinen ernsthaften Widerstand entgegensetzen konnte, bereitete die Erteilung der Grabungslizenzen stets Schwierigkeiten. Schon auf den weitverzweigten Wegen der Bürokratie gingen viele Anträge und Anfragen verloren, da häufig die unteren Provinzorgane die Weitergabe sabotierten. Meist mußten sich sogar noch die Botschaften einschalten, um auf diplomatischem Wege bis zu den Behörden in Konstantinopel vorzudringen. Manchmal hatten sogar höchste Regierungsorgane zu intervenieren. Dem Wunsch der Deutschen

Orient-Gesellschaft, für mehrere Ruinenstätten Ausgrabungslizenzen zu erhalten, wurde nicht stattgegeben. Man mußte sich vorerst mit der Erlaubnis für Babylon zufriedengeben, die auf den Leiter der Expedition, Robert Koldewey, persönlich ausgestellt war. Nachdem jedoch für die geplante Ausgrabung in Babylon alle diese Schwierigkeiten bereinigt waren, konnte die Expedition vorbereitet und auf den Weg geschickt werden.

Zu diesem Zeitpunkt gab es in Deutschland zwar eine blühende Altertumswissenschaft und Orientalistik, aber bis zur Herausbildung eines eigenen Faches der Vorderasiatischen Archäologie war es noch ein weiter Weg. Die bei Ausgrabungen erfahrenen Wissenschaftler hatten ihre Kenntnisse fast ausschließlich entweder an heimatlichen Ausgrabungen oder bei der Freilegung von verschiedenen Stätten der antiken Kultur gewonnen. Die meisten von ihnen waren Architekten, da man inzwischen klar erkannt hatte, daß der exakten Aufzeichnung des gesamten Stadtbildes sowie einzelner Gebäude eine wesentlich größere Bedeutung als nur dem Graben nach Bildwerken und Kleinfunden zukommt.

Auch der 1855 in Blankenburg am Harz geborene Robert Koldewey hatte Architektur studiert und danach seine ersten Ausgrabungserfahrungen bei der Untersuchung der antiken Stätten von Assos an der Südküste der Troas sowie auf der Insel Lesbos gewonnen. Bekanntschaft mit dem Nahen Osten machte er bereits 1887, als er zusammen mit dem Arabisten Bruno Moritz und dem Kaufmann H. F. Ludwig Meyer eine nur wenige Monate währende Ausgrabungskampagne in den südmesopotamischen Ruinenorten Surghul und El Hibba unternahm. Diese Untersuchungen brachten allerdings keine bemerkenswerten Erfolge, da man mit den begrenzten finanziellen Mitteln sich keinen großen Arbeitsaufwand leisten konnte. Außerdem ließen sich die dort freigelegten Kleinfunde aus der Zeit der sumerischen Frühgeschichte zu diesem Zeitpunkt noch nicht in das bisher bekannte Bild einreihen.

Wichtig für Koldewey war aber, daß er die für mesopotamische Ruinen notwendige Ausgrabungstechnik bereits erproben konnte. Es ist doch ein großer Unterschied, ob man in den aus Steinen errichteten antiken Bauwerken gräbt oder die meist aus ungebrannten Lehmziegeln bestehenden Mauern der mesopotamischen Städte zu verfolgen hat. Daneben konnte Koldewey Erfahrungen im Umgang mit der arabischen Bevölkerung und den türkischen Behörden gewinnen, sich an klimatische und landschaftliche Gegebenheiten gewöhnen. So kam ihm diese kurze Kampagne in Mesopotamien bei seinen späteren Unternehmungen zugute; ferner hatte er auch eine Reihe weiterer Ruinenstätten in Augenschein nehmen können.

1890–91 war er zusammen mit H. v. Luschan an der ersten größeren Grabung Deutschlands im Nahen Osten in der alten Stadt Sendschirli, früher Sam'al, in Nordsyrien beteiligt. Hier entwickelte er bereits in den nachfolgenden Publikationen seine Technik, die Mauern durch Schattenschlag tiefenräumlich wiederzugeben, wodurch ein klares Bild vom früheren Aussehen der Gebäude gewonnen werden kann. Die aus dem Anfang des 1. Jahrtausends v. Chr. stammende Burganlage von Sam'al wurde vollständig ausgegraben. Die zahlreichen Skulpturen, Reliefs und Kleinfunde gelangten in die Museen von Berlin und Istanbul.

Auch in den folgenden Jahren beteiligte sich Koldewey an Untersuchungen und Ausgrabungen, so daß er der richtige Mann war, die großangelegten Pläne der Deutschen Orient-Gesellschaft in Babylon zu verwirklichen. Die Expedition bestand aus weiteren drei Mitarbeitern, nämlich dem Kaufmann H. F. L. Meyer, dem Assyriologen Bruno Meissner und dem jungen Regierungsbauführer Walter Andrae. Wie schon erwähnt, wurde die kleine Mannschaft überraschend von Kaiser Wilhelm II. mit der Voruntersuchung der Ruinen von Baalbek betraut, so daß sie dort noch einen Zwischenaufenthalt von drei Wochen einlegen mußte.

Der Weg in den Nahen Osten wurde mit verschiedensten Verkehrs- und Beförderungsmitteln zurückgelegt. Es dauerte viele Wochen, bis sich alle Teilnehmer an Ort und Stelle befanden. Nachdem sie zuerst die Bahn benutzt hatten, schifften sich Koldewey und sein junger Assistent in Triest ein und gelangten über Alexandria, Port Said und Haifa nach Beirut, von wo sie die Zahnradbahn über den Libanon nach Damaskus brachte. Nach der Rückkehr aus Baalbek ging es dann an die Zusammenstellung der eigentlichen Karawane, die die Teilnehmer mit dem nötigen Expeditionsgepäck nach Babylon bringen sollte. Als Ausgangspunkt wurde Aleppo gewählt, wo zuerst die Reittiere gekauft und die Begleiter — wie Koch, Diener und Pferdeknechte — angeworben werden mußten. Koldewey schrieb darüber sehr humorvoll in einem Brief an ein Vorstandsmitglied der Deutschen Orient-Gesellschaft: «Wir hatten in Aleppo einige Mühe, die nötigen Tiere für unsere Karawane zusammenzubringen; man unterhandelt mit einem ‹Mukar› (Pferdeverleiher), aber wenn man gerade unterhandelt und einen Tag für die Abreise bestimmt hat, erfährt man, daß derselbst stattdessen auf und davon nach Adana oder Mosul oder sonstwohin im weiten türkischen Reich gewandert ist. Dann unterhandelt man von Neuem mit einem Anderen und hofft und hofft, daß es zu Stande komme. Wir brauchten etwa 22 Tiere für das Gepäck und 4 Reitpferde. Letztere waren mietweise gar nicht zu bekommen, und wir mußten solche kaufen. Von dieser Notwendigkeit verbreitete sich natürlich schnell das Gerücht in Aleppo, und ein jeder, der ein altes krummes Pferd besaß, dachte, es wäre für uns wohl gut genug, und kam dann gewöhnlich morgens damit vor unsere Tür. Das eine hatte einen offenen Rücken, das andere lahme Beine, das dritte schlug und biß, das vierte war zu faul, das fünfte zu jung, das sechste zu teuer, das siebente zu alt usw. Schließlich sind wir aber doch sehr gut weggekommen. Die Tiere haben die ganze lange Reise gut überstanden und stehen jetzt draußen im ‹Stall›, das heißt an einer 5 Meter hohen Lehmmauer, nurschen die Gerste und lassen sich den Palmenschatten auf den Rücken fallen.»[7] Für den Weg von Aleppo nach Bagdad benötigte die Karawane mit zwei Tagen Aufenthalt unterwegs insgesamt 24 Tage. Die deutschen Forscher dürften hörbar aufgeatmet haben, als endlich die goldenen Kuppeln von Kadhimein, der großen Moschee bei Bagdad, auftauchten.

Es war kein leichtes Leben, das die zukünftigen Ausgräber von Babylon erwartete. Wie schon der Weg durch die Wüste zeigte, mußte man gesund, körperlich gut trainiert und bewandert im Reiten und Schießen sein. Letzteres sowohl für den Fall der Selbstverteidigung als auch die Nahrungsgewinnung unterwegs. Bagdad war für sie noch einmal eine Stätte der Erholung, denn die dort lebenden deutschen Kaufleute bemühten sich um ihre Bequemlichkeit und waren ihnen beim Besorgen der Ausgrabungsmaterialien behilflich. Der Weg nach Babylon, der heute mit dem Auto auf einer guten Asphaltstraße in einer Stunde zurückgelegt werden kann, dauerte für die Reiter noch einmal drei Tage, so daß sie dann am 22. März des Jahres 1899 endlich in dem bei den Ruinen von Babylon gelegenen Dorf Kowairesch ankamen, wo sie ihren endgültigen Wohnsitz aufschlugen.

Grabungsbeginn in Babylon ■ Bereits am 26. März hatten Koldewey und seine Mitarbeiter sich provisorisch eingerichtet und die ersten Arbeiter eingestellt, so daß sie die Ausgrabungen eröffnen konnten. Der vorgesehene Ansatzpunkt für die ersten Spatenstiche war die Ruine des sogenannten Kasr, der «Burg», wo 19
sich einer der Paläste Nebukadnezars II. befand. Dieser Punkt war schon in Berlin bei den Vorbesprechungen gewählt worden, da Koldewey auf seiner Vorexpedition dort die Bruchstücke glasierter Ziegel gefunden hatte, die auf den Schmuck einer bedeutenden Anlage hinwiesen. Wie richtig diese Stelle für den Beginn der Ausgrabungen gewählt war, bewies nicht zuletzt die Tatsache, daß es möglich war, aus

21, 24 diesen Bruchstücken einen Teil der farbigen Verkleidung der Prozessionsstraße zu rekonstruieren.

Koldewey begann mit 36 Arbeitern, deren Zahl nach knapp drei Wochen schon auf 153 angewachsen war, so daß die Aufgaben mit großer Konzentration fortgeführt werden konnten. Daneben war es wichtig, eine den Ansprüchen der Expedition genü-
17 gende Unterkunft zu schaffen, da das im Anfang benutzte Haus in Kowairesch, das, wie Koldewey schrieb, «einem Stalle sehr ähnlich sieht», umgebaut werden sollte. «Mit dem Besitzer des Hauses habe ich einen Kontrakt gemacht, nach welchem er uns vor Ablauf von 5 Jahren nicht kündigen kann. Für Neu- und Umbauten habe ich Meister und Handwerker aus Hilleh kommen lassen. Es werden im Obergeschoß 4 Wohnzimmer und 1 Speisezimmer für die Mitglieder der Expedition, im Untergeschoß die zum Teil schon bestehenden Räume für die Küche, den türkischen Beamten usw. hergerichtet.» [8] Da die Hitze bereits im April und Mai ständig im Steigen begriffen war, beeilte man sich, das Haus fertigzu-
18 stellen, um auch vor der Witterung etwas Schutz zu finden. Das Wohnhaus war für die Ausgräber auch aus anderen Gründen interessant, da es von seinem Besitzer zum großen Teil aus alten, in der Ruine von Babylon aufgelesenen Backsteinen gebaut worden war, von denen nicht wenige noch den Ziegelstempel Nebukadnezars II. trugen.

In den zurückliegenden Jahren hatten sowohl der Engländer Rassam als auch Layard bei kurzen Grabungen in Babylon eine große Zahl von Tontafeln und Urkunden gefunden. Andere waren durch Raubgrabungen der Bevölkerung aufgedeckt worden. Zahlreiche dieser Schriftdokumente gelangten in das British Museum in London, wo die Assyriologen begannen, sich damit zu beschäftigen. Auf diese Weise waren bereits vor den Ausgrabungen von Koldewey eine Reihe von Fakten über die Bauten Nebukadnezars, seiner Vorgänger und Nachfolger bekannt. Weitere Beschreibungen konnte man den Berichten antiker Schriftsteller entnehmen, die die babylonischen Bauten zum Teil noch selbst gesehen hatten. Es galt nun, diese schriftlich bekannten Tatsachen mit den Ausgrabungsergebnissen in Einklang zu bringen.

Über das taktisch klügste Vorgehen bei einer solchen Riesengrabung wie in Babylon gab es sehr unterschiedliche Ansichten. Nach wie vor stand die Wiederentdeckung des Haupttempels von Babylon und des Turmes im Mittelpunkt. Es war aber noch immer unklar, an welchem Ort innerhalb des Stadtgebietes von Babylon diese Anlage zu suchen war. Die Ruinenstätte von Babylon bedeckt eine Fläche von etwa 16 Quadratkilometern und besteht aus zahlreichen Hügeln. Diese Ruinenhügel hatten von der arabischen Bevölkerung schon seit langem Namen erhalten, die in einigen Fällen noch die Erinnerung an die Vergangenheit bewahrten.

So hieß der bereits mehrfach erwähnte Hügel mit den Überresten des Sommerpalastes Nebukadnezars ganz im Norden des Stadtgebietes «Babil». Im Zentrum der Stadt mit mehreren Hügelgruppen sind die
20, Gebiete des «Kasr», also die alten Paläste zu nen-
22, 23 nen, die sich aus dem Ruinenfeld «Mudschelibe» mit den Befestigungsanlagen herausheben. Weiter südlich befindet sich der Hügel «Amran Ibn Ali», der seinen Namen nach dem Grab eines islamischen Heiligen auf seiner Höhe trägt. Dieser Hügel ist mit 25 Metern der höchste in Babylon; an ihn schließt sich eine von den Arabern Sachn, das heißt «Moscheehof», genannte Vertiefung an. Östlich des Kasr ist ein kleiner Hügel von rötlicher Farbe zu erkennen, der deswegen den Namen «Homera«, die Rote, trägt. Weitere Hügel setzen sich im Westen und Süden fort.

Robert Koldewey vertrat die von der Geographie des Stadtbildes und von den Inschriften her gestützte Theorie, daß sich der Haupttempel des Marduk im Zentrum der Stadt unter dem Hügel Amran Ibn Ali verbergen müsse. Er verfolgte deshalb den Lauf der Prozessionsstraße, die er bei der Grabung am Kasr gefunden hatte, da sie ihn seiner Ansicht nach zu diesem Heiligtum führen mußte. Andere Forscher (zu ihnen gehörte zuerst auch der bekannte deutsche

Assyriologe Friedrich Delitzsch) vermuteten in dieser Ruine die berühmten Hängenden Gärten, die von den antiken Schriftstellern zu den sieben Weltwundern gezählt worden waren.

Esagila wird gefunden ■ Die Erforschung des Amran Ibn Ali galt als ein fast unmögliches Unterfangen, da dort gewaltige Schuttmassen aufgetürmt lagen. Innerhalb von acht Monaten wurden 30 000 Kubikmeter Schutt ausgehoben und mit Hilfe einer kleinen Feldeisenbahn abgefahren. Koldewey schrieb dazu in seinen Ausgrabungsberichten: «Wir haben die Ausgrabung in das Zentrum dieses nördlichen höheren Teils des Hügels Amran gelegt und in seiner halben Höhe zunächst einen Graben für die Eisenbahn vorgetrieben, 25
der durchschnittlich 6 m breit und 10 m hoch ist und 145 m Länge hat. Mit Hilfe der Bahn waren die höher als sie liegenden Schuttmassen verhältnismäßig bequem abzuarbeiten, dagegen mußte das Tieferliegende schließlich noch 12 m hinaufgetragen werden, um es dort in die Wagen werfen und abkarren zu können... Dabei konnten verhältnismäßig nicht viel Arbeiter zu gleicher Zeit arbeiten. Es sind anfangs etwa 40, später 80 Leute täglich beschäftigt gewesen.» [9] Wieviele Hoffnungen und Enttäuschungen diese Arbeit brachte, kann man aus den knappen Worten von Koldewey nur ahnen, wenn er schreibt: «Wir haben dann in der Mitte des Hügels die große viereckige Grube ausgehoben, und als wir dann begannen, in die Tiefe hinabzusteigen in dieser Grube, in die die Sonne wie in einen Ofen hineinbrannte, und immer nichts herauskam als die schwarze pulvrige stinkende Masse sterilen Erdreichs, da wurden die Arbeiter unruhig und hielten mich für außerordentlich unverständig, was mir allerdings, namentlich als dann schließlich die dicken Mauern und die Fußböden von Esagila herauskamen, gleichgültig sein durfte.» [10] Koldewey hatte schließlich in einer Tiefe von 20 Metern den mit gestempelten Ziegeln bedeckten Fußboden des Haupttempels von Babylon, Esagila, entdeckt.

Damit war bereits ein Teil der für die Ausgrabung gestellten Pläne erfüllt, aber noch immer nicht der Babylonische Turm selbst gefunden worden. Aus verschiedenen Gründen setzte Koldewey 1901 die Unternehmungen in Esagila nur innerhalb der oben erwähnten Grube fort und vergrößerte die Grabung an dieser Stelle nicht. Die Kräfte wurden weiterhin auf die Freilegung der Paläste, des Ischtar-Tores, der Prozessionsstraße und der Befestigungsmauern konzentriert. Daneben gab es einige kleine Untersuchungen im Stadtgebiet, zu denen auch die Ausgrabung des griechischen Theaters in der Hügelgruppe Homera gehörte.

Erst in den Jahren 1908–1910 ließ Robert Koldewey wieder in größerem Maßstab im Gebiet von Esagila graben. Es wurden zuerst Teile der zum Euphrat hin gelegenen Befestigungsmauer des Tempelbezirkes mit Toren und Türmen untersucht. Dann begann man sich vorsichtig von der westlichen Seite her an den riesigen Schutthügel Amran Ibn Ali heranzuarbeiten.

Bei diesem zweiten Angriff auf den Ruinenberg des Tempelbezirkes versuchten es die Ausgräber nunmehr mit einer anderen, den Bergwerksarbeitern abgesehenen Technik. Sie wird wie folgt beschrieben: «Wir sind hier in den Vorhügeln und Hängen des Amran. Um möglichst an Erdaushub zu sparen, wird den Mauerstirnflächen in langen Tunneln nachgegangen, nur in größeren Abständen führt ein Schacht mit geringen Abmessungen Licht und Luft in die Tiefe. Die Arbeit in den langen Gängen stellt keineswegs geringe Anforderungen an die Leute. Fast ganz nackt arbeiten sie hier ‹im Schweiße ihres Leibes›. Schwer und dunstig schlägt einem die Luft entgegen, und eine primitive Ölfunzel macht mit ihrem Schwelen den Aufenthalt noch unangenehmer, ohne ihrem eigentlichen Zweck zu leuchten sonderlich zu dienen. Umso größer ist dann die Freude, wenn wieder ein Stück durchschlagen, ein Lichtschacht erreicht ist, und gar fröhlich dringt der Ruf aus der Tiefe: ‹wir haben ihn durchbrochen›.» [11]

15
Robert Koldewey, der Ausgräber von Babylon
16
Teilnehmer der deutschen Babylon-Expedition
im Jahre 1913;
in der vorderen Reihe von links nach rechts
F. Wetzel, R. Koldewey, O. Reuther, G. Buddensieg

17
Blick auf
das Expeditionshaus
in Babylon
und auf den Euphrat
18
Der Hof
des Expeditionshauses
in Babylon

19
Grabung
im Nordwestabschnitt
des Ruinenhügels Kasr,
unter dem
die Hauptburg
Nebukadnezars II.
gefunden wurde

20
Schnittgraben
im nordöstlichen Teil
der Hauptburg

21
Während der Arbeiten
an der Westmauer
der Prozessionsstraße
22
Grabung im Bereich
der Hauptburg
Nebukadnezars II.

23
Tiefgrabung im Bereich der Hauptburg Nebukadnezars II. Rechts steht die dort entdeckte Basaltskulptur eines Löwen.

24
Während der Grabung Robert Koldeweys am Ischtar-Tor.
Die Mauern gehören zu der ersten noch anstehenden Baustufe; im Vordergrund das Pflaster der Prozessionsstraße

25
Tiefgrabung im Hügel Amran Ibn Ali, unter dem der Tempelbezirk von Esagila liegt

26
Beginn der Ausgrabungen im Tempelbezirk von Etemenanki

27
Mitglieder der Babylon-Expedition im Jahre 1913; von links nach rechts: F. Wetzel, Fr. Wachtsmuth, F. Bünte

28
Freilegung der den Hof umgebenden Außenmauer von Etemenanki

29
Das Zeltlager der Archäologen während der Grabung in Borsippa auf der Ruine des Tempelturms. Im Hintergrund der bereits im Altertum erwähnte Borsippa-See
30
Die mit Nischen versehene Hoffront des Tempels Ezida in Borsippa

31
Luftaufnahme des Ruinenfeldes von Babylon.
Das dunkle Quadrat mit schmalem Steg unterhalb der Bildmitte ist die Ruine des Turmes von Babylon.

Wenn man sich noch vorstellt, daß diese Arbeiten im Frühjahr begonnen und bis in den Herbst hinein fortgeführt wurden, daß in den heißesten Monaten Schattentemperaturen von mehr als 50° herrschten, dann kann man den Arbeitern und Archäologen nur hohe Anerkennung zollen.

Untersuchung der Turmruine ■ Während all dieser Jahre, vom Beginn der Grabungen bis zum Jahre 1909, hatte sich Robert Koldewey kaum einen Heimaturlaub gegönnt, sondern ständig bei den schwierigsten klimatischen Bedingungen in Babylon ausgeharrt und gearbeitet. Das blieb nicht ohne Auswirkungen auf seinen Gesundheitszustand, der sich verschlechterte, so daß er schließlich im April 1910 einen längeren Aufenthalt in der Heimat antreten mußte. In
26 dieser Zeit war der Architekt Friedrich Wetzel vor allem mit den Unternehmungen im Bereich von Esagila befaßt. Er ließ einen Teil der großen Umfassungsmauern und Gebäude, die den inzwischen er-
28 kannten Standort des Babylonischen Turms umgeben, freilegen. Die Ruine der jahrhundertelang gesuchten Zikkurrat (sumerisch-babylonische Bezeichnung für tempeltragende Terrassen und Turm-
V bauwerke) bot aber einen wenig imposanten Anblick. Statt eines hoch aufragenden Turmes, wie man ihn in Birs Nimrud und Aqarquf noch sehen konnte, befand sich in der Senke Sachn nördlich der Schuttberge des Haupttempels ein breiter Wassergraben mit Fortsatz nach Süden. In seiner Mitte lag ein in der Grundfläche quadratischer Block aus Ziegelmauerwerk und Schutt, und es erschien zuerst kaum glaublich, hier den berühmten Babylonischen Turm vor sich zu haben. Es gab allerdings kaum Zweifel daran, da inzwischen bei den Grabungen so viele Inschriften, vor allem auf Ziegeln, bekannt geworden waren, die den alten Namen des Turmes, Etemenanki, zusammen mit dem Haupttempel Esagila nannten. Die bereits im Altertum stark abgetragene Turmruine hatte besonders in neuerer Zeit gelitten, da das erreichbare Mauerwerk aus gebrannten Ziegeln von Ziegelräubern abgetragen und für den eigenen Bedarf verwendet worden war. Das betraf die meisten aus gebrannten Ziegeln errichteten Bauwerke von Babylon, denen auf diese Weise schwerer Schaden zugefügt wurde. Eine nähere archäologische Untersuchung der noch vorhandenen Mauerreste des Turmes verbot sich für die ersten Jahre durch den hohen Grundwasserspiegel, der die Grabungstätigkeit allgemein in Babylon sehr behinderte.

16, Erst im Jahre 1913, als nach dem schon vorher er-
27 folgten Bruch eines Staudammes bei Hindije und sehr trockener Witterung das Grundwasser absank, konnte man sich der Erforschung der Turmruine zuwenden. Es wurde für einige Monate daran gearbeitet, um die genauen Abmessungen des normalerweise im Grundwasser liegenden Backsteinmantels der Zikkurrat wiederzugewinnen. Erst später in seiner Publikation bezeichnete Wetzel diese Unternehmung als Voruntersuchung, da damals längst nicht alle Probleme gelöst worden waren.

Die archäologischen Forschungen in Babylon, die anfangs auf fünf Jahre geplant worden waren, hatten diese Terminvorstellungen längst überschritten. Sie nahmen an Umfang und Schwierigkeit und natürlich auch an Kostenaufwand ständig zu. So konnte Koldewey viele seiner ursprünglichen Pläne nicht verwirklichen; zu ihnen hatte auch die Freilegung der Turmreste gehört. Auch später, bei der Veröffentlichung der Ergebnisse, gab es zahlreiche Verzögerungen, da der für die Untersuchungen am Turm verantwortliche Architekt Friedrich Wetzel durch Augenbeschwerden und später durch seine völlige Erblindung stark behindert war. Robert Koldewey war nach längerem Leiden bereits 1925 verstorben. So konnte die wissenschaftliche Publikation über den Turm und den Tempel des Marduk nur mit Hilfe weiterer Mitarbeiter fertiggestellt und 1938 veröffentlicht werden. Es kam dazu, daß der Turm von Babylon, der eines der Hauptziele der Untersuchungen gewesen war, in den Hintergrund trat und bis heute noch nicht alle Fragen geklärt werden konnten.

Birs Nimrud ■ Bereits 1901 hatte Robert Koldewey eine kurze Ausgrabung in der Ruinenstätte Birs Nimrud, 29
dem so oft fälschlich als Babylonischen Turm bezeichneten Bauwerk, in Angriff genommen. Hier waren bereits früher einige Ausgräber wie Rawlinson und Hormuzd Rassam beschäftigt gewesen, die Teile des den Turm umgebenden Bezirkes freigelegt hatten. Koldewey betrieb die Untersuchungen in Borsippa neben seinen gewaltigen Arbeitsvorhaben in Babylon, so daß er weder die Kraft noch die Mittel hatte, hier lange zu verweilen. Walter Andrae, der an dieser Unternehmung teilnahm, schrieb später: «Wir sagten, Borsippa sei eine ‹romantische Grabung› gewesen. Das Zeltlager hatte Koldewey auf der Höhe der Tempelruine errichtet, hart am Abhang des Tempelturmes. Der Blick schweifte über die weithin überschwemmte Ebene zwischen dem Hille- und dem Hindije-Arm des Euphrat und schaute zugleich über die gewaltigen Kulträume des Tempels, dessen über- 30
dicke Mauern von vernichtender Brandkatastrophe gerötet waren. Steil neben den Zelten stieg die Ziegelgeröllhalde des Tempelturmes in die Höhe, vom Gipfel drohten dunkelgefärbte Ziegelklötze abrollen zu wollen, und ein turmartiger, wohl 20 m hoher Rest massiver Übermauerung schaute auf uns herab. Das war der höchste Punkt des ganzen Landes. Rätselhaft und geheimnisvoll war hier vieles und blieb es.» [12] Die Untersuchungen hatten die Grundrisse der Tempelkomplexe feststellen können und man schloß, wie Walter Andrae schrieb, «diese Nebengrabung in der Hoffnung ab, sie im größeren Stil später fortsetzen zu können». Aber auch dieser Plan konnte nicht mehr verwirklicht werden.

Die Ausgrabung einer so großen und über Jahrtausende hinweg besiedelten Stadt wie Babylon ist eine sehr anspruchsvolle und nicht vollständig zu lösende Aufgabe. Als Robert Koldewey im Jahre 1917 31
seine Arbeiten gezwungenermaßen wegen des Einrückens der Engländer in den Irak beenden mußte, konnte er die Bilanz ziehen, «daß ungefähr die Hälfte der Arbeit bewältigt wurde, die im Ganzen notwendig oder jedenfalls wünschenswert sein wird, obwohl Sommer und Winter jeden Tag mit 200–250 Arbeitern daran gearbeitet wurde».[13]

Wenn man jedoch bedenkt, wieviele Kenntnisse über die Geschichte, das Leben und die Kunst des Altertums den Ausgrabungen von Robert Koldewey verdankt werden, so erscheinen daneben die offenen Fragen, die Zweifel und Probleme gering. Ihnen zu begegnen, ist die Aufgabe der Wissenschaft jetzt und in Zukunft.

VON DER TERRASSE ZUM STUFENTURM

Der Turm von Babylon war nicht, wie man früher geglaubt hatte, ein außerordentliches und einmaliges Bauwerk. Er ist vielmehr einzuordnen in eine lange Entwicklung und bildet deren Höhepunkt. Diese Erkenntnis hat sich erst im Verlaufe der Forschung auf archäologischem, inschriftlichem und historischem Gebiet herausgestellt. So wird es möglich, manche Fragen zum Babylonischen Turm an Hand anderer gleichartiger oder ähnlicher Gebäude einer Lösung zuzuführen.

Die Verehrung von Naturgewalten, die Furcht vor ihnen und der Wunsch, sie zu beeinflussen oder zu beherrschen, ist so alt wie die Menschheit. Nachdem in der Frühzeit menschlicher Entwicklung die Anbetung von übernatürlichen Mächten in der freien Natur, in Höhlen oder an anderen bevorzugten Plätzen vor sich ging, entstanden aus einfachsten Anfängen besondere Bauten für die Verehrung von Gottheiten. Dieses Stadium, das im 4. Jahrtausend v. Chr. längst erreicht war, brachte eine Differenzierung der Bauwerke entsprechend ihrem Zweck und ihrer Bedeutung mit sich. In jener Zeit befanden sich die Bewohner des südlichen Mesopotamien, des alten Landes Sumer, im Übergang von der Urgesellschaft zu einer in Klassen differenzierten Gesellschaft und zum Staat. Während des sozialökonomischen Prozesses veränderten sich gleichzeitig ihre religiösen Vorstellungen und erforderten bestimmte, sich allmählich ausprägende Formen von Kultanlagen.

Die wichtigste Voraussetzung und ein bedeutender Faktor für die Gestaltung der Bauwerke waren die vorhandenen Baumaterialien. Das rohstoffarme Südmesopotamien besaß vor allem Lehm und Schilf, jedoch kaum Holz und keine Bausteine. Lehm und Schilf bestimmten durch die Jahrtausende das Aussehen der mesopotamischen Architektur und führten zu ihren charakteristischen Formen. Abgesehen von den Einzelheiten der architektonischen Gestaltung sind für Südmesopotamien und mit gewissen Einschränkungen auch für benachbarte Gebiete zwei Anordnungen zu unterscheiden, die sich im 4. Jahrtausend herauszubilden beginnen. Das eine ist der Tempel zu ebener Erde, in der Sprache der Archäologen häufig Tieftempel genannt, das andere der Tempel auf der Terrasse. Letzterer darf wohl als der Ausgangspunkt für die Entwicklung des Tempelturms angesehen werden. An Hand der Ausgrabungsergebnisse kann man diese Entwicklung an einigen charakteristischen Beispielen verfolgen.

Tempelterrassen in Südmesopotamien ■ Zu den frühesten sakralen Anlagen im südlichen Mesopotamien gehören eine Reihe von Lehmziegelbauten, die in der Stadt Eridu gefunden wurden. Dort konnten bei den Ausgrabungen eines jahrhundertelang an der gleichen Stelle immer wieder erneuerten Heiligtums auch die untersten Schichten freigelegt werden. Es zeigte sich, daß die ersten, im 5. Jahrtausend v. Chr. entstandenen Bauten wohl noch zu ebener Erde angelegt worden waren. Bei jeder Erneuerung wuchs jedoch das Niveau etwas über die Umgebung an, so daß schließlich eine Terrasse entstand. Es ist bisher nicht mit Sicherheit zu entscheiden, ob diese Vorgänge zunächst das Produkt einer bewußten Gestaltung oder die zwangsläufige Folge des Überbauens der jeweils älteren Tempelanlage waren. Gegen Ende des 4. Jahrtausends hatte man jedenfalls die Terrasse als Architekturform erkannt und setzte sie gezielt bei der Errichtung der nachfolgenden Bauten ein. Der Stumpf der älteren, nicht mehr benutzten Tempelanlage wurde aufgefüllt und geebnet; die Terrasse erhielt geböschte Außenflächen, die später durch Vor- und Rücksprünge aufgelockert wurden.

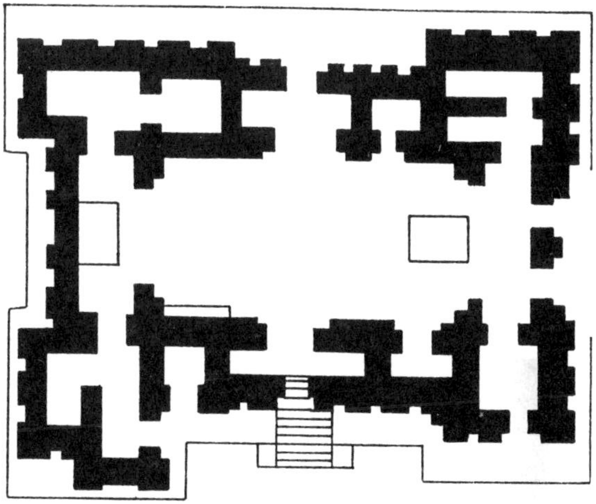

Grundriß des Tempels der Schicht VII von Eridu

Der Tempel auf der so entstandenen Hochterrasse hatte einen klaren, offenbar von den religiösen und kultischen Anforderungen geprägten Grundriß, der sich im Verlaufe der folgenden Jahrhunderte nur unwesentlich abwandelte und auch in anderen Orten wiederzufinden ist. Diese Tempel aus der Mitte und dem Ende des 4. Jahrtausends besitzen einen geräumigen, langgestreckten Mittelsaal, an dessen einer Schmalseite sich ein gemauertes Podium, einer kleinen Bühne vergleichbar, befand. Vor der anderen Schmalwand stand ein weiterer aus Ziegeln aufgemauerter Block, den man wohl als Opfertisch bezeichnen darf. Der Mittelraum war von einer Anzahl kleiner Nebenkammern umgeben, die sicher für kultische Zwecke oder zur Aufbewahrung von Vorräten genutzt wurden. Der Zugang zum Tempel verlief über eine Treppe an der Mitte seiner Breitseite. Die von dieser Zeit an für alle religiösen Bauten obligatorische Gliederung der Außen- und häufig auch der Innenwände durch Vor- und Rücksprünge kann an den Tempeln von Eridu nachgewiesen werden. Der kontinuierliche Ablauf der Entwicklung von den auf einer Terrasse liegenden Tempeln zum Stufenturm ließ sich in Eridu besonders gut verfolgen. Am Ende des 3. Jahrtausends v. Chr. wurden die hochliegenden Terrassenteile mit ihren Tempeln abgetragen und über ihnen eine abgestufte Terrasse errichtet, die man als Stufenturm bezeichnen kann.

Als eines der Zentren der sumerischen Kultur darf die Stadt Uruk angesehen werden. Aus einer Ansiedlung des 5. Jahrtausends entstanden, entwikkelte sich Uruk zu einem der frühesten Stadtstaaten des Alten Orients mit einer blühenden Wirtschaft, mit weitreichendem Handel und spezialisiertem Handwerk. Die im südlichen Mesopotamien vorherrschende Form der Bewässerungslandwirtschaft beschleunigte wesentlich die Herausbildung der ersten Staaten. Die organisierte Kooperation vieler Menschen beim Bau und bei der Pflege der Wasserläufe und Kanäle förderte den Zusammenschluß und steigerte die Erträge. Durch den aufblühenden Handel kamen viele sonst nicht vorhandene Rohstoffe, vor allem Metall und Steine, ins Land und wurden hier weiterverarbeitet. Den Mittelpunkt dieses frühen Staates bildeten die Tempelbezirke, in denen sich die wirtschaftliche und politische Macht konzentrierte. Die Pflege und bauliche Ausgestaltung der Heiligtümer wurde zu einer vorrangigen Aufgabe der Bevölkerung, wobei die Leitung der Arbeiten in den Händen einer priesterlichen Aristokratie lag.

Die Untersuchung der Tempelbezirke von Uruk, die durch jahrzehntelange deutsche Ausgrabungen erfolgte, bildet eine wesentliche Quelle unserer Kenntnisse über die Entwicklung des Sakralbaus in Mesopotamien. In den Heiligtümern wurden der oberste Himmelsgott Anu und die Fruchtbarkeitsgöttin Inanna/Innin verehrt, deren Kult dort bis in die letzten Jahrhunderte v. Chr. lebendig blieb. Die religiöse Tradition, die im Orient wie auch in vielen anderen Gebieten eine große Rolle spielt, ließ die Tempel immer wieder an der gleichen Stelle erstehen. Wie in Eridu waren auch im Heiligtum der Inanna in
Uruk ältere Bauwerke unter dem späteren Tempel- 35, 36
turm erhalten. Es konnten aber keine Tempel mehr auf ihnen festgestellt werden, da sie offenbar alle dem Neubau des Tempelturms zum Opfer fielen. Doch selbst diese dürftigen Überreste vermögen ein anschauliches Bild von der Monumentalität und Formgestaltung jener frühen Architektur zu vermitteln. Die Entwicklung zur Hochterrasse scheint im Tempelbezirk des Anu ähnlich vor sich gegangen zu sein wie bereits für Eridu beschrieben. Es wurden dort offensichtlich gleichzeitig mehrere Tempel benutzt. Wichtig für die hier besprochene Thematik ist eine etwa 12 Meter hohe Terrasse. Der Lehmbau war durch Nischen gegliedert, in den oberen Rand sind Tonflaschen zur Festigung oder auch zur Dekoration eingelassen worden. Einen kleinen Teil dieser Terrasse nahm ein massiver Tempel ein, von dem sogar noch heute, nach mehr als 6000 Jahren, ausgegrabene Reste in Uruk zu sehen sind. Es ist der soge-
nannte «Weiße Tempel», dessen Außenmauern einen 32
haltbaren weißen Anstrich trugen und der ähnlich wie das Heiligtum in Eridu einen langgestreckten
Mittelsaal von 5 mal 18,5 Meter Größe hat. An den 33
beiden Langseiten liegen eine Reihe von kleinen, zum Hof hin sich öffnenden Kammern. Von der nordöstlichen Schmalwand erhob sich auch hier ein bühnenartiges Podium. Das Opfern von Tieren, Broten, Flüssigkeiten und anderen Nahrungsmitteln während der Kulthandlungen spielte eine wichtige Rolle; häufig wurden Teile davon verbrannt oder gekocht. Davon zeugen in den meisten Tempelbezirken, wie auch hier auf der Hochterrasse des Anu, in den Boden eingetiefte Opferstätten, die oft über längere Zeit hinweg benutzt wurden.

Die Tempel auf der Hochterrasse wurden häufig erneuert und erstanden immer wieder in wenig veränderter Gestalt. Das mag technische Gründe gehabt haben, da die ungebrannten Ziegel nur bei ständiger

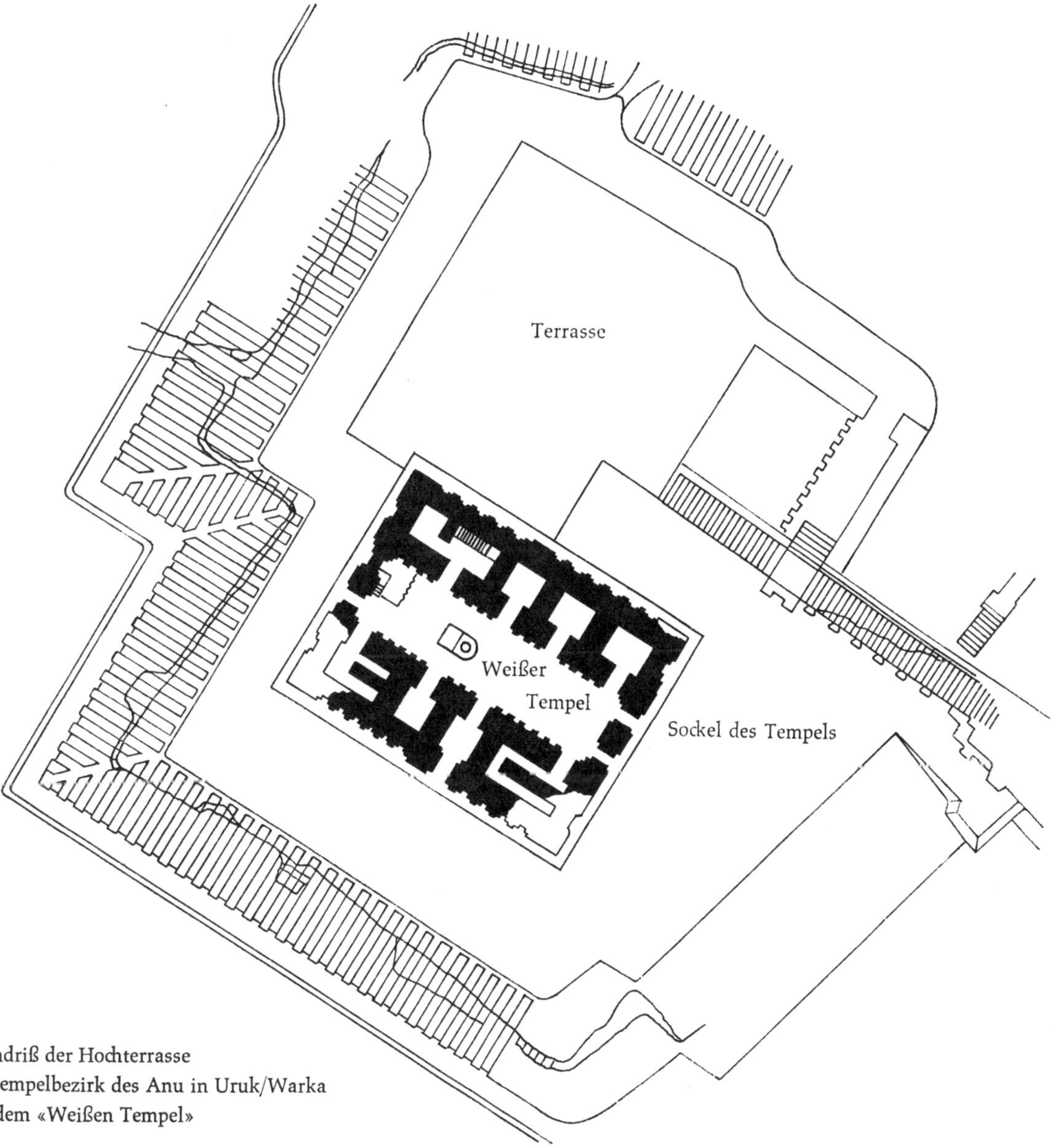

Grundriß der Hochterrasse
im Tempelbezirk des Anu in Uruk/Warka
mit dem «Weißen Tempel»

Pflege haltbar sind. Es hatte sicher auch kultische Ursachen, die mit den uns bisher wenig bekannten religiösen Vorschriften und Vorstellungen zusammenhingen. Ein am Fuße der Hochterrasse im Anu-Bezirk befindliches labyrinth-artiges Gebäude dürfte mit den Zeremonien im Tempel in Verbindung gestanden haben. Es war teilweise unterirdisch angelegt und aus Steinen und künstlichen Gipssteinquadern errichtet. Im Mittelpunkt des unüberdachten Gebäudes war ein niedriger Podest errichtet, auf dem ursprünglich, wie die Abdrücke zeigten, ein Möbelstück gestanden hatte. Es könnte sich hier um eine

Art Kenotaph gehandelt haben, wo zeitweilig ein bedeutender Toter aufgebahrt war.

Die im Verlaufe des 4. und zum Anfang des 3. Jahrtausends in Uruk entstandenen Tempel legen ein beredtes Zeugnis ab vom Können und vom Gestaltungswillen der Menschen, die in gemeinsamer Arbeit in der Lage waren, solche monumentalen Bauwerke zu schaffen. Das Baumaterial waren fast immer die an der Sonne getrockneten Lehmziegel unterschiedlicher Rechteckformate, dabei kamen Ziegellängen zwischen einer Handspanne und einem halben Meter vor. Bei dem um 3000 v. Chr. im Tempelbezirk der Innin — Eanna — errichteten sogenannten Stiftmosaikbau wurden die Außenwände mit kleinen gebrannten Tonstiften mit farbigem Kopf geschmückt. Sie sollten der Festigung der Außenmauern und ihrem Schmuck dienen. Diese Mosaiktechnik wurde bei zahlreichen Bauten von Uruk sowie auch in anderen südmesopotamischen Orten angewendet.

Wie die Anlagen in Eridu, Uruk und dem Fundort Tell Uqer beweisen, handelte es sich bei den Tempeln auf der Hochterrasse nicht um den Ausdruck eines nur in einer Stadt entwickelten Baugedankens. Vielmehr müssen die mit diesen Bauwerken verbundenen Vorstellungen in Mesopotamien weit verbreitet gewesen sein. Ob sie von den seit dem 4. Jahrtausend in Südmesopotamien bezeugten Sumerern ausgingen, vermag man schwer einzuschätzen. Der Tempel auf der Terrasse, den man bei solchen Anlagen wie im Anu-Bezirk von Uruk bereits als eine Form des Stufenturms — eine in sich gestufte Terrasse — bezeichnen darf, wurde zu einem maßgeblichen Bestandteil der mesopotamischen Architektur weiterentwickelt. Die für die Ausbildung der Tempeltürme wirksamen Gedanken und Voraussetzungen scheinen sich jedoch vorwiegend im Lande Sumer ausgeprägt zu haben.

Die im Anfang des 3. Jahrtausends sich formierenden Stadtstaaten erlebten im Verlaufe der nächsten Jahrhunderte eine politische und ökonomische Blüte. In dieser Zeit war die Entwicklung im Süden

Siegelabrollung mit Wiedergabe einer Turmbauszene, frühdynastisch, um 2500 v. Chr.

des Zweistromlandes am weitesten fortgeschritten,
34 doch waren auch Gebiete im Iran, in Obermesopotamien und Syrien an diesem Aufschwung beteiligt. In jener Periode, die man jetzt frühdynastische Zeit nennt, festigten die einzelnen Stadtstaaten ihren Einflußbereich, die staatlichen Institutionen drängten allmählich die Rechte der alten Dorfgemeinden zurück. Der Boden als Mittel zur Sicherung des Lebensunterhalts wurde vorwiegend von den Tempeln und den Herrschern der Stadtstaaten in Besitz genommen. Der Stadtfürst, der gleichzeitig religiöse Funktionen übernahm, fühlte sich jetzt mehr als bisher berufen, seine Stadt mit prachtvollen Tempelbauten zu schmücken.

Diese gesellschaftliche Entwicklung schlug sich deutlich in der Architektur der Heiligtümer nieder, die sich stärker von der Außenwelt abschlossen. Die Priesterschaft wurde immer mehr zum Mittler zwischen Gott und Mensch. Nur durch sie und unter Beachtung der von ihnen erlassenen Vorschriften konnten die wichtigen religiösen Handlungen vorgenommen werden. Der König als oberster Priester nahm eine für das Wohl des ganzen Staates bedeutende Position ein, die in der Durchführung der mit den alten Fruchtbarkeitsriten verbundenen «Heiligen Hochzeit» gipfelten.

Das Tempeloval von Chafadschi ■ Der stärkere Abschluß der Tempel gegenüber den Stadtbewohnern läßt sich recht anschaulich an einigen großen Heiligtümern in Städten des Diyala-Gebietes ablesen. In Chafadschi, einem politisch recht unbedeutenden Stadtstaat, gab es drei größere, gleichzeitig bestehende Tempelanlagen, die über längere Zeit hinweg immer wieder erneuert wurden. Den größten Raum mit 8000 Quadratmetern nahm das sogenannte Tempeloval ein. Vor dessen Errichtung war von dem ganzen riesigen Bereich die oberste Bodenschicht entfernt und mit sterilem Sand aufgeschüttet worden. Das ist nur mit einer kultisch begründeten Vorbereitung zu erklären, da bautechnische Gründe dafür nicht angeführt werden können. Auf dieser Unterlage wurde die erste, von einer Mauer mit monumentalem Tor umschlossene Terrasse errichtet. In dem dahinterliegenden Hof befand sich ein großes Wohnhaus, das vielleicht dem obersten Priester gehörte. Innerhalb dieser umwallten Anlage erhob sich auf einer sechs Meter hohen ovalen und von einer starken Mauer umschlossenen Plattform das eigentliche Heiligtum. An diese innere Umwallung waren Magazine, Küchen und verschiedene Werkstätten angeschlossen, die sicher nicht nur für den eigenen Bedarf produzierten. Sie waren architektonisch so an die ovale Mauer angefügt worden, daß in ihrer Mitte ein rechteckiger Hof entstand. Im hinteren Teil dieses Hofes erhob sich der eigentliche Hochtempel, die Zikkurrat. Bei der Ausgrabung konnten allerdings von diesem Gebäude kaum noch Spuren gesichert werden, so daß es nur versuchsweise rekonstruiert wurde.

Das Tempeloval von Chafadschi war ein geplanter und in seiner Wirkung berechneter Bau, der nicht durch langsames Wachstum infolge von Restaurierungen und Neubauten entstand. Die Mauern grenzten die verschiedenen Areale ab; der Weg durch die Tore führte direkt auf die Zikkurrat als den kultischen und architektonischen Mittelpunkt des Heiligtums zu. Die Verbreitung dieses speziellen Baugedankens auch in anderen Teilen Südmesopotamiens wurde durch die Freilegung eines ähnlichen, auf ei-

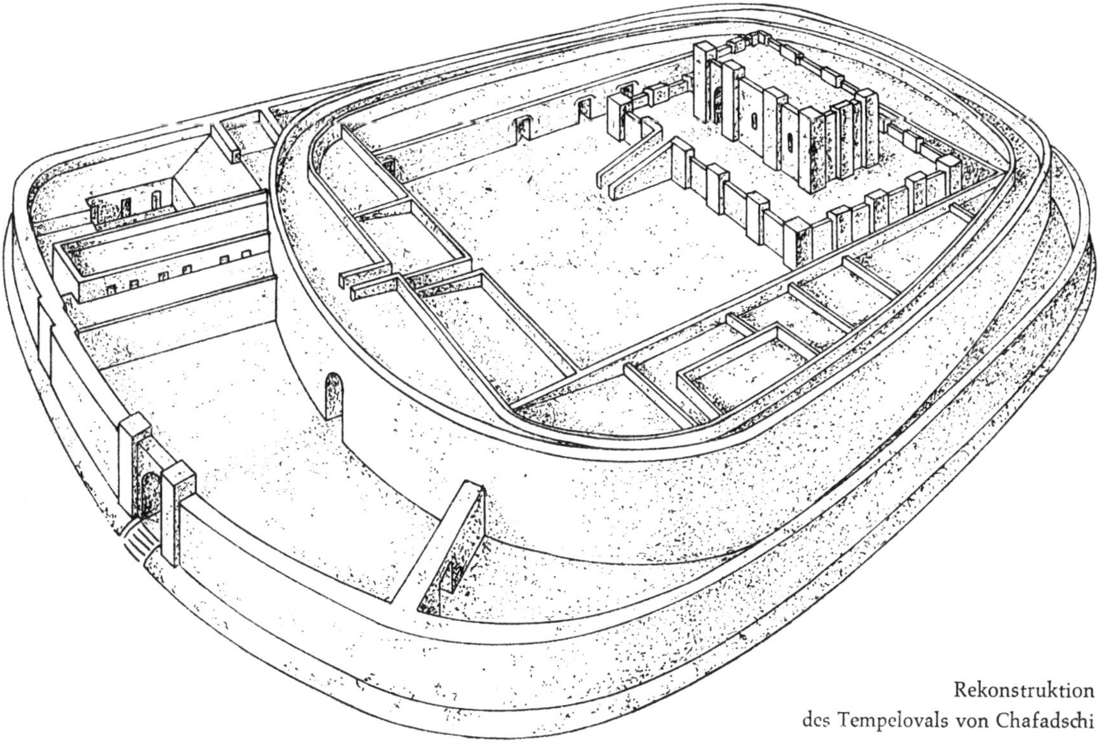

Rekonstruktion
des Tempelovals von Chafadschi

ner ovalen Terrasse errichteten Hochtempels in Tell el-Obed bezeugt.

Nicht unerwähnt soll bleiben, daß in der frühdynastischen Periode in Mesopotamien eine bemerkenswerte Veränderung der Mauertechnik einsetzte, die sich auch beim Tempeloval von Chafadschi zeigte. Man benutzte nämlich nicht mehr die Lehmziegel mit allseitig ebenen Flächen, sondern formte sie mit einer glatten und einer gewölbten Fläche in sogenannter plankonvexer Form. Diese Ziegel wurden nicht mehr in den üblichen mauerwerksmäßigen Verbänden versetzt, sondern in fischgrätenähnlicher Anordnung mit Schrägstellung. Der Grund für die Veränderung der Ziegelform konnte bisher nicht gefunden werden; es sei denn, man betrachtet die oft geübte Möglichkeit gerundeter Mauerzüge als solchen. Nach etwa 200 Jahren verschwanden die plankonvexen Ziegel wieder aus der Architektur.

Die folgenden Jahrhunderte waren für Mesopotamien eine bewegte, von Kriegen und Eroberungszügen gekennzeichnete Zeit. Nach der Blüte der sumerischen Stadtstaaten um die Mitte des 3. Jahrtausends v. Chr., die auch in Kunst und Kultur große Leistungen hervorbrachten, folgte die Eroberung durch die semitischen Akkader. Sie schufen unter Königen wie Sargon oder Naram-Sin den ersten ausgedehnten Territorialstaat Vorderasiens. Die Kunst diente in erster Linie zur Verherrlichung der Person des Königs, seiner Kriegszüge und Erfolge. In verschiedenen Teilen des Reiches wurden Festungen angelegt, Paläste oder große Wohnhäuser für den Herrscher oder seine Statthalter errichtet. Der Tempelbau scheint in den Hintergrund getreten zu sein, für die Erbauung von Stufentürmen gibt es bisher durch Ausgrabungsfunde keine sicheren Zeugnisse.

Viele Gründe, nicht zuletzt der Einfall der Gutäer aus dem östlichen Gebirgsland, führten zum Sturz der akkadischen Herrscher und zum Zerbrechen ihres Reiches. Die in den südlichen Landesteilen gelegenen alten sumerischen Kultzentren wie Ur, Lagasch, Nippur und Uruk erlangten ihre Selbständigkeit wieder und erlebten eine neue Blüte. Die Bautätigkeit richtete sich in erster Linie wieder auf die Tempelbezirke, in denen zahlreiche Heiligtümer entstanden. Für die Gestaltung der Tempeltürme wurden in dieser Zeit entscheidende Lösungen gefunden und richtungweisende Formen entwickelt.

Siegelabrollung mit Darstellung von Götterkämpfen und einer Turmbauszene, Akkad-Zeit, um 2200 v. Chr.

Die Zikkurrat von Ur ■ Beispielgebend für viele andere ist der große Tempelbezirk des Mondgottes Nanna in Ur, dessen eindrucksvoller Stufenturm bis heute sichtbar ist. Die Stadt Ur, die bereits in der ersten Hälfte des 3. Jahrtausends eine wichtige Rolle gespielt hatte, wurde durch umfangreiche englische Ausgrabungen unter der Leitung von Leonard Woolley erforscht. Er konnte unter anderem auch die aus der Mitte des 3. Jahrtausends stammenden, durch ihre kostbaren Beigaben und die Gefolgschaftsbestattungen bekannten «Königsgräber» von Ur freilegen. Auch der Tempelbezirk des Mondgottes Nanna, den die Semiten Sin nannten, bestand bereits am Anfang des 3. Jahrtausends. Es ist sehr wahrscheinlich, daß der Stufenturm einen Vorgängerbau in Form einer Hochterrasse aus dieser Zeit hatte. Gefunden wurden im Tempelbezirk zu beiden Seiten der jetzt noch anstehenden späteren Turmtreppe Baureste der frühdynastischen Periode, die mit den sogenannten plankonvexen Ziegeln errichtet waren. In diesen Gebäuden zeugen Brandspuren, Abflüsse und Röhren von ihrer Nutzung als Küchen und Vorratsräume, vielleicht auch als Opferstätten.

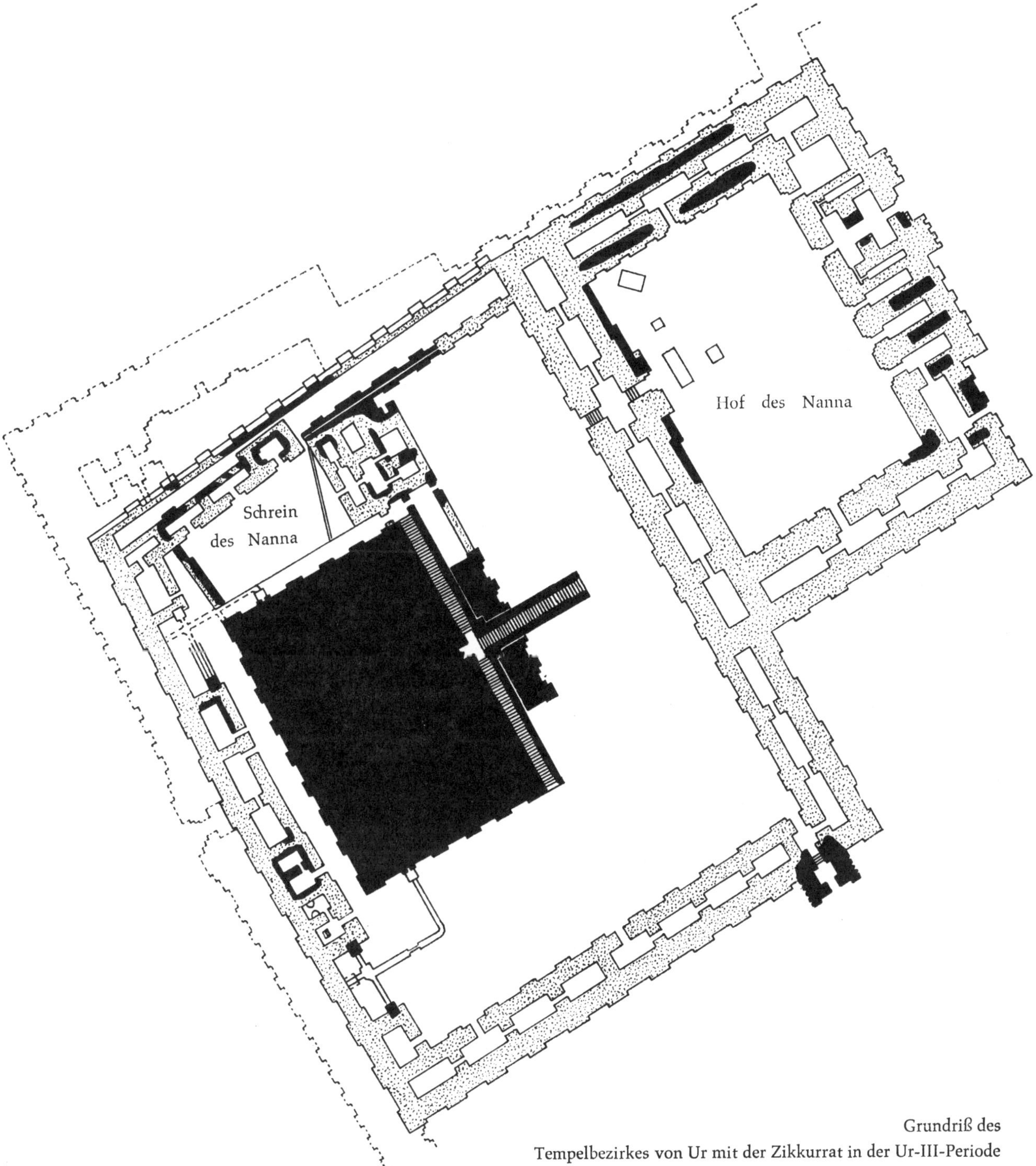

Grundriß des
Tempelbezirkes von Ur mit der Zikkurrat in der Ur-III-Periode

Unter dem Fürsten Ur-Nammu (um 2050 v. Chr.) entwickelte sich Ur erneut zu einem blühenden Zentrum. Seine Bestrebungen, ein größeres Reich nach dem Vorbild der Akkader zu schaffen, waren von Erfolg gekrönt, und er begründete das Reich der sogenannten III. Dynastie von Ur. Die Bautätigkeit des Königs erstreckte sich nicht nur auf seine Hauptstadt Ur, sondern er ließ auch in zahlreichen anderen Städten wie Uruk, Nippur, Eridu und Adab monumentale Tempeltürme errichten. Seine Nachfolger setzten sein Werk fort. Das Gesicht der Stadt Ur wurde bis in die Spätzeit im wesentlichen durch die Bauten der Herrscher der III. Dynastie von Ur bestimmt.

Wie die immer mehr anwachsende Zahl von religiösen, kultischen und literarischen Keilschrifttexten erkennen läßt, wurden in der Ur-III-Zeit zahlreiche Regeln für die Gestaltung eines Heiligtums herausgebildet. Der Stufenturm wurde nur zu bestimmten Anlässen benutzt, die täglichen Zeremonien spielten sich in den ihn umgebenden Heiligtümern und Gebäuden ab. Die Zikkurrat war gewöhnlich, so auch in Ur, von einem eigenen Hof umgeben. Ein monumentales Tor an der Südostfront des Hofes diente gleichzeitig als Gerichts- und Schwurstätte. Hier, im Angesicht der Götter, nahm der König seine Funktion als oberster Richter und «Hirte der Schwarzköpfigen» wahr. Der offizielle Eingang bei Festlichkeiten dürfte durch einen vorgelegten und von Hallen umgebenen Hof auf der Nordost-Seite des Zikkurrat-Hofes geführt haben.

Wie bei den alten Hochterrassen war auch in Ur der am Stufenturm befindliche Hof höher gelegen als seine Umgebung. Schon dadurch betonte man die Sonderstellung des in ihm liegenden Bauwerkes. Die unterste Stufe der Zikkurrat mit einer Grundfläche von 62,5 mal 43 Metern war massiv aus Lehmziegeln III
aufgemauert und dann mit einem Mantel von Backsteinen umgeben. Schräg geböschte Wände, aufgegliedert durch Vor- und Rücksprünge, schließen an die alten sumerischen Architekturformen an. Auf dieser elf Meter über dem Hofniveau liegenden Stufe war die zweite kleinere Etage errichtet, von der heute noch Reste vorhanden sind. Über das Aussehen der dritten Stufe und des auf ihr gelegenen Heiligtums bestehen bisher nur Vermutungen. Die Rekonstruktion des Turmes durch C. L. Woolley wird heute, was die Frage des Aufganges betrifft, angezweifelt. Die Zikkurrat war von der Ostseite her durch eine weit vorgezogene, sanft ansteigende Freitreppe zu erreichen, auf die zwei an die Wände des Turmes angelehnte Seitentreppen zulaufen. Sie dürften sich jedoch nicht bereits in Höhe der ersten Stufe getroffen haben.

Es geschah recht selten in der Baugeschichte Südmesopotamiens, daß ein so gewaltiges Gebäude wie die Zikkurrat von Ur vollständig mit gebrannten Ziegeln verkleidet wurde. Das war ein ungeheurer Arbeits- und Kostenaufwand, der auch später nur in Ausnahmefällen aufgebracht werden konnte. Dieser Umstand trug aber wesentlich zu dem verhältnismäßig guten Erhaltungszustand der Turmruine bei. Die Zikkurrat zog deshalb schon in früheren Jahrhunderten die Aufmerksamkeit von Reisenden und Forschern auf sich. Der britische Konsul J. E. Taylor ließ 1854/55 einige Schächte in das Turmmassiv einbringen, durch die er auf Gründungsinschriften in Form von Tonzylindern stieß. Die Inschriften stammen von dem letzten Bauherrn der Zikkurrat, dem babylonischen König Nabonid (555–539 v. Chr.), der bei der Erörterung der Baugeschichte seine frühen Vorgänger Ur-Nammu und Schulgi nennt. Taylor stellte durch diese Schächte aber fest, daß es sich hier, wie bei fast allen Zikkurratanlagen, um einen massiven Unterbau ohne Räume in seinem Inneren handelt.

Der Stufenturm von Ur war von einer Reihe für den Kult und die Ausübung der religiösen Vorschriften wichtigen Gebäude umgeben, die außerhalb des eigentlichen Zikkurrathofes lagen. Das «Haus der großen Fülle», in sumerischer Sprache Enunmach genannt, das aus zahlreichen schmalen nebeneinanderliegenden Räumen bestand, diente vielleicht als Vorratsgebäude. Sicher erfüllte es daneben noch weitere, bisher nicht bekannte Zwecke. Ein zweiter geräumiger Gebäudekomplex wurde von einem der Nachfahren des Ur-Nammu errichtet. Es ist das Gipar genannte Haus, in dem sicher auch die Oberpriesterin ihren Wohnsitz hatte. Neben dem obersten Priester, der häufig mit dem Herrscher identisch war, spielte sie eine wichtige Rolle im Kult. In dem Gebäude befanden sich ferner ein Heiligtum für die Gemahlin des Mondgottes, eine Reihe von Grabanlagen, Kultstätten sowie Speicher, Küchen und Werkstätten. Das Verständnis und die Rekonstruktion der hier einstmals durchgeführten Zeremonien dürfte gleichzeitig auch Erkenntnisse über den Zweck der Zikkurratbauten bringen. Die bisher vorgebrachten Theorien vermögen nur Einzelheiten zu klären.

Weitere Hochtempel ■ Eine weitere Zikkurratanlage wurde vom König Ur-Nammu im alten Heiligtum
35, der Innin — Eanna — in Uruk errichtet. Der Bau war
36 aber nicht mit gebrannten Ziegeln verkleidet und ist deshalb wesentlich schlechter erhalten. Im Hinblick auf die Bautechnik konnten hier interessante Beobachtungen gemacht werden, denn man hatte bei der Errichtung eines so großen Lehmziegelmassivs zahlreiche technische Probleme zu bedenken. So waren die Ziegel in Roll- und Flachschichten verlegt, zwischen die in regelmäßigen Abständen dünne geflochtene Schilfmatten und in den hochliegenden Teilen dicke Lagen von Schilfstengeln eingelegt waren. Sie sollten wahrscheinlich das Entstehen von Rissen im Massiv verhindern, die wegen ungleichen Absetzens in den weichen Untergrund entstehen konnten. Außerdem waren im massiven Mauerwerk Aussparungen angelegt, in denen man bei der Ausgrabung hin und wieder noch Reste von starken Schilftauen fand, die wahrscheinlich bis zu den Außenflächen des Gebäudes reichten. Zur Ableitung des Regenwassers waren außerdem Schächte eingebaut, die zu Kanälen auf dem tieferliegenden Hof führten. Im Gegensatz zu Ur wird angenommen, daß es sich bei der Anlage in Uruk um eine Hochterrasse von 14 Meter Höhe ohne Abstufung gehandelt hat. Das ist möglicherweise auf die spezielle Situation zurückzuführen, da Ur-Nammu eine Reihe von älteren, an der gleichen Stelle befindlichen Terrassen überbauen lassen mußte. Auf dem Terrassenmassiv des Ur-Nammu muß ursprünglich der nicht mehr erhaltene Tempel der Innin gestanden haben. In unmittelbarer Nähe des Turmes lag wie in Ur das Gipar, in dem die Oberpriesterin wohnte. Ein kostbarer Schmuck, der laut Inschrift auf einigen Perlen vom König Schu-Sin von Ur den Priesterinnen Kubatum und Abbabaschti gestiftet wurde, legt dafür Zeugnis ab.

Die Zikkurrat und die sie umgebenden Kultstätten waren gewöhnlich durch mehrere Umfassungsmauern von der Stadt abgegrenzt. Es war für die Bevölkerung sicher nur noch an wenigen Festtagen oder bei besonderen Gelegenheiten möglich, den Tempelbezirk zu betreten. Die Priester, vor allem die ranghöheren Vertreter, übernahmen die Vermittlung zu den Göttern und sicherten sich auf diese Weise eine unentbehrliche und einträgliche Position.

Die neusumerische Periode kann als eine Blütezeit in der Entwicklung der Turmbauten bezeichnet werden. In vielen Städten weihte man dem Hauptgott eine solche Zikkurrat. Von etwas abweichender Form war die im Dagan-Tempel in Mari entdeckte Terrassenanlage, die wie so oft an ein älteres Heiligtum angeschlossen wurde. An einen langgestreckten Tempel zu ebener Erde wurde eine Zikkurrat angebaut, die ihn teilweise überdeckte. Er blieb jedoch als traditionsreiches Heiligtum weiterhin zugänglich; man erreichte ihn durch einen schmalen, fünf Meter langen Zugang, der von zwei Bronzelöwen bewacht wurde. Durch die großen, aus farbigen Steinen eingelegten Augen wirkten diese Wächterfiguren fast drohend und unheimlich. Die Ausgräber fanden dort weitere Steinaugen, so daß sie annehmen, daß ursprünglich der ganze Vorplatz mit solchen Statuen besetzt war. Auf der Hochterrasse des Dagan-Tempels von Mari hat wahrscheinlich ein Tempel gestanden, von dem keine Spuren erhalten waren. Er diente sicher ebenso wie der ältere, noch vorhandene Tieftempel der Verehrung des Gottes Dagan.

Gegen Ende des 3. Jahrtausends brach der unter sumerischer Vorherrschaft stehende Staat der III. Dynastie von Ur durch innere Unruhen und die Angriffe der Elamiter zusammen. Der Fall der Hauptstadt Ur im Jahre 2003 v. Chr., deren Zerstörung und Plünderung in einem Klagelied geschildert wurde, bildete den Abschluß einer zunehmend von wirtschaftlichen Krisen und sozialen Spannungen gekennzeichneten Epoche. Zahlreiche Städte strebten nach Selbständigkeit und versuchten, sich einen eigenen Machtbereich aufzubauen. Zu ihnen gehörten vor allem Babylon, Mari und das im nördlichen Zweistromland gelegene Assur. Die Bevölkerungszusammensetzung des Südens erfuhr einen Wandel, da die Sumerer immer weiter zurückgedrängt, allmählich in den neu eingewanderten Gruppen der Amurriter und anderer schon länger ansässiger semitischer Stämme aufgingen. Im Norden dürften die Hurriter einen stärkeren Einfluß auf die kulturelle Entwicklung ausgeübt haben.

In der Kunst und Kultur blieben die im sumerischen Süden geprägten Formen von großer Wirksamkeit und bestimmten auch in den folgenden Jahrhunderten das Gesicht. In den meisten Städten wurden die alten Heiligtümer übernommen, weitergepflegt und erneuert. Die Gottheiten wurden von der semitischen Bevölkerung mit neuen Namen bezeichnet, ohne wesentlich ihre Bedeutung zu verändern oder ihren Wirkungskreis zu verlieren. So hießen zum Beispiel der von den Sumerern verehrte Gott der Wassertiefe Enki jetzt Ea und der Sonnengott Utu nun Schamasch. Auch in der Architektur und Lebensweise sind keine jähen Brüche in der Tradition zu bemerken.

Die nach einer Reihe von Kriegen sich herausbildende Vormachtstellung des Staates von Babylon gipfelte im Reich des Hammurapi und seiner Nachfolger. Babylon erlebte seine erste große Blütezeit, sein Stadtgott Marduk trat immer stärker hervor. Hammurapi betätigte sich traditionsgemäß mit der Pflege und Erneuerung der Heiligtümer in den wichtigsten ihm unterstehenden Städten. Einige Tempeltürme dürften auch in dieser Zeit restauriert worden sein, größere Neubauten sind bisher nicht bekannt.

Während der deutschen Ausgrabungen in Babylon war es nur in einigen Ausnahmefällen gelungen, in die unteren altbabylonischen Schichten vorzudringen. Die Untersuchungen an den Ruinen des Tempelturmes waren zu kurz, um Einzelheiten seiner Baugeschichte zu beleuchten.

Tempeltürme im Norden ■ Das nördliche Mesopotamien hatte im Verlaufe des 3. Jahrtausends zeitweilig unter der Vorherrschaft der Reiche von Akkad und Ur III gestanden. Auch kulturell empfing es manche Anregungen und Einflüsse aus dem Süden. Viele Komponenten, nicht zuletzt die Zusammensetzung der Bevölkerung, die geographischen und klimatischen Gegebenheiten, führten jedoch zur Ausbildung einer eigenständigen Kultur in Assyrien.

Die sich über längere Zeit bereits anbahnende Konfrontation der Staaten des Südens und des Nordens wurde zu einem bestimmenden Faktor der weiteren historischen Entwicklung im Zweistromland. Assyrien blieb jedoch, bedingt durch seine geographische Lage und den Verlauf der Handelswege, stark nach Anatolien und Syrien hin orientiert.

Der im Süden so weit verbreitete Baugedanke der Zikkurrat fand wohl erst am Anfang des 2. Jahrtausends v. Chr. Eingang in Assyrien, als in der Hauptstadt Assur eine Reihe von Heiligtümern grundlegende Umgestaltungen erfuhr. Der Zeitgenosse und vorübergehende Gegenspieler des Hammurapi von Babylon war Schamschi-Adad I. Er widmete dem Tempel des Gottes Assur, der an der Nordost-Ecke der Stadt auf natürlichem Hügel gelegen ist, seine besondere Fürsorge. Die neben dem Heiligtum liegende und von einem seiner Vorgänger errichtete Zikkurrat wurde ebenfalls von ihm umgebaut. Der

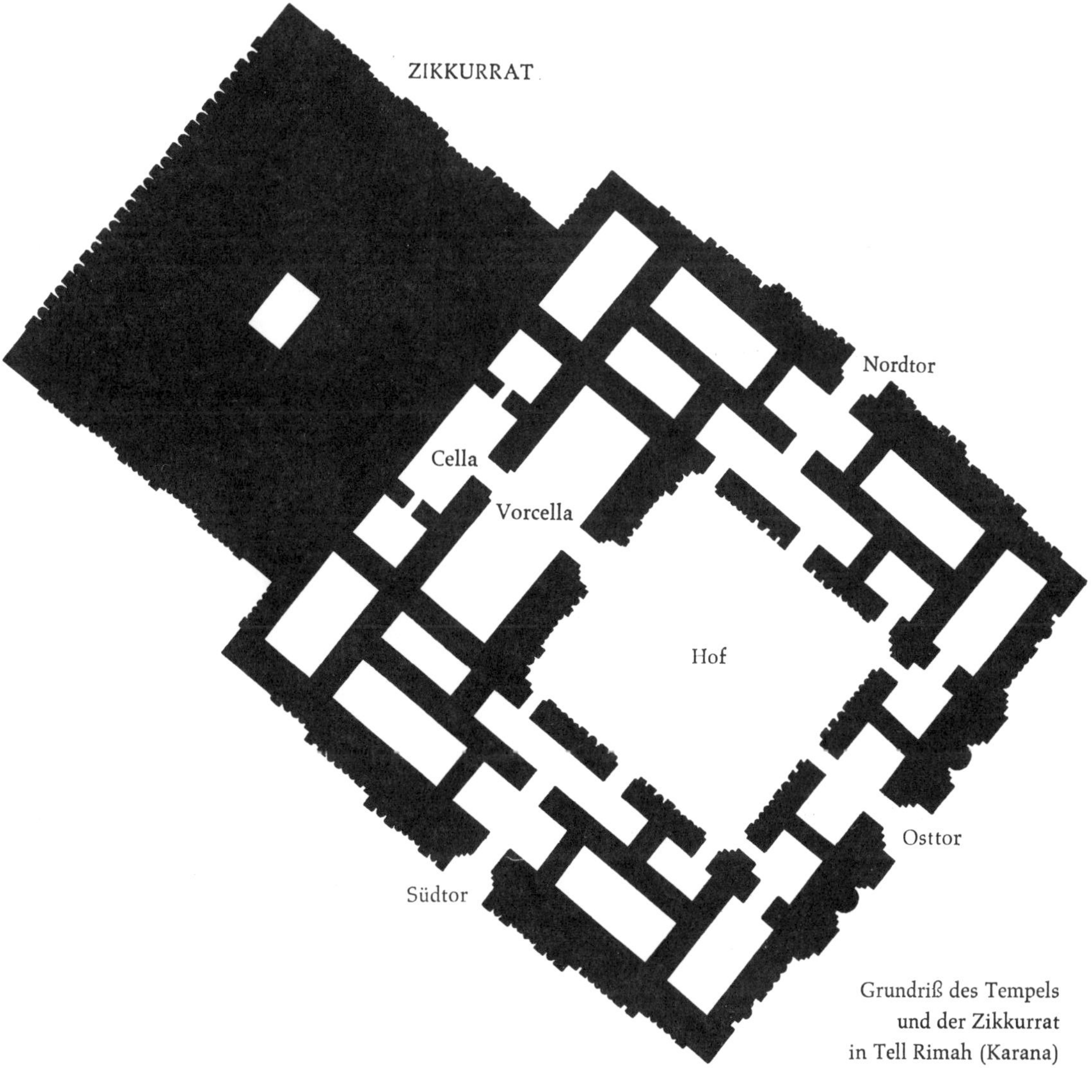

Grundriß des Tempels
und der Zikkurrat
in Tell Rimah (Karana)

Tempelturm war, wie alte Schriftquellen besagen, ursprünglich dem Kult des Gottes Enlil, dem eigentlichen Oberhaupt der mesopotamischen Götterwelt, gewidmet. Dieser wurde von dem Reichsgott Assur verdrängt und der Stufenturm fortan seinem Kult geweiht. Doch blieb von dem aus dem Anfang des 2. Jahrtausends stammenden Gebäude nicht viel mehr als der innere Kern erhalten. Die Ummantelung und weitere Umbauten stammen aus späterer Zeit, als viele assyrische Könige die Pflege und Erneuerung der Zikkurrat als ihre heilige Pflicht betrachteten. Deshalb kann der Turm auch nicht als Zeugnis für die Bauformen des 2. Jahrtausends gewertet werden.

Für diese Zeit bietet sich die Zikkurratanlage der kleineren assyrischen Stadt Karana an, die erst 1967 unter dem Ruinenhügel Tell Rimah entdeckt wurde. Das im Zentrum der Stadt befindliche Heiligtum mit einem Tempelturm erlebte zahlreiche Umbauten; die älteste Anlage reicht bis zu dem schon genannten König Schamschi-Adad I. zurück. Eine bei den meisten assyrischen Anlagen der späteren Zeit auffallende architektonische Eigenheit konnte bereits hier beobachtet werden. Der zur Anlage gehörige Tieftempel lag nicht wie im Süden in einiger Entfernung vom Turm, vielleicht noch in einem eigenen Zingel,

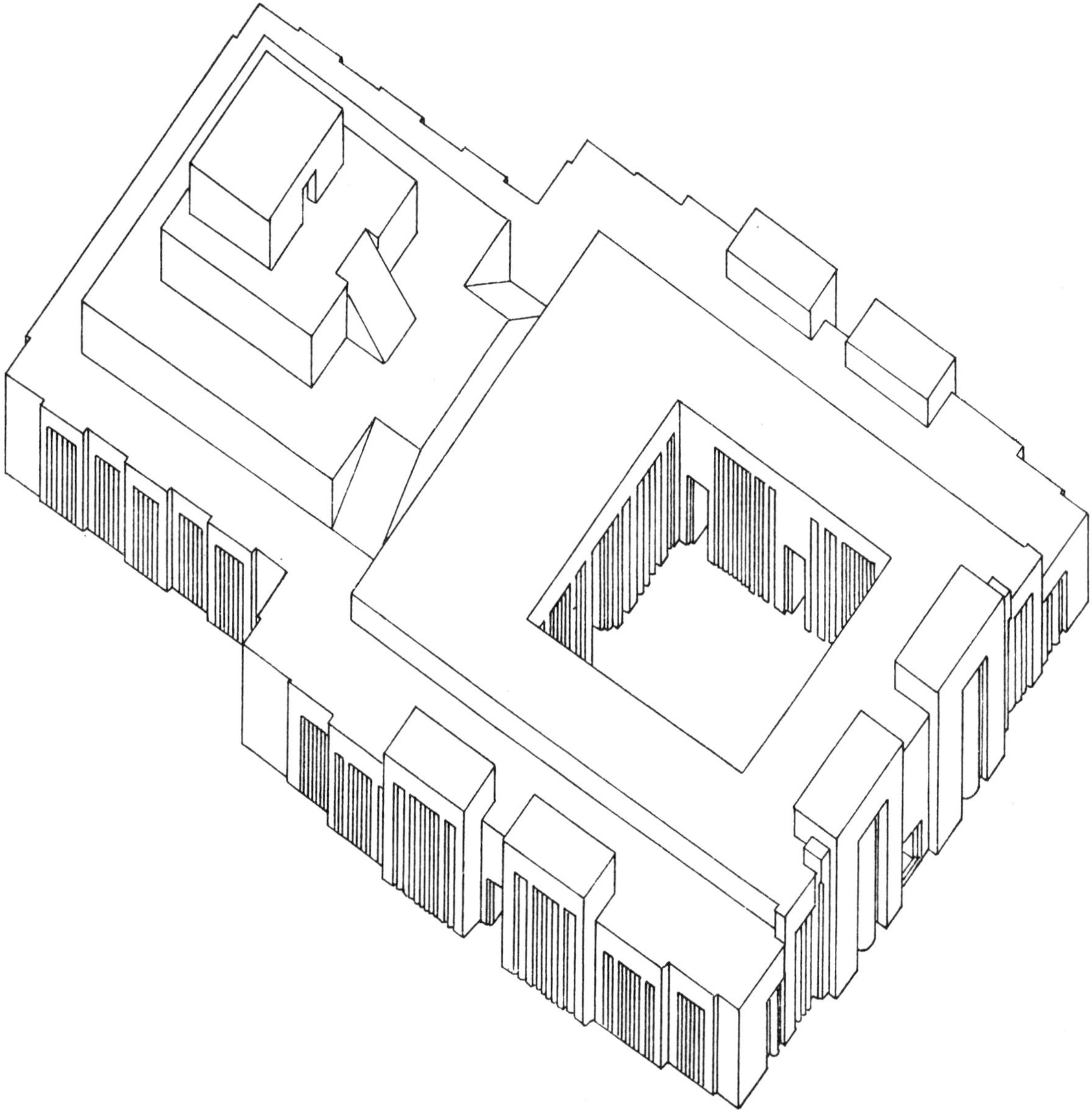

Rekonstruktion des Tempels und der Zikkurrat in Tell Rimah

sondern war unmittelbar an die Zikkurrat angebaut. Die Erforschung der Baugeschichte legt sogar die Annahme nahe, daß der Turm nicht zum ursprünglichen Plan gehörte, sondern erst später in den Tempelbau einbezogen wurde. Die das Heiligtum umgebende Mauer bildete gleichzeitig die Ummauerung des Turmkernes und war von diesem nur durch einen schmalen Gang getrennt. In diesem Gang befanden sich eine Reihe von kleinen Kammern, ein weiterer überwölbter Raum lag in der Mitte des Turmes. Dieser dürfte aber nach Fertigstellung des Gesamtbaues nicht mehr benutzt worden sein. Bei der Ausgrabung entdeckte man dort einige Streufunde, wie die Bronzefigur eines Schafes, zwei kleine Fayenceamulette, Tierknochen und Holzreste. Nichts wies dabei auf eine Bestattung, sondern allenfalls auf ein Gründungsopfer hin.

Auf den Unterbau der Zikkurrat mit einem Umfang von 31,5 mal 19 Metern war eine zweite, zum Teil noch erhaltene Stufe aufgesetzt worden. Das Aussehen des einstmals darauf befindlichen oberen Teils ist hier, wie bei fast allen Turmanlagen, nicht mehr zu rekonstruieren. Die Zikkurrat konnte offensichtlich nur durch den Tempel erreicht werden, der in der Hauptachse des Turmes ein monumentales Tor und an den Seiten zwei Nebeneingänge hatte. Über Treppenanlagen, die auf überwölbten Kammern auflagen, führte der Weg in die Höhe. Über das Dach des Tempels konnte man die Zikkurrat betreten. Es fehlte also der im Süden immer vorhandene eigene Aufgang.

Das gesamte Heiligtum zeichnet sich durch die heute noch teilweise erhaltene reiche Gestaltung der Wände aus. Die Außenfronten des Tempels und des Turmes sowie auch der große Innenhof des Baus waren mit der üblichen Nischengliederung versehen. In einigen Fällen hatte man gedrehte Halbsäulen aus Ton, die als Spiralen oder geschuppte Palmstämme gebildet waren, eingefügt. Der gegenüber dem Haupttor gelegene und vom Hof her zugängliche große Breitraum des Tempels führte zum dahinter liegenden Allerheiligsten mit dem Götterbild. Die Eingangsfront war architektonisch besonders hervorgehoben, an einer Seite durch die Figur einer Schutzgöttin, mit betend erhobenen Armen zwischen zwei Palmstämmen stehend, auf der anderen Seite durch die riesige grinsende Maske eines Humbaba. Letzterer stammt aus der sumerischen Sagenwelt und geht auf die Erzählung vom Zug der Helden Gilgamesch und Enkidu in den Zedernwald zurück. Sie erschlugen dort den Riesen Humbaba, der in der Kunst der späteren Zeit als halb menschlich, halb tierisch gestaltetes Wesen Aufnahme fand. Beiden Plastiken, sowohl der Göttin Lama als auch dem Humbaba, wurde eine übelabwehrende Wirkung zugeschrieben, die hier am Heiligtum besonders wichtig war.

Nicht nur der reiche Fassadenschmuck, sondern die ganze Anlage des Tempels und der Zikkurrat sind mit bemerkenswerter Meisterschaft gestaltet. Der völlig symmetrische Grundplan, die Verteilung der Architekturplastik und die Ausführung der Radialbögen zeugen von großer Erfahrung und Können. Man hat hier besondere Beziehungen zur Stadt Ur vermutet, von der möglicherweise die dort ausgebildeten Architekten auch in andere Städte gingen.

Aqarquf ■ Zu den bereits öfter genannten Zikkurratbauten gehört der Stufenturm von Aqarquf. Er ist
37 noch immer als eindrucksvolle Ruine sichtbar und hatte deshalb häufig das Interesse der frühen Reisenden auf sich gezogen. Nicht selten glaubte man hier die Überreste des Babylonischen Turmes gefunden zu haben. Es ist jedoch ein Bau, der in der Mitte des 2. Jahrtausends v. Chr. entstand, in einer Periode, als hier die Residenz eines über Babylonien herrschenden Königs gebaut wurde. Die Dynastie des Hammurapi war nach etwa dreihundertjähriger Herrschaft vom Thron verdrängt worden, der dann von kassitischen Oberherren eingenommen wurde. Die Kassiten, ein wahrscheinlich aus dem östlichen Bergland zuerst friedlich und später kriegerisch in Mesopotamien eindringender Volksstamm, nutzten

die Schwächung des babylonischen Reiches zur Machtergreifung. Die Hauptstadt Babylon, die 1530 v. Chr. gerade den Plünderungszug des aus Kleinasien kommenden hethitischen Königs Murschili überstanden hatte, fiel in die Hände der Kassiten. Ihre Könige reihten sich schnell in die babylonische Tradition ein, verehrten viele der alten Götter und erneuerten ihre Tempel. So ließen sie zum Beispiel die Zikkurrat und die Tempelanlagen im Nanna-Heiligtum in Ur restaurieren, bauten in Uruk, Larsa und zahlreichen anderen Städten. In die Kunst und Religion trugen sie einige neue Züge, führten aber die meisten der alten und dort schon lange heimischen religiösen und kultischen Bräuche fort.

In dem großen, in ihrer neuen Hauptstadt Dur-Kurigalzu, dem heutigen Aqarquf, entstehenden Tempelbezirk errichteten sie eine Zikkurrat. Die Ruine hat heute noch die imponierende Höhe von 57 Metern. Erhalten ist nur noch der Lehmziegelkern, die im unteren Teil ausgeführten Ummantelungen durch Backsteinmauern sind moderne Restaurierungen, die gleichzeitig schützen und einen Eindruck 38
vom ursprünglichen Aussehen des Gebäudes vermitteln sollen. An den Bauresten kann man deutlich die Technik studieren; denn ebenso wie in Uruk sind hier die zwischen die Lehmziegel eingelegten Schilflagen zu erkennen.

Der Tempelturm dürfte ähnlich wie die Zikkurrat in Ur zu ergänzen sein. Den Zugang bildeten eine Mittel- und zwei Seitentreppen, die in etwa 30 Meter Höhe zusammentrafen. Der Aufstieg der beiden zur Mitte führenden Treppen begann an den Seitenwänden rechts und links und führte dann um die Ecke. Die Treppen, die aus gebrannten, mit Asphalt vergossenen Ziegeln verlegt wurden, tragen meist die gestempelte Inschrift des Bauherrn Kurigalzu II. (1345–1324 v. Chr.). An die Mitteltreppe der Zikkurrat war ursprünglich ein kleiner Tempel angebaut worden. In der Nähe des Turmes befanden sich drei weitere Heiligtümer für Enlil, seine Gemahlin Ninlil und den Kriegsgott Ninurta.

Türme in assyrischen Residenzen ■ Im Verlaufe der zweiten Hälfte des 2. Jahrtausends v. Chr. vermochten einige assyrische Könige eine günstige politische Konstellation in Vorderasien zu nutzen, um ihren Staat neu zu festigen, allmählich zu vergrößern und zur Blüte zu führen. Die durch die Kriegszüge und gelungene Handelsunternehmungen einfließenden finanziellen Mittel wurden in erster Linie zur Ausgestaltung der Residenzen verwendet. Die Paläste der Herrscher wurden vergrößert und verschönert, Importe und Luxusgüter fanden bei der Innenausstattung Verwendung. Daneben galt nach wie vor den Tempeln die besondere Fürsorge. In Assur gab 40, 41
es zahlreiche Neu- und Umbauten in den alten Tempelbezirken. An der Zikkurrat des Gottes Assur bau- 39
ten verschiedene Könige, die zur Erinnerung daran auch Gründungsurkunden mit ihren Namen hinterließen. In fortdauernden Auseinandersetzungen versuchten die Assyrer zielstrebig und mit Beharrlichkeit, ihren Staat nach Süden auszudehnen. Ein entscheidender Erfolg gelang schließlich dem König Tukulti-Ninurta I. (1244 bis 1208 v. Chr.), der die Stadt Babylon einnahm. Als äußeres Zeichen des Triumphes ließ er sogar die Statue des Stadtgottes Marduk nach Assur fortbringen.

Der Wunsch nach prachtvoller Selbstdarstellung sowie auch innenpolitische Erwägungen führten Tukulti-Ninurta, wie auch weitere assyrische Herrscher vor und nach ihm, zur Gründung einer eigenen Residenzstadt. Er ließ sie, drei Kilometer von Assur entfernt, auf der anderen Seite des Tigris errichten. Die von einer Mauer umgebene Stadt hatte einen regelmäßigen rechteckigen Grundriß und enthielt unter anderem den auf einer Terrasse liegenden Königspalast und den Assur-Tempel mit Zikkurrat. Ähnlich wie in Tell Rimah war der Turm direkt an das Heiligtum angebaut. Vom großen Mittelhof des Tempels gelangte man in den breitgelagerten Kultraum, der außerdem an beiden Schmalseiten einen Zugang hatte. Das Kultbild stand auf einem hohen Postament in einer direkt in die Zikkurratmauer ein-

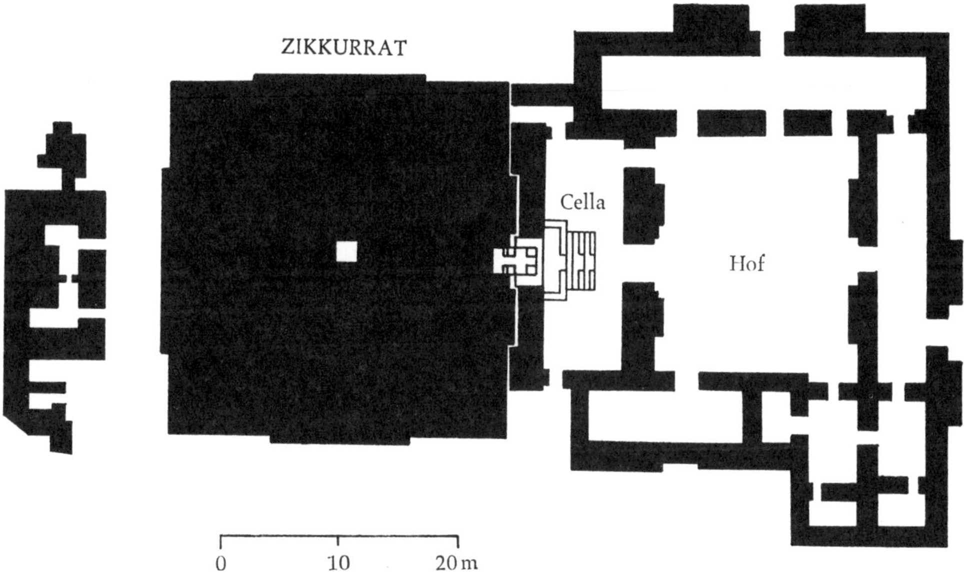

Grundriß der Zikkurrat von Kar-Tukulti-Ninurta

gelassenen Nische. Zwei längliche Steinplatten dienten als Sockel. Man hat angenommen, daß die ungewöhnliche Form des Heiligtums und vor allem die drei Türen im Kultraum mit Prozessionen und Feierlichkeiten zu bestimmten Festtagen im Zusammenhang standen. In einem zum Tempel gehörenden Raum im Norden des Hofes waren zahlreiche Nischen in die Wand eingelassen; in ihnen haben sich wahrscheinlich einmal die Symbole weiterer dort verehrter Götter befunden. Es wird vermutet, daß Tukulti-Ninurta I. auch die Statue des Marduk in diesen Tempel überführen ließ, um den geschätzten und gleichzeitig gefürchteten Gott der Babylonier hier verehren zu können.

Der Tempelturm, von dem nur noch eine Ruine von etwa acht Meter Höhe übriggeblieben ist, hatte eine Grundfläche von 31 mal 31 Metern. Von seiner Errichtung und seinem Bauherrn kündet eine große Steinplatte, die in der Mitte der Zikkurrat entdeckt wurde. Walter Andrae ließ bei der Grabung einen Stollen in das Massiv treiben, durch den er im Fundament mit viel Glück die interessante Inschrift fand.

50 In ihr heißt es unter anderem: «In diesen Tagen begehrte auf dem Ufer jenseits meiner Stadt, dem Aufenthaltsort der Götter, Assur, mein Herr, eine Kultstadt von mir und befahl, ihm ein Heiligtum zu errichten. In diesen Tagen errichtete ich in meiner Stadt Kar-Tukulti-Ninurta, der Kultstadt, die ich baute, einen reinen Tempel, ein ehrfurchtgebietendes Heiligtum als Wohnsitz für Assur, meinen Herrn, Ekurmesarra nannte ich seinen Namen. Darin vollendete ich einen großen Kultsockel für Assur, meinen Herrn, und legte meine Urkunden nieder.» [14]

Bei der weiteren Untersuchung der Zikkurrat konnten keine Reste einer Treppe entdeckt werden, und man nimmt an, daß der Turm über die Dächer des davorliegenden Tempels erreicht wurde. Walter Andrae äußerte sogar die Vermutung, daß sich neben der Zikkurrat ein besonderer kleiner Treppenbau befand, der spindelförmig in die Höhe führte und erst oben durch eine Brücke auf den Turm überleitete. Eine ähnliche Konstruktion schlug er auch für den Tempelturm neben dem Assur-Tempel in der Stadt Assur vor.

Im Gegensatz zu den meisten mesopotamischen Hauptstädten erhielt Assur gegen Ende des 12. Jahrhunderts v. Chr. sogar noch zwei weitere Tempeltürme. Sie lagen direkt nebeneinander und waren durch einen gemeinsamen Vorhof verbunden. In den zwischen den Türmen liegenden Heiligtümern wurden die Götter Anu und Adad verehrt. Ihre Statuen standen einstmals in den beiden langgestreckten Kulträumen der Tempel. Leider sind auch diese beiden Turmbauten so schlecht erhalten, daß über den oberen Aufbau, über die Anzahl der Stufen und über den Zugang zu ihnen nichts Sicheres gesagt werden kann. Ihr Ausgräber Walter Andrae versuchte durch eine Rekonstruktionszeichnung, eine Vorstellung von ihrem Aussehen zu geben. Das Heiligtum muß einmal, am Nordabhang über dem Fluß gelegen, einen imposanten Eindruck geboten haben.

Man darf wohl die Zikkuratanlagen in Assur, Kar-Tukulti-Ninurta und weiteren assyrischen Städten als eine eigene Form des Stufenturms betrachten, die im nördlichen Zweistromland entwickelt wurde. Es mögen dafür kultische Vorschriften oder religiöse Vorstellungen, aber auch besondere, hier ausgeprägte Architekturtraditionen als Grund angeführt werden.

Während der folgenden Jahrhunderte, als sich das assyrische Reich in zahlreichen Kriegen und Feldzügen auszudehnen begann, blieb Assur weiterhin religiöses Zentrum; die Residenzen entstanden aber

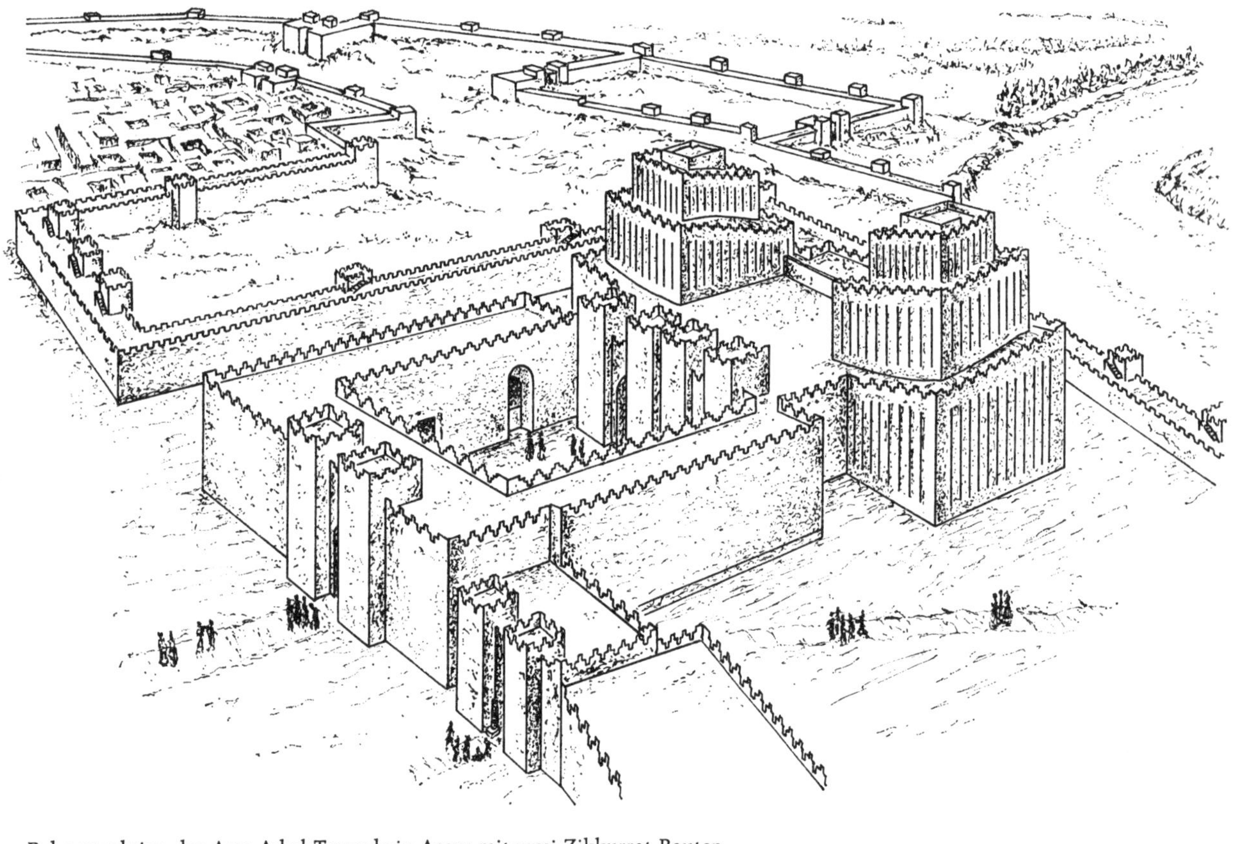

Rekonstruktion des Anu-Adad-Tempels in Assur mit zwei Zikkurrat-Bauten

an anderen Orten. Die bereits im 13. Jahrhundert v. Chr. gegründete Stadt Kalchu, unter dem heutigen Ruinenhügel Nimrud nordöstlich von Assur liegend, stieg unter Assurnasirpal II. zur Hauptstadt auf. In ihren prunkvollen, mit Reliefs geschmückten Palästen begann Layard 1845 seine Ausgrabungen. Diese Arbeiten und vor allem die zwischen 1949 und 1963 durchgeführten Forschungen des englischen Archäologen Max Mallowan ließen ein Bild dieser Metropole erstehen. Sie umfaßte neben einigen Palästen, die auch die Nachfolger Assurnasirpals II. erhielten und erweiterten, mehrere Tempel.

An das Heiligtum des Gottes Ninurta war eine
IV Zikkurrat angeschlossen, die sich noch heute in der Landschaft sichtbar abhebt. Sie wurde damals von Layard untersucht, der sie mit fünf Stufen rekonstruierte. Der Turm ist in Ost-West-Richtung orientiert, was man auf das Resultat astronomischer Beachtungen zurückführte. Der hier verehrte Gott Ninurta wurde besonders mit dem Stern Sirius, dem Hundsstern, verbunden, und seine Feste feierte man an bestimmten, durch die Stellung dieses Gestirns festgelegten Tagen.

Der Tempelturm hat ein noch heute sichtbares Fundament aus großen Steinquadern, an seiner Nordseite erstreckte sich eine mit Pilastern gegliederte Fassade aus gebrannten Ziegeln. Der wahrscheinlich einstmals im Süden befindliche Aufgang konnte noch nicht festgestellt werden. Eine bisher nur hier entdeckte Besonderheit ist eine im Inneren des Turmes verlaufende schmale Galerie von 30 Meter Länge, über deren Zweck nichts ausgesagt werden kann. Spätere griechische Autoren wie Xenophon bezeichneten die Zikkurrat als Grab des Ninos.

Der zum Turm gehörende Tempel wurde von Türhüterfiguren in Form großer menschenköpfiger Löwen bewacht. In langgestreckten Magazinen fand man noch die in den Boden eingelassenen Gefäße für Öl sowie zahlreiche Kostbarkeiten. Am Ende eines langen Ganges wurde unter dem Fußboden ein Hort von Hunderten von Perlen sowie zwei Dutzend Rollsiegeln entdeckt, der bereits im Altertum dort vergraben worden war.

Bedeutend mehr Einzelheiten konnten über einen Zikkurratbau in der Residenz des assyrischen Königs Sargon II. in Dur-Scharrukin in Erfahrung gebracht werden. Dieser wenige Kilometer von Ninive entfernte Ruinenhügel Chorsabad war der Ort der ersten Erfolge des französischen Ausgräbers Botta im Jahre 1843. Die dort entdeckten Monumentalskulpturen riefen damals in Europa eine Sensation hervor. Die Residenz ließ Sargon II. zwischen 713 und 707 v. Chr. erbauen. Sie beeindruckt durch ihre planmäßige und wohlüberlegte Anlage. Die innerhalb einer Umfassungsmauer von 1750 mal 1683 Metern liegenden Wohnviertel wurden wahrscheinlich nie beendet, da die Stadt nach dem Tode ihres Gründers Sargon II. wieder zum Sitz eines Provinzstatthalters
42 herabsank. Im Norden der Stadt, von einer eigenen Mauer abgegrenzt, befanden sich die offiziellen Bauten — Palast, Tempel, Wohnquartiere für die Würdenträger —, alles streng von der Bevölkerung abgesondert. Innerhalb dieses Bezirks lagen auf einer 12 Meter hohen und mit Steinquadern befestigten Terrasse der Palast, der Haupttempel und die Zikkurrat. Die ganze Anlage bildete von der Planung her eine Einheit. In keiner anderen Stadt war der Tempelturm so stark in den Palast mit einbezogen worden wie hier. Die überragende Stellung des Herrschers fand in Dur-Scharrukin eine eindrucksvolle Widerspiegelung.

Der Palast war über eine breite Rampe von Südosten her zugänglich. Danach mußten die dahinter liegenden Höfe und Räume des Palastes passiert werden, um in das Heiligtum mit der Zikkurrat zu gelangen. Es zeigt sich darin deutlich, daß wohl nur noch der König, bestimmte Priester und hohe Beamte Zugang zum Heiligtum hatten. Den Kern der Palastanlage bildete der Thronsaal, der mit überlebensgroßen Skulpturen an den Wänden und Durchgängen geschmückt war. Man konnte beim Durchschreiten der Höfe an Hand der Darstellungen das

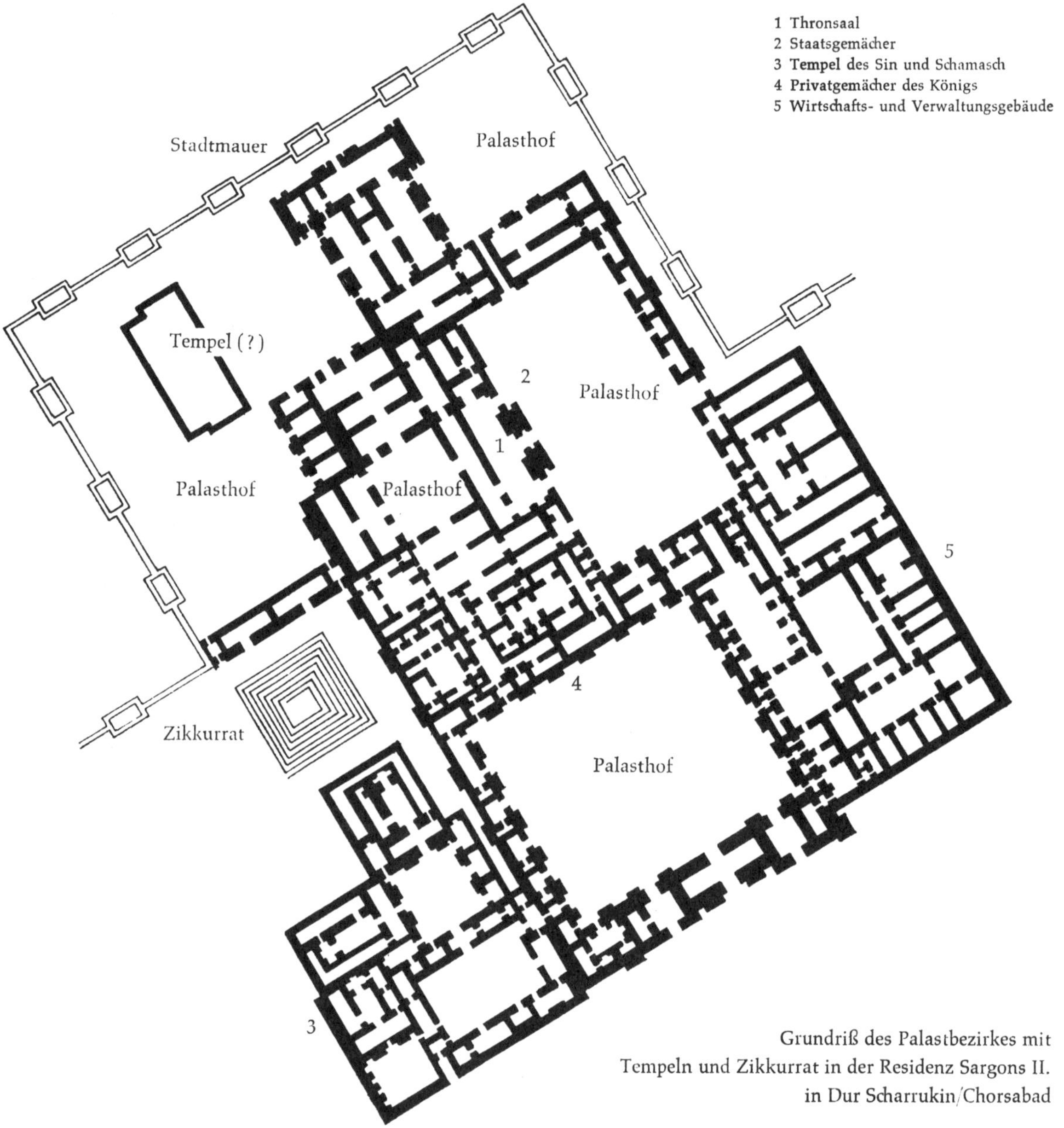

Grundriß des Palastbezirkes mit Tempeln und Zikkurrat in der Residenz Sargons II. in Dur Scharrukin/Chorsabad

ganze religiöse Programm des Reiches ablesen. Den König als Garant für das Wohlergehen des Staates sollten die Flügelstiere an den Durchgängen und die geflügelten Genien auf den Reliefplatten magisch schützen. Im Thronsaal, einem breitgelagerten schmalen Raum mit prächtiger Ausstattung durch Skulpturen und Malerei, gipfelte die gesamte Anlage. Tributbringer, Würdenträger und Kriegsszenen sind neben den religiösen Motiven die Hauptthemen der Relieffolgen.

Der südwestlich an den Palast anschließende Tempelbezirk enthielt die Heiligtümer für den Mondgott Sin und seine Gemahlin sowie für den Sonnengott Schamasch. In kleinen Kapellen verehrte man weitere Gottheiten. Die zum Hof hin gewandten Fronten der Kultstätten waren mit Glasurziegeln geschmückt, auf denen der König und ein Würdenträger zusammen mit zahlreichen Symbolen dargestellt sind. Die Zikkurrat gehörte zu diesem Gesamtkomplex und war wohl nicht nur für die Verehrung eines Gottes bestimmt. Bei der Ausgrabung hatte sich 1853 Victor Place sehr intensiv mit dem noch verhältnismäßig gut erhaltenen Turm beschäftigt und Rekonstruktionsvorschläge gemacht. Auf einem quadratischen Grundriß von 43 mal 43 Metern erhoben sich die rückspringenden Stufen, jede mit einer Höhe von 6,1 Metern. Erhalten waren vier Stufen, drei weitere werden ergänzt, so daß der Turm eine Höhe von 42,7 Metern gehabt haben müßte. Wenn man dazu noch die Höhe der Palastterrasse rechnet, auf der der Stufenturm steht, so muß dieses Bauwerk weithin sichtbar gewesen sein.

Der gute Erhaltungszustand erlaubte dem Ausgräber eine Reihe von Beobachtungen, die man vielleicht auch auf einzelne andere Türme beziehen darf. Die in Nischen gegliederten Fassaden waren mit Stuck überzogen und bemalt; jede Stufe trug seiner Meinung nach eine andere Farbe, von unten beginnend mit Weiß, folgend Schwarz, Rosé und Blau. Für die nicht mehr erhaltenen Terrassenstufen schlug er

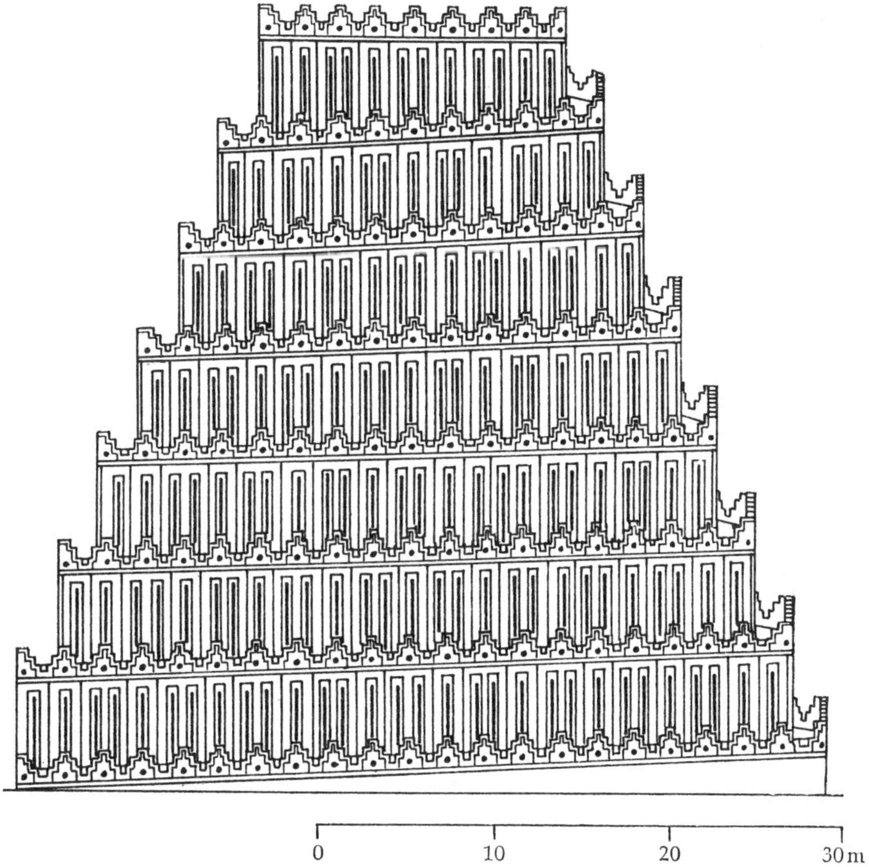

Rekonstruktion der Zikkurrat von Dur Scharrukin/ Chorsabad nach Victor Place

die Farben Zinnoberrot, Silber und Gold vor. Place rekonstruierte als Aufgang eine schräg aufsteigende Rampe mit zinnenartig geschmückter Brüstung, die den Turm umrundete und allmählich in die Höhe führte. Diese Vorschläge werden heute allerdings angezweifelt.

Auch bei diesem Turmbau sind, im Vergleich zu den Bauwerken im Süden, eine Reihe von Besonderheiten festzustellen. Die bereits geäußerte Annahme, in den Zikkuratanlagen Assyriens eigene Vorstellungen und Tradition verwirklicht zu sehen, wird durch Chorsabad unterstützt.

Den assyrischen Königen war es gelungen, besonders im Zeitraum vom 9. bis zum 7. Jahrhundert v. Chr. ihr Reich weit über die Grenzen der Kernlandschaft Assyrien hin auszudehnen. Außer den ständigen Auseinandersetzungen mit dem Gegenspieler Babylon galt das Hauptinteresse der assyrischen Herrscher dem Zugang zur Mittelmeerküste für ihren Handel. In zahlreichen Kriegszügen verfolgten sie die Eroberung der syrischen und palästinensischen
Stadtstaaten, und Asarhaddon gelang im 7. Jahr- 49
hundert v. Chr. sogar die kurzzeitige Besetzung Unterägyptens. Aber auch nach Norden, nach Anatolien und vor allem Transkaukasien führten die Feldzüge, ebenso gegen die im Iran bestehenden Staaten. Assyrien öffnete sich dadurch einerseits eine große Zahl von Einnahmequellen, erhielt Tribute und Beute, zum anderen erschöpfte sich das Reich durch die ständigen Feldzüge und die großartigen Bauten der Könige. Die unterworfenen Staaten schlossen sich immer wieder zu Koalitionen gegen Assyrien zusammen; neue Stammesgruppen, wie die Aramäer aus den westlichen Wüstengebieten oder die Kimmerier aus dem Norden, gefährdeten den Bestand des Reiches. Schließlich erlag Assyrien den vereinten Streitkräften der Babylonier und Meder, die 612 v. Chr. die assyrische Hauptstadt Ninive einnahmen. Die Sieger teilten sich das assyrische Herrschaftsgebiet und bemühten sich, das Erbe auf allen Gebieten anzutreten. Babylon profitierte davon in hohem Maße und erlebte eine neue Blütezeit. Die Dynastie Nabopolassars festigte das Reich und ließ die Stadt großartig ausbauen. In Babylon und zahlreichen anderen Städten entstanden Neu- und Umbauten von Zikkurrat- und Tempelanlagen. Sie werden im Mittelpunkt der folgenden Kapitel stehen. Vorher soll ein Turmbau erwähnt werden, der zu den besterhaltenen des Alten Orients gehört, aber nicht in Mesopotamien, sondern im östlich angrenzenden Elam ausgegraben wurde. Er sei deshalb erst im Anschluß an die Entwicklung der mesopotamischen Stufentürme angefügt, obwohl er bereits im 13. Jahrhundert v. Chr. errichtet wurde.

Der Stufenturm von Tschoga Zanbil ■ Die Stadt Dur-Untasch, heute Tschoga Zanbil, ist eine Gründung des elamitischen Königs Untasch-Napirasu (1275–1240 v. Chr.) gewesen. Er ließ sie vollkommen neu mit Wohnvierteln, Palast- und Tempelanlagen erstehen.
Ungefähr in der Mitte der Stadt, von einer eigenen 45
Umfassungsmauer umgeben, lag die Zikkurrat mit
den dazugehörigen Tempeln. Nach jahrelangen Aus- 43, 44
grabungen unterbreitete der französische Archäologe Roman Ghirshman Rekonstruktionsvorschläge für das Bauwerk. So glaubte er, daß zuerst um einen großen Innenhof eine quadratische Anlage mit Kammern und zwei Heiligtümern gebaut wurde. Sie bestimmte die Ausmaße von je 105,2 Metern für den anschließenden Bau der Zikkurrat. Der Innenhof wurde dann mit dem massiven Kern des Turmes zugesetzt und darauf die folgenden drei Stufen aufgestockt. Die vom Hof ursprünglich in die beiden eben erwähnten Tempel führenden Türen und einer dieser Tempel wurden mit Ziegeln zugebaut. Der zweite östliche Tempel blieb bestehen und konnte vom Vorplatz her betreten werden. Man funktionierte die einstigen sieben Hoftore zu Treppenaufgängen um, von denen aus die überwölbten Gänge bis in die Höhe der ersten, im Südwesten der zweiten und im Südosten der vierten Stufe aufstiegen. Auf diesen vier Stufen des Bauwerkes wurde dann der Hoch-

tempel als fünfte Stufe aufgesetzt. Der Hochtempel war möglicherweise einstmals mit glasierten Ziegeln geschmückt, von denen blaue, grüne und gemusterte Überreste gefunden wurden. Die Gesamthöhe der
47 Zikkurrat ist mit 52,6 Metern angenommen worden, heute sind noch 25 Meter erhalten. Recht gut sichtbar sind die überwölbten Treppenaufgänge, die man bisher von anderen Bauwerken nicht kannte. Als
48 Schmuck waren ferner Tonknäufe verwendet worden. Viele der gebrannten Ziegel tragen Inschriften, aus denen hervorgeht, daß die Zikkurrat dem obersten elamischen Gott Inschuschinak geweiht worden war.

Der Hauptaufgang zur Zikkurrat lag an der Süd-
46 ostseite des Gebäudes und verlief fast ausschließlich im Inneren durch die überwölbten Gänge. Im umgebenden Hof rings um den Turm befanden sich zahlreiche Überreste von Postamenten, Opferstellen und Tischen, die sicher religiösen Zeremonien gedient hatten. An den Aufgangstoren zur Zikkurrat standen aus farbig glasierter Terrakotta hergestellte Statuen von Stieren und Greifen als magische Hüter. Die innerhalb und außerhalb der Umfassungsmauer des Turmes befindlichen Tempel für verschiedene Götter enthielten bei ihrer Freilegung noch zahlreiche Weihgaben in Form von Schmuck, Siegeln, Tierfiguren, Tonknäufen und Waffen. Letztere, aus Metall und Stein gefertigt, waren wohl von vornherein als Weihgaben und nicht zur Benutzung bestimmt; im Tempelbezirk erhielten sie vielleicht die Weihinschrift.

An der Südostseite der Zikkurrat lag in der Umfassungsmauer das größte und offensichtlich wohl bedeutendste Tor der Anlage, das durch einen breiten gepflasterten Aufweg mit dem Turm verbunden war. Es wurde vom Ausgräber als Königstor bezeichnet, da der Herrscher, von seinem Palast im Ostteil des Stadtgebietes kommend, wohl diesen Eingang benutzte. Von dem im Nordosten des Turmes gelegenen Tor im Zingel führte ein gepflasterter Prozessionsweg zum Fluß, auf dem das Neujahrsfesthaus erreicht werden konnte.

Die Stadt Dur-Untasch war beim Tode ihres Gründers noch nicht vollständig fertig; sie wurde dann vernachlässigt, und ihre Wohnviertel sind nie ganz beendet worden. Ihre planmäßig und innerhalb eines kurzen Zeitraumes entstandenen Heiligtümer zeichnen sich durch besondere Geschlossenheit der Konzeption aus und sind klarer in ihren Grundzügen zu überblicken als die durch Jahrtausende immer wieder umgebauten Tempelanlagen in Städten wie Uruk oder Assur. Das Heiligtum von Tschoga Zanbil mit dem Stufenturm spielt architekturgeschichtlich und wegen seines guten Erhaltungszustandes eine wichtige Rolle bei der Rekonstruktion von Zikkurratbauten, obwohl man seine Sonderstellung innerhalb der Entwicklung nicht übersehen darf. Gewiß liegen für viele von Mesopotamien abweichende Bauformen religiöse Gründe vor. Die Tatsache, daß der Tieftempel unmittelbar in die unterste Stufe des Turmes eingebaut war, basiert sicher auf einer in Elam entwickelten Tradition, die auch an der bereits im 3. Jahrtausend v. Chr. errichteten Zikkurrat von Susa beobachtet werden konnte.

Der Stufenturm, der bis jetzt vor allem aus Mesopotamien und dem südöstlich angrenzenden Chusistan bekannt war, konnte in den letzten Jahren auch in entfernteren Gebieten nachgewiesen werden. Man kann dafür nicht unbedingt nur kulturelle Beeinflussung als Grund annehmen; auch lokale Bedingungen könnten zu solchen Bauformen geführt haben. Ein Beispiel dafür ist der in der Oase von Altintepe in der turkmenischen Steppe entdeckte Terrassenbau. Das in den letzten Jahrhunderten des 3. Jahrtausends v. Chr. entstandene monumentale Bauwerk hatte die Abmessungen von 27 mal 10,5 Metern. Es lehnte sich mit einer Seite an einen natürlichen Hügel an. Wahrscheinlich darf auf der Spitze der vierstufigen Terrasse, ähnlich wie in Mesopotamien, ein Tempel ergänzt werden. Das Bauwerk bestand über Jahrhunderte und wurde im Verlaufe des 2. Jahrtausends v. Chr. umgebaut und erweitert. Die Front der zweiten Terrassenstufe hob sich durch den Schmuck mit Pfeilern architektonisch besonders hervor. Ein aus der gleichen Zeit stammender Stufenturm, der kürzlich in der östlich des Kaspischen Meeres gelegenen Ruinenstätte Tureng Tepe ausgegraben wurde, zeigt, daß die Anlage von Altintepe in diesem Raum nicht allein dasteht und man hier ebenfalls mit Jahrtausende überdauernden Bautraditionen rechnen muß.

Der Streifzug durch die Baugeschichte der Stufentürme soll hier vorerst beendet werden, um anschließend ausführlicher bei dem berühmtesten Vertreter dieser Bauform, der Zikkurrat von Babylon, zu verweilen. Sie steht am Ende einer keineswegs geradlinig verlaufenden Entwicklung. Die gleichzeitig mit dem Tempelturm von Babylon entstandenen oder etwas später errichteten Bauten brachten nur noch Varianten, aber keine grundsätzlichen Neuerungen in die Architekturgeschichte ein.

«DAS HAUS DES FUNDAMENTES VON HIMMEL UND ERDE»

Gab es Vorgängerbauten des Turmes in Babylon? ■ Die Geschichte der Stadt Babylon ist archäologisch bisher nur bis an den Anfang des 2. Jahrtausends v. Chr. zurückzuverfolgen. Die Siedlungsschichten dieser Zeit liegen auch heute noch unter dem hohen Grundwasserspiegel; lediglich in Ausnahmefällen konnten sie erforscht werden. So war es Robert Koldewey nur nach dem Bruch des Hindije-Staudammes und dem Abfließen einiger Kanäle möglich, mehrere kurze Untersuchungen in den altbabylonischen Wohnvierteln Babylons durchzuführen. Die Stadt des Hammurapi und seiner Dynastie ist deshalb kaum bekannt.

Etwas weiter zurück reicht die inschriftliche Überlieferung. Aus dem Ende des 3. Jahrtausends v. Chr. ist ein Statthalter Babylons bekannt, der durch König Schulgi von Ur eingesetzt worden war. In den ältesten Zeugnissen wird ein Ortsname Babilla genannt; es ist wahrscheinlich, daß dieses Wort auf eine sehr alte Wurzel zurückgeht. Unsicher bleibt allerdings, ob es eine Siedlung an der Stelle des späteren Babylon bezeichnete oder nur eine Feldflur.

Als im 3. Jahrtausend Städte wie Eridu und Uruk, Nippur und Ur im südlichen Zweistromland blühten, war Babylon noch ohne Bedeutung. Offenbar lag es noch außerhalb des wirtschaftlichen und kulturellen Zentrums dieser Zeit. Erst im Verlauf der altbabylonischen Periode begann der Aufstieg Babylons, und mit ihm gewann auch der lokale Gott Marduk immer größeres Ansehen; er stieg zu einer der dominierenden Gottheiten Mesopotamiens auf. Sein Haupttempel war Esagila in Babylon; die sumerische Bezeichnung kann mit «Haus der Haupterhebung» wiedergegeben werden. Das Heiligtum muß schon in altbabylonischer Zeit gegründet worden sein, denn in einem Jahresdatum des Königs Sabum 1770 v. Chr., eines Vorfahren des Hammurapi, wird der Name bereits genannt. Auch bei den Nachfolgern finden sich Erwähnungen, die auf eine kontinuierliche Entwicklung des Heiligtums hinweisen. Von der Zikkurrat Etemenanki ist allerdings in den Texten nicht die Rede. Wie der im vorigen Kapitel abgehandelte Überblick über die Turmbauten Mesopotamiens zu zeigen versuchte, war die Bauform der Zikkurrat im 3. Jahrtausend v. Chr. weit verbreitet. Es wäre deshalb verwunderlich, wenn gerade das Hauptheiligtum des babylonischen Staates nicht ein solches Bauwerk besessen haben sollte. Die Texte und die archäologischen Untersuchungen haben noch nicht zur Klärung dieser Fragen beitragen können. Zur Zeit sind darüber lediglich theoretische Überlegungen vor dem Hintergrund weniger Beweise möglich.

32
Ruine des «Weißen Tempels» auf der Hochterrasse des Anu-Bezirkes in Uruk/Warka; im Vordergrund Reste des Treppenaufganges

33
Modell des «Weißen Tempels» auf der Anu-Zikkurrat von Uruk/Warka. In dem langgestreckten Mittelsaal befinden sich zwei Postamente.

34
Teil der Hoffassade der sogenannten Pfeilerhalle
im Heiligtum Eanna in Uruk/Warka,
Anfang des 3. Jahrtausends v. Chr.
Rekonstruktion mit Originalstiften
im Vorderasiatischen Museum zu Berlin

35
Blick auf die Ruine der Zikkurrat von Eanna in Uruk/Warka
unmittelbar nach der Grabung

36
Der heutige Zustand
der Ruine der Zikkurrat von Eanna in Uruk/Warka

37
Ruine der Zikkurrat von Aqarquf mit rekonstruierter Sockelstufe und Mitteltreppe

38
Detailaufnahme vom Lehmziegelkern der Zikkurrat von Aquarquf. Deutlich sind auch die eingeschobenen Schilflagen zu erkennen.

39
Die Ruine der Zikkurrat des Assur in der Stadt Assur nach der Grabung
40
Abrollung eines Siegelzylinders mit Darstellung eines Beters
vor einem Opferständer und Altar; dahinter erhebt sich ein Stufenturm.
Das Original des Siegels aus rotem Marmor kam in Assur zutage.
Letztes Viertel des 2. Jahrtausends v. Chr.
41
Abrollung eines Rollsiegels mit der Darstellung eines Beters vor einem
Stufenturm. Das Originalsiegel aus Achat wurde in Babylon gefunden.
Letztes Viertel des 2. Jahrtausends v. Chr.

Rekonstruktion des Palastbezirkes von Dur Scharrukin/Chorsabad mit der Zikkurrat im Hintergrund

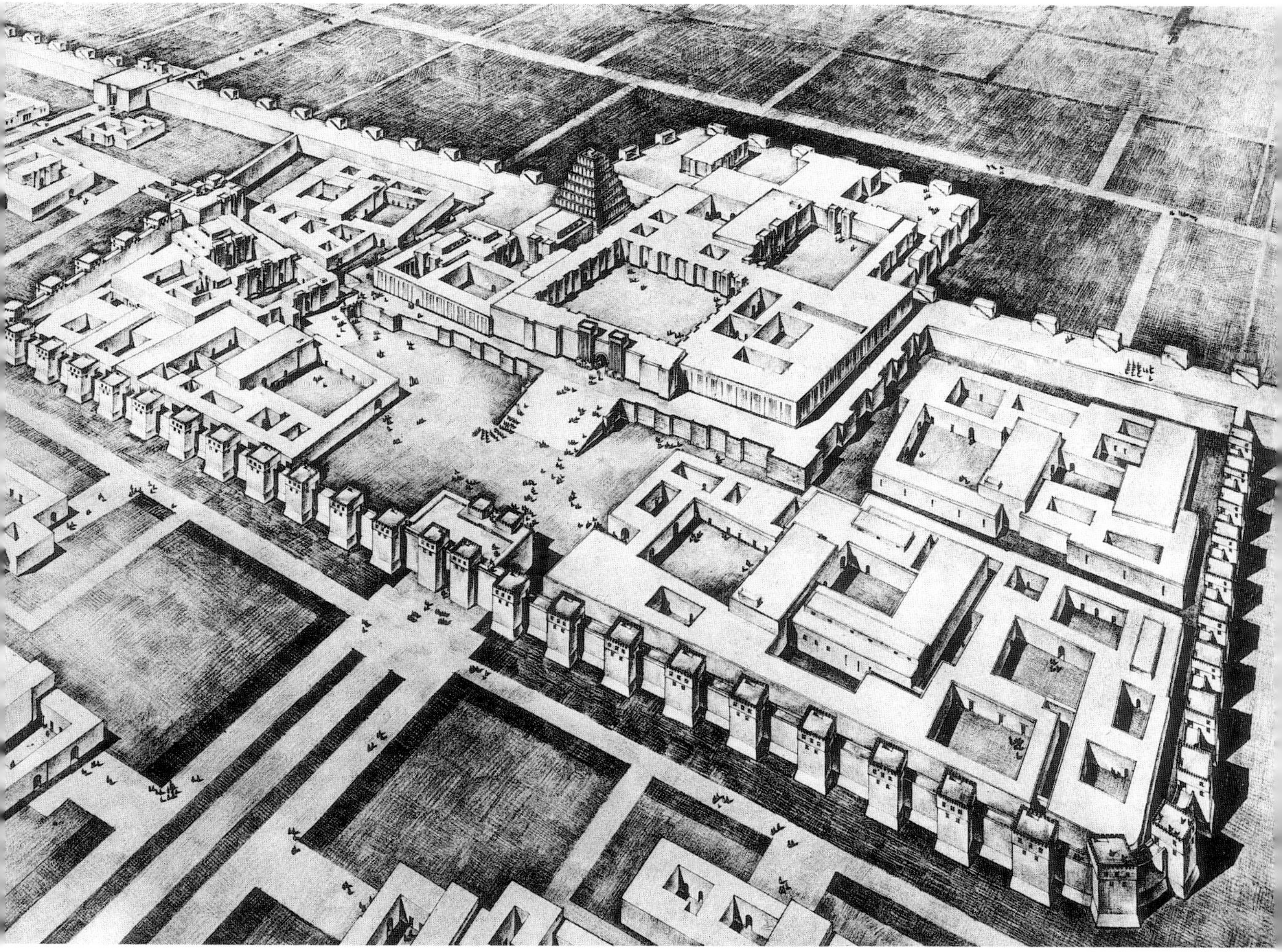

43
Die Zikkurrat von Tschoga Zanbil, Luftaufnahme von der Südostseite

44
Die Zikkurrat von Tschoga Zanbil, Luftaufnahme von der Nordseite

45
Ausgrabungsbeginn
an der Zikkurrat von Tschoga Zanbil, Südostfassade

46
Der südöstliche Aufgang
der Zikkurrat von Tschoga Zanbil, davor ein runder Altar

47
Die Zikkurrat
von Tschoga Zanbil,
Modell
von Mme. Girshman
48
Emaillierte Tonfliesen
mit Knäufen,
zur Dekoration
der Zikkurrat von
Tschoga Zanbil gehörend

Im babylonischen Mythos «Enuma Elisch», das die Erschaffung der Welt beschreibt, wird in der VI. Tafel auch von der Erbauung des Tempels in Babylon gesprochen. Marduk, dem als Anerkennung für den Sieg über den Urozean Tiamat die Herrschaft über die Götterwelt eingeräumt wurde, bestimmte selbst die Errichtung seines Heiligtums: «Wie ein zweites Babylon, dessen Werk ihr gewünscht, werde die Stadt gebaut, geschaffen werde eine Wohnung...! Die Annunaki (das heißt die unterirdischen Götter — Vf.) nahmen den Tragkorb auf die Schulter. Ein Jahr lang wurden ihre Ziegel gelegt; als das zweite Jahr herankam, erhöhten sie Esagilas Haupt dem Apsu (dem Süßwasserozean — Vf.) gegenüber. Sie erbauten den Tempelturm des Apsu, den hohen. Dem Marduk, Enlil, Ea begründeten sie darin eine Wohnung. In Feierlichkeit setzte er sich vor ihnen.» [15]

In diesem erst gegen Ende des 2. Jahrtausends v. Chr. aufgezeichneten Literaturwerk ist ein eigener Name für den Tempelturm in Babylon nicht genannt. Man hat deshalb schon vermutet, daß es sich um einen Vorgängerbau der späteren Zikkurrat an anderer Stelle handelt, weil die Überlieferung des Namens als einer ehrwürdigen und geheiligten Bezeichnung im Orient gewöhnlich über die Jahrtausende hinweg recht verläßlich ist. Demnach wäre der Schluß zu ziehen, daß sich direkt am Heiligtum Esagila ein Tempelturm befunden hat, der aus bisher ungeklärten Gründen erst am Anfang des 1. Jahrtausends v. Chr. durch den Neubau von Etemenanki ersetzt wurde. Zur Zeit können diese Erwägungen nicht durch archäologische Fakten untermauert werden, da man weder alle Baureste der Zikkurrat Etemenanki noch den Tempelbezirk von Esagila eingehend untersuchen und ausgraben konnte.

Erstaunlicherweise gibt es auch in den zahlreichen Inschriften des Hammurapi, in denen er seine Pflege- und Erneuerungsarbeiten an den Heiligtümern seines Reiches rühmt, nicht einen einzigen Hinweis auf die Zikkurrat Etemenanki in Babylon. Er berichtete lediglich von der Restaurierung des Tempelturmes von Kisch, dessen Spitze hoch wie der Himmel sei, was recht anschaulich beweist, daß ihm die Erhaltung der Turmbauten ebenso am Herzen lag wie die der anderen Tempel.

So muß man sich vorerst damit begnügen, daß die Baugeschichte des Babylonischen Turmes noch im Dunkeln liegt und erst im Verlaufe des 1. Jahrtausends v. Chr. die frühesten Erwähnungen von seiner Existenz zu registrieren sind. Aber auch sie verhelfen nur zu einer ungefähren Eingrenzung des Baudatums. Es ist nämlich ein Epos, das vom Pestgott Erra handelt, in dem in einem Nebensatz der Name Etemenanki auftaucht. Da die Entstehung von Mythen und Epen sowie ihre schriftliche Fixierung gewöhnlich schwer zu datieren sind, würde man auch hier keinen Anhaltspunkt für die Baugeschichte von Etemenanki finden können. In diesem Fall glaubt man in der Forschung genügend Hinweise zu besitzen, um die Gestaltung des Epos in die Zeit zwischen 765/63 zu datieren. Damit hätte man auch den ersten Fixpunkt für das Bestehen des Turmes Etemenanki.

Was die Entstehungszeit des Turmes betrifft, so sollen einige Theorien nicht unerwähnt bleiben, die der Keilschriftforscher W. von Soden vor einiger Zeit äußerte. Er baut sie auf einigen historischen Fakten und den Auslegungen von Schriftquellen auf. Die letzten Jahrhunderte des 2. Jahrtausends v. Chr. brachten für Babylon ein wechselvolles Geschick. Die Stadt, die im ständigen Kampf gegen verschiedene Eroberer stand, wurde einige Male geplündert und teilweise zerstört. Einen auch durch Inschriften bezeugten Kriegszug unternahm der elamitische König Schutruk-Nachunte I. (etwa 1185—1155 v. Chr.), der auch ausdrücklich auf die Verschleppung der Marduk-Statue nach Elam und die Zerstörung des Heiligtums von Esagila hinwies. Die Zikkurrat Etemenanki wurde nicht erwähnt und hat wohl noch nicht bestanden. Als es in den nachfolgenden Jahrzehnten einer neuen aramäischen Dynastie gelang, die Elamiter zu vertreiben und den Thron von Babylon einzunehmen, da wurde auch die Statue des

Marduk durch den babylonischen Herrscher Nebukadnezar I. aus Elam wieder heimgeführt. W. von Soden nimmt an, daß der König bei dieser Gelegenheit die großartige Zikkurratanlage von Dur-Untasch, nur 30 Kilometer von der Hauptstadt Susa 43–48
entfernt, gesehen hat. Es ist nicht unmöglich, daß diese an Größe und Pracht der Ausstattung die mesopotamischen Türme übertreffende Zikkurrat ihn sehr beeindruckte und zu ähnlichen Planungen in seiner Hauptstadt Babylon anregte. Die gewaltigen Maße des späteren Turmes Etemenanki mit 91 mal 91 Meter Grundfläche und einer Höhe von 91 Metern schließen nach Meinung von Sodens eher an das elamitische Bauwerk als an die Stufentürme Mesopotamiens an. Bei der Größe der Aufgabe darf man annehmen, daß es Nebukadnezar I. in seiner Regierungszeit von 22 Jahren (1123–1101 v. Chr.) nicht gelang, einen solchen Riesenbau fertigzustellen. Die Turmbaustelle blieb als Ruine liegen, und die in viele Kämpfe verwickelten Nachfolger waren nicht in der Lage, den Bau zu beenden. Erst später, vielleicht im 8. Jahrhundert v. Chr., wurde das begonnene Bauwerk weitergeführt — und auch dann möglicherweise noch nicht beendet. W. von Soden hält es für möglich, daß dieser so lange unfertig gebliebene Riesenbau sich auch in der anfangs erwähnten biblischen Erzählung widerspiegelt, wo diese Tatsache sozusagen verspottet wurde. Diese These W. von Sodens ist bisher weder widerlegt noch bestätigt worden. Dies veranschaulicht die Unsicherheit der Forschung im Hinblick auf die Entstehungsgeschichte der Zikkurrat.

Sicheres Zeugnis für Etemenanki ■ Bis jetzt waren die Erörterungen über die Entstehungsgeschichte des Babylonischen Turmes von vielen Unsicherheiten belastet. Mit den Inschriften des assyrischen Königs Sanherib begeben wir uns endlich auf sicheren historischen Boden, da der Turm in einer Siegesinschrift erwähnt wird. Diese Nennung erfolgt allerdings in negativem Sinn, da Sanherib im Jahre 689 v. Chr. die Stadt Babylon einnahm und in weiten Teilen zerstörte. Der Feldzug des Sanherib muß als eine der größten Katastrophen in der wechselvollen Geschichte der Stadt angesehen werden. Kaum ein bedeutendes Gebäude überstand die von ihm befohlene Vernichtung. Sanherib äußerte sich dazu in seinen Inschriften: «Die Stadt und ihre Häuser von ihren Fundamenten bis zu ihren Wänden zerstörte ich, verwüstete ich, verbrannte ich mit Feuer. Die Stadtmauer und die äußere Mauer, Tempel und Götter, den Tempelturm aus Ziegeln und Erde, soviel als da waren, tilgte ich aus und warf sie in den Arachtu-Kanal. Mitten durch diese Stadt grub ich Kanäle und flutete ihren Grund mit Wasser, und das Gefüge ihrer Fundamente zerstörte ich. Ich machte die Zerstörung vollkommener als durch eine Flut.» [16] Obwohl die Inschrift des Sanherib nicht den Namen des Turmes mit Etemenanki wiedergibt, kann man wohl davon ausgehen, daß es sich um einen Vorgängerbau des Babylonischen Turmes gehandelt hat. Wann und von wem die von ihm zerstörte Zikkurrat einmal errichtet worden war, geht aus seinen Bemerkungen nicht hervor.

Der Sohn und Nachfolger des Sanherib war Asar- 49
haddon (680–669 v. Chr.), der nach der Ermordung seines Vaters auf den Thron kam. Er billigte die Zerstörung Babylons durch seinen Vater zwar nicht, versuchte die Gründe jedoch in dem Verhalten der Babylonier selbst zu sehen, die die Götter erzürnten und ihre Strafe heraufbeschworen. Sanherib, der die immer wieder aufsässige und sich gegen die assyrische Vorherrschaft auflehnende Stadt endlich auslöschen wollte, war damit wohl zu weit gegangen. Die Macht der babylonischen Götter und der hinter ihnen stehenden einflußreichen Priesterschaft war auch durch die Vernichtung der Heiligtümer nicht endgültig gebrochen; man mußte sie noch immer auch in Assyrien fürchten. So bemühte sich Asarhaddon, das Unrecht seines Vaters an Babylon wiedergutzumachen. In seinen Inschriften motivierte er die vorhergegangenen Ereignisse und schrieb über die

Bewohner Babylons: «Sie antworteten einander immer wieder mit dem Munde: ‹Ja›, im Herzen: ‹Nein› und redeten also Unwahrheiten ... Man knebelte den Schwachen und schenkte ihn dem Mächtigen. In der Stadt gab es Bedrückung und Bestechung. Tag für Tag nie endend, stahl einer des anderen Eigentum ... An das Besitztum Esagilas, des Palastes der Götter, eines für Laien unbetretbaren Ortes, legten sie ihre Hand, und Silber, Gold und Edelsteine verschleuderten sie nach Elam als Kaufpreis für Hilfe gegen Assyrien.» Als Strafe für diese Vergehen hatte Marduk — nach den Worten Asarhaddons — eine Entvölkerung der Stadt für siebzig Jahre auf die Schicksalstafeln geschrieben, «doch schrieb Marduk alsbald: ‹elf Jahre›, er faßte Erbarmen und sprach: ‹Friede›!»[17]

Mit besonderem Eifer wandte sich Asarhaddon dem Neubau von Esagila und der Zikkurrat zu. Über die dabei notwendigen Vorbereitungen und Zeremonien geben seine Bauinschriften viele interessante Einzelheiten an. Dem Bau gingen monatelange Befragungen von Orakeln und Einholungen von Omina voraus, erst dann begann die eigentliche Arbeit. «So entbot ich alle meine Arbeiter und das ganze Land Karduniasch (das heißt Babylonien — Vf.). Bäume und Sumpfrohr fällten sie mit Äxten und rotteten sie mit den Wurzeln aus. Das Wasser des Euphrat, das Verwüstungen angerichtet hatte, entfernte ich daraus. Nach seinem alten Bette führte ich es ab.»[18] Das Heiligtum Esagila, «den Palast der Götter», ließ er mit allem Prunk wiederherstellen. «Den Tempelturm Etemenanki ließ ich an seinem alten Orte neu aufbauen, und zwar 180 Ellen lang und 180 Ellen breit.»[19]

Nach dem Tode des Asarhaddon wurde das Reich unter seine beiden Söhne aufgeteilt. Assurbanipal (668—626 v. Chr.) erhielt das Stammland Assyrien, während Schamasch-schum-ukin im südlichen Mesopotamien mit der Hauptstadt Babylon herrschen sollte. Bald kam es zu Auseinandersetzungen zwischen den Brüdern, da Schamasch-schum-ukin offensichtlich mit Elam und anderen Feinden Assyriens konspirierte, um die ganze Macht an sich zu reißen. So jedenfalls stellte es Assurbanipal in seinen Annalen dar und beschwerte sich bitter über die Hinterlist seines Bruders. Er wurde schließlich gezwungen, militärisch gegen ihn vorzugehen; Schamasch-schum-ukin kam in den Flammen des Palastes von Babylon mit seiner Familie um.

Noch zu Lebzeiten seines Bruders, als er im besten Einvernehmen mit ihm war, ließ Assurbanipal zahlreiche Bauten in Babylon restaurieren oder weiterführen. In einer Anzahl von Inschriften berichtet er stolz darüber: «Das Werk von Esagila, das der Vater, mein Erzeuger, nicht zu Ende geführt hatte, ich vollendete es. Die regelmäßigen Opfer für Esagila und die Götter Babylons setzte ich fest, die Privilegien von Babylon stellte ich her. Damit der Starke den Schwachen nicht schädige, bestellte ich den Schamasch-schum-ukin, meinen Lieblingsbruder, für die Königsherrschaft über Babylon.»[20]

Von seinen Arbeiten an der Zikkurrat künden einige auf Bauziegel gestempelte Inschriften. Der Kö-
51 nig fühlte sich nicht nur für die Pflege der Tempel Babylons verantwortlich, sondern ließ auch in anderen südmesopotamischen Kultstätten — wie in Ur — größere Umgestaltungen und Neubauten vornehmen, ganz zu schweigen von den Arbeiten an den Tempeln und Palästen Assyriens. Trotz der großen Einnahmen, die durch Beute und Tribute nach Assyrien flossen, müssen diese Bauten immense Belastungen des Staatshaushalts dargestellt haben. Bei den Restaurierungen handelte es sich nicht nur um die Erneuerung der Bauwerke selbst, sondern um die kostbare Innenausstattung, um Opfer und aufwendige Zeremonien.

Am Turm Etemenanki wurde also während der Regierungszeit der beiden letzten großen Könige auf dem Thron Assyriens eifrig gebaut. Das Gebäude hatte bereits die gleichen Ausmaße, wie sie durch die Ausgrabungen für die neubabylonische Periode bezeugt sind. Ob es wirklich vollständig beendet wurde, ist heute schwer nachzuweisen.

Der große Neubau ■ Als nach dem Untergang des assyrischen Reiches Babylon unter der chaldäischen Dynastie des Nabopolassar einen großen Aufschwung erlebte, begann auch eine Zeit intensiver Bautätigkeit und großangelegter Umgestaltung der Stadt. Es war die Periode, die man gewöhnlich vor Augen hat, wenn von der Großstadt Babylon mit ihren prachtvollen Bauten die Rede ist. Es ist die Zeit, die in die Überlieferungen der griechischen Schriftsteller eingegangen ist, die einige Bauwerke — die Mauern Babylons und die «Hängenden Gärten der Semiramis» — sogar zu den sieben Weltwundern zählten.

Nabopolassar begann das Erneuerungswerk, doch konnte er in seiner zwanzigjährigen Regierungszeit (625—605 v. Chr.) kaum einen seiner ehrgeizigen Baupläne vollenden. Dem Neubau der Zikkurrat widmete er sein besonderes Interesse. In einer ausführlichen Inschrift berichtet er über die Arbeiten am Turm:

«Als auf Geheiß Nabus und Marduks, die mein Königtum lieben, und mit der Waffe, dem starken Rohr des furchtbaren Erra, der zerblitzt meine Feinde, den Subaräer (gemeint ist Assyrien — Vf.) ich geschlagen, in Schutt und Trümmer sein Land verwandelt hatte, damals befahl mir Marduk, der Herr des Etemenanki, des Stufenturmes von Babylon, der vor meiner Zeit baufällig geworden und eingestürzt war, das Fundament auf der Sohle der Grundgrube zu gründen, sein Haupt mit dem Himmel wetteifern zu lassen. Hacken, Spaten und Ziegelformen aus Elfenbein, Ebenholz und besonderem Holz stellte ich her, und die zahlreichen Leute, das Aufgebot meines Landes, ließ ich sie tragen, formte, ließ formen Ziegel, ließ herstellen Backsteine, wie Regen des Himmels ohne Zahl. Wie eine massige Hochflut ließ ich Asphalt und Erdpech auf dem Arachtu-Kanal heranfahren. Mit der Kunst Eas, dem Wissen Marduks, der Weisheit Nabus und Nisabas, mit dem weiten Herzen, das mein göttlicher Erzeuger mir zu eigen gegeben hat, mit meiner großen Aufmerksamkeit überlegte ich, kluge Meister beauftragte ich, und anderthalb Aschlu mit der Meßrute maß ich die Maße. Die Oberbaumeister spannten die Seile, setzten fest die Grenzen. Die Orakel des Schamasch, Adads und Marduks holte ich ein und im Herzen überlegte ich, bewahrte die Maße, die die großen Götter bei der Einholung der Orakel bestimmt hatten. Mit der Kunst der Beschwörung, der Weisheit Eas und Marduks reinigte ich jenen Platz, und in der ersten Grundgrube legte ich sein Fundament. Perlen von Gold und Silber, Steine des Gebirges und der Meeresküste breitete ich hin in seinem Grunde, eine weiße kostbare Substanz, Feinöl, duftende Kräuter und rote Paste schüttete ich unter die Ziegel. Ein Bild meiner Majestät, einen Ziegelkorb tragend, fertigte ich an, und im Fundament legte ich es nieder.

Vor Marduk, meinem Herrn, beugte ich den Nakken, das Kleid, das Prachtgewand meiner Majestät, schürzte ich auf, und Ziegel und Lehm trug ich auf meinem Haupte. Ziegelkörbe aus Gold und Silber ließ ich flechten, und Nebukadnezar, den Ältesten, Liebling meines Herzens, ließ ich Lehm, Mischwein, Wein, Öl und Würzkraut mit meinen Leuten tragen. Nabu-schumu-lischir, seinen kleinen Bruder, den jüngsten Sprößling meines Herzens, mein Herzblatt, ließ ich Hacke und Spaten nehmen, einen Ziegelkorb aus Gold und Silber legte ich ihm auf, und Marduk, meinem Herrn, schenkte ich ihn als Geschenk.

Ein Haus nach dem Vorbild von Escharra unter Jubel und Freude baute ich, wie einen Berg erhöhte ich sein Haupt, und für Marduk, meinen Herrn, wie in den vergangenen Tagen, zum Anstaunen ließ ich es schmücken. Marduk, mein Herr, meine Werke blicke freundlich an, und auf dein erhabenes Geheiß, das nicht geändert wird, dauere das Werk, die Arbeit meiner Hand bis in Ewigkeit. Wie die Ziegel von Etemenanki festgelegt sind für immer, so befestige die Grundlage meines Thrones für ferne Tage!

Etemenanki, dem König, der dich erneuert, verleih Segen! Wenn Marduk in Freuden in deinem Inneren Wohnung nehmen wird, gedenke, o Tempel, bei Marduk, meinem Herrn, meiner Frömmigkeit!» [21]

Der assyrische König Assurbanipal als Korbträger.
Die Inschrift bezieht sich
auf Baumaßnahmen im Tempel Esagila.

Dieser, wie es uns scheint, von echter Frömmigkeit und religiöser Hingabe erfüllte Bericht spricht durch den sehr persönlichen Ton der Schilderung noch heute unmittelbar an. Die notwendigen und sehr umfangreichen Vorbereitungen betrafen sowohl die unmittelbare praktische Arbeit, die Herbeischaffung der Baumaterialien und die Vorbereitung des Bauplatzes, als auch die kultischen Zeremonien. Getreu den uralten, schon bei den Sumerern geübten Gründungsbräuchen wurden wertvolle Beigaben, Ingredenzien und Kräuter in die Baugrube gelegt. Die Demut des Herrschers gegenüber dem Gott ist anschaulich durch das Tragen eines mit Lehm gefüllten Korbes demonstriert. Daß es sich dabei, wie noch heute bei Grundsteinlegungen, um einen symbolischen Akt handelte, geht eindeutig aus dem kostbaren Material der von ihm benutzten Körbe – Gold und Silber – hervor. Eine bildliche Darstellung des korbtragenden Königs wurde im Fundament vermauert. Eine solche Wiedergabe ist zwar nicht von Nabopolassar, aber von Assurbanipal aus Babylon überliefert. Er und sein Bruder ließen solche Bildwerke als Gründungsbeigabe anfertigen und schlossen sich damit an Traditionen des 3. Jahrtausends v. Chr. an.

Der hier zitierte Text des Nabopolassar ist auf Tonzylindern niedergeschrieben, die vermutlich einstmals im Fundament von Etemenanki gelegen hatten. Sie waren bereits im vorigen Jahrhundert durch Raubgrabungen ans Tageslicht gekommen, so daß über ihre genaue Fundlage nichts bekannt ist. Auch die anderen, in der Inschrift erwähnten Beigaben sind bisher an Ort und Stelle nicht entdeckt worden. Zum einen sind die Ausgrabungen noch nicht überall so tief vorgedrungen, zum anderen mag manches zerstört oder schon im Laufe der Jahrhunderte entfernt worden sein.

Obwohl sich Nabopolassar in seiner Inschrift der Erbauung des Tempelturmes rühmte, konnte auch er ihn in seiner Regierungszeit nicht beenden. Der Text der Tonzylinder war am Anfang der Bauvorhaben abgefaßt und dann in den Fundamenten versenkt worden. Hier ist nur der Wunsch, nicht aber die tatsächliche Durchführung vermerkt worden. Nebukadnezar, der als Kronprinz bereits an der Grundsteinlegung teilgenommen hatte, führte mit großem Eifer das Werk seines Vaters fort. Im Rah-
52 men seiner umfangreichen Bauvorhaben, die eine großartige Umgestaltung der offiziellen Teile von Babylon zum Ziel hatten, widmete er sich besonders

dem Hauptheiligtum des Marduk. Zum Tempelturm äußerte er sich in einer Inschrift: «Etemenanki, den Stufenturm, dessen Stelle Nabopolassar, der König von Babylon, mein Vater und Erzeuger, mit der Kunst der Beschwörung, der Weisheit der Götter Ea und Marduk gereinigt und auf der Sohle der Grundgrube seinen Grundstein errichtet, jene vier Wände außenherum aus Asphalt und Backstein 30 Ellen hoch aufgerichtet, sein Haupt aber nicht erhöht hatte: Etemenanki zu erhöhen, sein Haupt mit dem Himmel wetteifern zu lassen, legte ich Hand an.»[22]

In seiner langen und erfolgreichen Regierungszeit

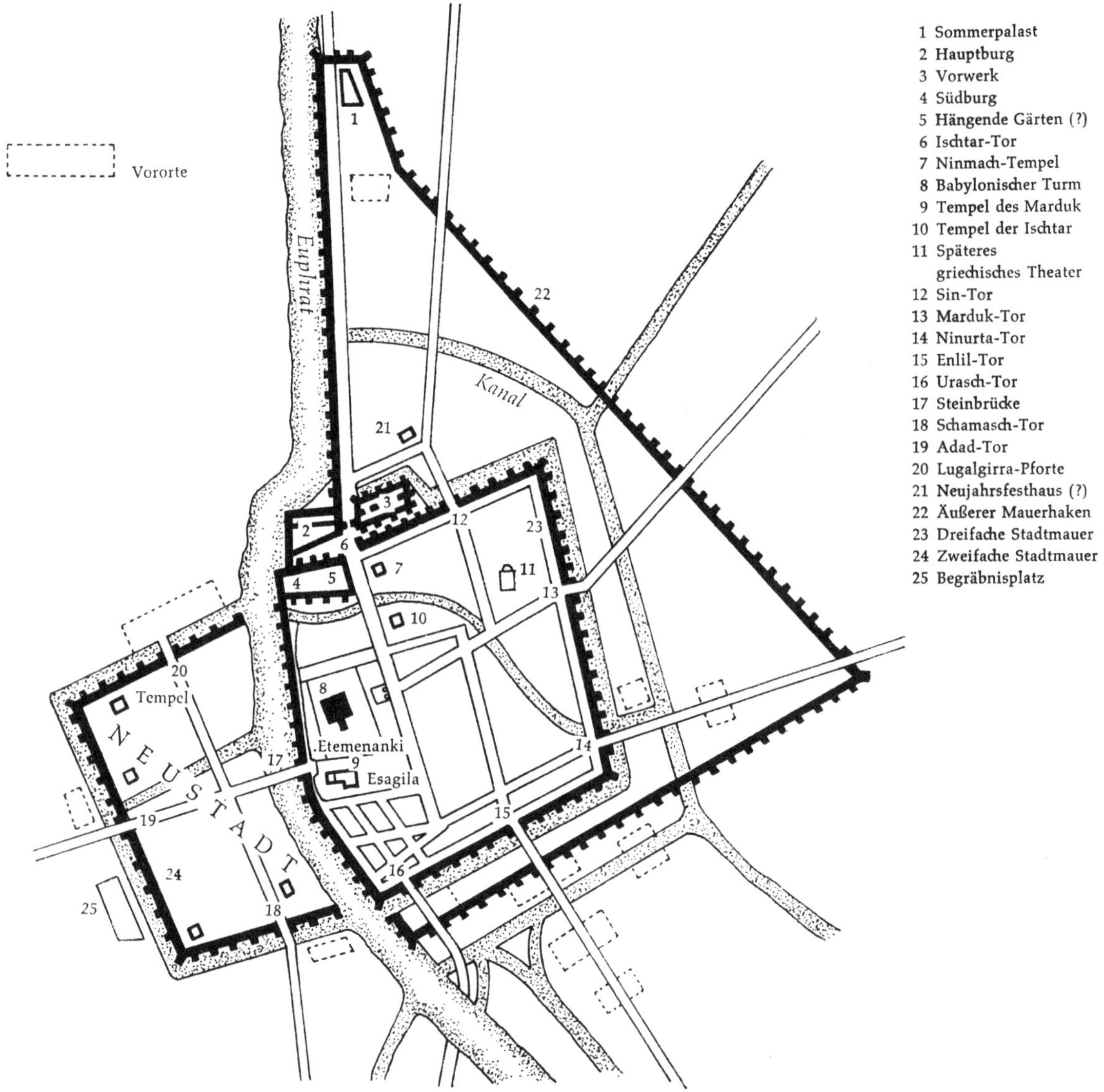

Stadtplan von Babylon in neubabylonischer Zeit

von 605–562 v. Chr. gelang Nebukadnezar II. die Vollendung der meisten seiner Bauvorhaben. Sein durch zahlreiche Kriegszüge weit ausgedehntes Reich lieferte ihm die materielle Grundlage für seine Bauten. Die nach Babylon deportierten Gefangenen dürften wohl bei Hilfsarbeiten oder – wenn sie spezialisierte Handwerker waren – auch bei den Bauvorhaben selbst eingesetzt worden sein. Durch die archäologischen Forschungen sowie eine große Zahl von Inschriften ist die Periode relativ gut bekannt. Was die Zikkurrat betrifft, so hat sie wohl die größte Bedeutung und den besten Bauzustand erlebt. Die ausführliche Betrachtung des Stufenturms von Babylon und die Erwägungen über seine Rekonstruktion beziehen sich daher im wesentlichen auf die neubabylonische Zeit.

Nebukadnezar II. hat nicht nur in Babylon gebaut, sondern er erwies sich auch als der Pfleger zahlreicher anderer traditionsreicher Heiligtümer. Überall im südlichen Mesopotamien stießen die Ausgräber bei ihren Forschungen auf seinen Namen. Auch die so oft fälschlich als Babylonischer Turm bezeichnete Ruine der Zikkurrat von Borsippa entstand in seiner Zeit. Borsippa, die Schwesterstadt von Babylon, war das Zentrum für den Kult des Nabu, der im babylonischen Pantheon eine wichtige Stellung einnahm. Er galt als Sohn des Marduk und der Göttin Sarpanitum und wurde als Schutzgott der Schreiber und darüber hinaus als Weisheitsgott verehrt. Ihm kam innerhalb des Neujahrsfestes in Babylon eine besonders wichtige Rolle zu. Auch in anderen Städten wie Ur, Kisch, Uruk, Nippur kümmerte sich Nebukadnezar II. um die Hauptheiligtümer und ließ an den Tempeltürmen bauen.

Nach der Regierungszeit Nebukadnezars II. begann in Babylon bereits ein langsamer Abstieg. Zwar behielt das Reich unter den ersten Nachfolgern des Königs noch einen großen Teil seiner Gebiete, es konnte aber den Befreiungsbestrebungen der unterworfenen Völker auf die Dauer nicht widerstehen. Dazu kamen Auseinandersetzungen der mächtigen Priesterschaft in den Heiligtümern von Ur, Sippar und Larsa, die sich gegenüber dem Marduk-Tempel in Babylon aufwerten wollten. Diese Rivalitäten, die vor allem auf wirtschaftliche Ursachen zurückzuführen sind, wirkten sich in der Politik aus. Die Könige mußten der Lage Rechnung tragen und sich um das Wohlwollen des einflußreichen Klerus bemühen. Nach der Ermordung des letzten legitimen Nachfolgers aus der Dynastie Nebukadnezars II. gelangte
53 Nabonid auf den Thron. Er bevorzugte ganz offensichtlich die Heiligtümer des Sin in Ur und Harran. Das führte zu einer Vernachlässigung der Reichstempel in Babylon, wogegen die Priesterschaft entschieden Stellung nahm. Nabonid, der jahrelang in der Oase Taima weilte, kam auch nicht zu den jährlichen Neujahrsfesten nach Babylon, die für König und Reich von großer Bedeutung waren. Die Feierlichkeiten konnten ohne ihn nicht stattfinden, was die schon bestehende Opposition gegen ihn noch weiter schürte.

Nach den recht ausführlichen Nachrichten Nebukadnezars II. und seines Vaters zur Baugeschichte der Zikkurrat in Babylon ist aus der Zeit seiner Nachfolger nichts mehr aus den Texten zu gewinnen. Die Anlage hat weiter bestanden und dürfte auch Pflegearbeiten erfahren haben; größere Investitionen wurden offensichtlich nicht vorgenommen.

Inzwischen war den Babyloniern im angrenzenden Iran in dem sich konsolidierenden Staat der Perser ein mächtiger Gegner erwachsen, der sich nach Mesopotamien auszubreiten begann. Die über ihre Zurücksetzung ergrimmte Priesterschaft des Marduk-Heiligtums machte anscheinend mit dem herannahenden Feind, der unter der Leitung des ehemaligen Statthalters des Nabonid, Gobryas, stand, gemeinsame Sache. Sie erhofften sich dadurch eine Wiederherstellung ihrer Machtposition, obwohl die Perser Anhänger der Ahuramazda-Religion waren. Das babylonische Heer wurde in einer Schlacht bei Sippar besiegt, und am 12. Oktober 539 zogen die Perser kampflos in Babylon ein.

Die Perser in Babylon ■ Kyros II. wurde, seinen Inschriften nach zu urteilen, in Babylon als Befreier begrüßt. Er ließ die wirtschaftlichen und religiösen Verhältnisse in Babylon bestehen und mischte sich kaum in die inneren Angelegenheiten der Stadt ein. Als Teil eines großen Reiches, das den ganzen Vorderen Orient einschließlich Ägypten umfaßte, nahm Babylon mit seiner zentralen Lage eine wichtige Position ein. Die Priesterschaft konnte ihre Kulte in altüberlieferter Weise fortsetzen. Kyros erwies sich als großzügiger Förderer der Heiligtümer und zeigte sich von seiner besten Seite. Er führte sogar die Zeremonien des Neujahrsfestes weiter und erkannte damit die Rolle des Marduk in Babylon an. «Als ich friedlich in Babylon eingezogen war, unter Jubel und Freude im Palaste der Fürsten den Wohnsitz der Herrschaft aufschlug, machte mir Marduk, der große Herr, das weite Herz der Babylonier geneigt, während ich täglich auf seine Verehrung bedacht war... Des Inneren von Babylon und seiner Kultstätten nahm ich mich gern an.» [23]

Diese Politik wurde auch unter dem Sohn Kyros' II., Kambyses, fortgesetzt, und die Lebensweise der Babylonier dürfte sich nicht wesentlich verändert haben. Der Wunsch nach Selbständigkeit flammte trotzdem in Babylon immer wieder auf. Unter einem angeblichen Sohn des Nabonid kam es zum Aufstand, als sich dem Tode des Kambyses in Persien innere Unruhen anschlossen. Der nun auf dem Thron befindliche König Dareios I. bestrafte die Stadt vorerst nur mild. Nach einer weiteren Revolte im Jahre 520 v. Chr. jedoch ließ er die Stadtmauern schleifen, die Stadt und die Königsgräber plündern.

Von diesen politischen Wirren blieben offensichtlich die Heiligtümer relativ unberührt. Gerade in dieser Zeit wandten sich ihre Priester besonders intensiv der Forschung und Weiterentwicklung der traditionellen Wissenschaften wie den Himmelsbeobachtungen, der Mathematik und vor allem der Astrologie zu. Viele, auch in die spätere griechische Kultur übernommene Errungenschaften und Erkenntnisse Mesopotamiens kamen aus seinen Tempelbezirken, wo sie tradiert wurden. Die Priesterschaft erwies sich als besonderer Förderer der Keilschrift, die außerhalb der Tempel immer mehr durch die aramäische Buchstabenschrift verdrängt wurde. Auch die literarische Tradition war nicht abgerissen und erfuhr einen letzten Höhepunkt. Konkrete Nachrichten über Bauvorhaben am Babylonischen Turm sind aus dieser Periode nicht mehr überliefert.

Diese Entwicklung nahm ein jähes Ende, als Xerxes (486–465 v. Chr.) die Herrschaft antrat. Er betrieb in viel stärkerem Maße als seine Vorgänger eine Politik der Iranisierung und nahm keine Rücksicht mehr auf die unterschiedlichen Traditionen der zu seinem Reich gehörenden Völkerschaften. Die daraufhin erfolgenden Aufstände in Babylonien schlug er blutig nieder und bestrafte zur Abschreckung die Stadt besonders hart. Die Tempel als Hüter der alten Traditionen dürften bei diesen Revolten stark beteiligt gewesen sein, deshalb galt ihnen die ganze Strenge des persischen Königs. Die Heiligtümer von Esagila wurden geplündert und wohl teilweise zerstört. Xerxes ließ die Freitreppe des Turmes abreißen und die kostbare, aus Edelmetall hergestellte Statue des Marduk zerstören sowie die Kultgegenstände fortführen. Damit war auch offiziell das Bestehen einer nationalen Eigenständigkeit der Babylonier beendet, die sich ohnehin nur noch auf religiösem Gebiet ausgewirkt hatte. Nach der Vernichtung der wichtigsten Kultstätten und Götterbilder war es nicht mehr möglich, das Neujahrsfest zu feiern. Wahrscheinlich erfuhr auch die Priesterschaft eine Dezimierung, und die großen Zentren wurden zerschlagen. Xerxes ließ die Stadtmauern vollständig schleifen und den

III
Heutige Ansicht der Zikkurrat von Ur.
Die leicht geböschten und durch Vor- und Rücksprünge gegliederten Mauern
im unteren Teil sind moderne Rekonstruktionen.

IV
Blick auf die Ruine der Zikkurrat von Kalchu/Nimrud

V
Ruine des Turms von Babylon, umgeben von dem jetzt mit Wasser gefüllten Raubgraben, in dem ursprünglich der aus gebrannten Ziegeln hergestellte Mantel des Gebäudes lag

Euphrat umleiten, so daß er in einer großen Schleife durch die Wohnstadt von Babylon floß. Diese Strafmaßnahmen erfolgten nicht nur in Babylon, sondern auch das große Heiligtum des Nabu in Borsippa wurde in dieser Zeit verwüstet und wohl nie wieder aufgebaut.

Herodots Stadtbeschreibung ■ Trotzdem blieb Babylon noch immer eine bedeutende Stadt, die viele ihrer wirtschaftlichen Aktivitäten weiterführte. Es wurde gebaut und erneuert, aber der große Glanz der Heiligtümer war unwiederbringlich dahin. Die persischen Herrscher, das heißt deren Statthalter, lebten in den babylonischen Königspalästen und ließen dort auch einige Neubauten errichten. Das Bild der Stadt hatte sich aber durch die Verlagerung des Euphrat verändert. Er verlief nicht mehr westlich der Königspaläste, sondern bog bereits außerhalb der inneren Stadtmauern nach Osten ab. Von dort floß er, die Königspaläste im Westen abschließend, im großen Bogen in die Stadt ein, um in Höhe des Bezirks von Etemenanki wieder den alten Lauf zu erreichen. Die Residenz der persischen Satrapen war auf diese Weise von der übrigen Stadt isoliert. Diese Situation ist wichtig für das Verständnis der Stadtbeschreibung, die von dem griechischen Reisenden Herodot überliefert ist.

Der Schriftsteller, der 484 v. Chr. in der kleinasiatischen Stadt Halikarnassos geboren wurde, reiste durch große Teile des Orients und hinterließ umfangreiche Berichte über Geschichte, Sitten und Gebräuche sowie das Aussehen von Städten und Häusern bei den von ihm besuchten Völkerschaften. Die Wertung seiner Bücher ist sehr unterschiedlich; vieles hatte er selbst gesehen und gut beobachtet. Zahlreiche Fakten erfuhr er von Mittelsmännern und mußte sich oftmals auf die Aussagen von Informanten oder Dolmetschern verlassen. Auf diese Weise fanden auch manche Übertreibungen, sagenhafte Ausschmückungen und falsche Überlieferungen Aufnahme in seine Berichte. Trotzdem sind sie eine der wichtigsten Quellen für viele Völker und Städte des Altertums geblieben. Seine Bücher wurden bereits in der Antike als Grundlage für die Schriften seiner Zeitgenossen und späterer Autoren genutzt; manche Information gelangte auf diese Weise in die Überlieferung der späteren abendländischen Kultur.

Für die Geschichte von Babylon enthalten die Bücher des Herodot bedeutende und interessante Aussagen. Bereits in der Renaissance versuchte man in Europa an Hand seiner Schilderungen, die Stadt und vor allem den Turm zu identifizieren. Seine Irrtümer konnten erst durch die Ausgrabungen von Robert Koldewey widerlegt werden. Die von ihm beschriebene Größe Babylons veranlaßte viele Reisende, die benachbarten Städte Borsippa und Kisch in den Umfang der Stadt mit einzubeziehen und die Zikkurrat von Borsippa als Babylonischen Turm anzusehen. Andererseits konnten aber zahlreiche der in seinen Büchern enthaltenen Fakten an Hand der Grabungsergebnisse bestätigt werden.

Herodot muß gegen 460 v. Chr. Babylon besucht haben, als sich die Stadt bereits im Abstieg befand. Durch die Strafgerichte des Xerxes waren viele der Tempel zerstört, der Kult des Marduk durch das Einschmelzen seiner Statue zum Erliegen gekommen. Xerxes hatte die Stadtmauern schleifen lassen, das Heiligtum des Marduk war schwer in Mitleidenschaft gezogen worden. Trotz alledem muß Babylon noch eine großartige, lebendige Stadt gewesen sein, die auf den vielgereisten Fremdling ihren Eindruck nicht verfehlte.

Zahlreiche Forscher haben sich seitdem mit den Büchern des Herodot beschäftigt und zu erklären versucht, wie er zu manchen seiner Eindrücke und Behauptungen gekommen sein mag. Mit seiner Beschreibung des Turmes von Babylon wollen wir uns ausführlicher im Zusammenhang mit den Rekonstruktionsversuchen beschäftigen. Hier soll nur allgemein auf einige seiner Ausführungen zu Babylon eingegangen werden. Es sind dabei nicht nur die von ihm erwähnten Fakten von Wichtigkeit, sondern

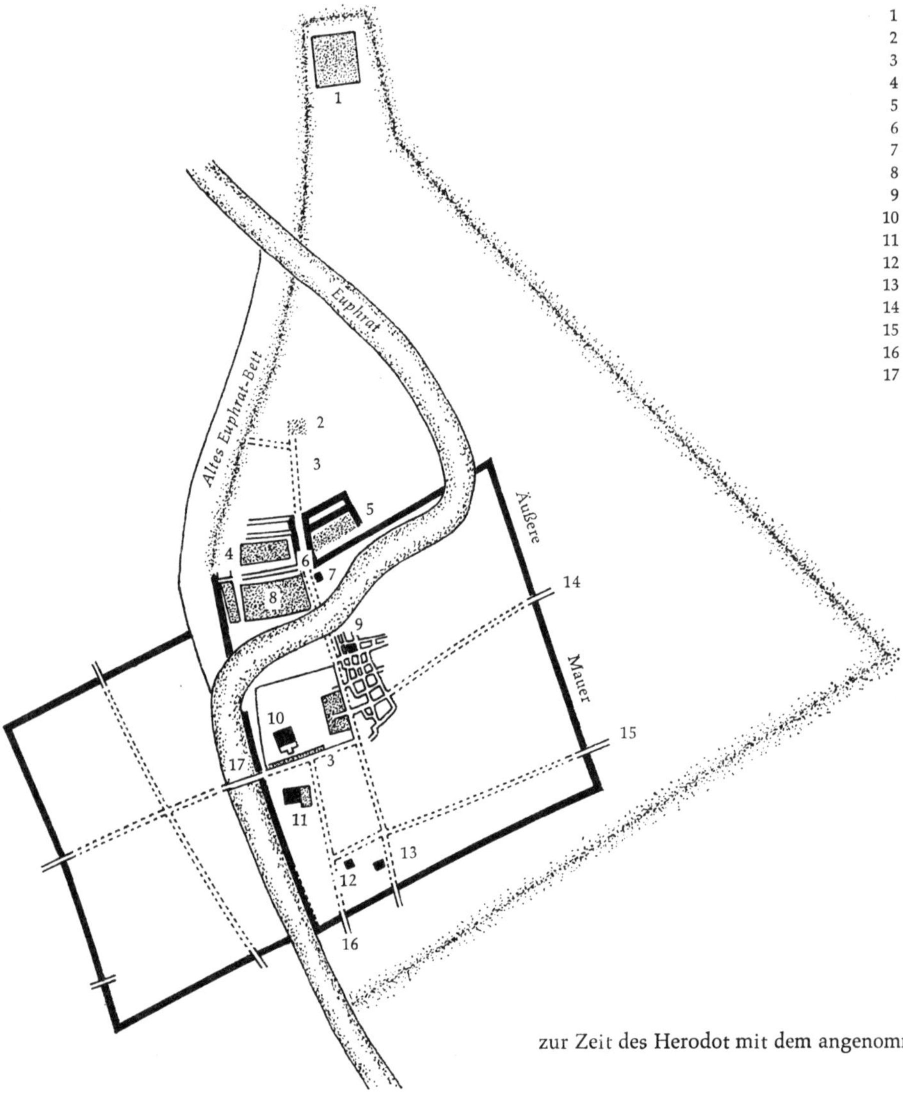

1 Sommerpalast
2 Neujahrsfesthaus
3 Prozessionsstraße
4 Hauptburg
5 Vorwerk
6 Ischtar-Tor
7 Ninmach-Tempel
8 Südburg
9 Ischtar-Tempel
10 Etemenanki-Zikkurrat
11 Esagila-Tempel
12 Tempel Z
13 Ninurta-Tempel
14 Marduk-Tor
15 Ninurta-Tor
16 Urasch-Tor
17 Euphrat-Brücke

Stadtplan von Babylon
zur Zeit des Herodot mit dem angenommenen Verlauf des Euphrat

ebenso bemerkenswert ist es, eine Reihe von Bauwerken nicht in seinen Beschreibungen zu finden. So schrieb er zum Beispiel nichts Näheres über den Palast und die von späteren Schriftstellern als Weltwunder gepriesenen «Hängenden Gärten der Semiramis». Das ist wohl nur so zu erklären, daß Herodot zu diesem streng abgesicherten Gebiet, in dem der persische Satrap saß, keinen Zugang hatte, noch dazu sich dieser Bereich nach der Verlagerung des Euphrat auf der anderen Flußseite befand. Er sprach auch nicht vom außerhalb der Stadt liegenden Sommerpalast des Nebukadnezar, vom Neujahrsfesthaus, der Prozessionsstraße und vom Ischtar-Tor. Offensichtlich waren diese Gebäude bereits verfallen, die Prozessionen zum Neujahrsfest fanden nicht mehr statt.

Dagegen finden sich ausführliche Schilderungen der Stadtmauern und ihrer Bauweise. Obwohl diese

bereits in ruinösem Zustand gewesen sein müssen, schrieb er: «Babylon ist nicht nur eine so große, sondern auch eine so prächtige Stadt wie keine andere der mir bekannten Städte. Außen ist sie zuerst von einem breiten, tiefen, nassen Graben umgeben und
59 dahinter von einer Mauer, welche fünfzig königliche Ellen breit und zweihundert hoch ist... Oben auf der Mauer am Rande baute man einstöckige Türme, je zwei einander gegenüber, zwischen denen genügend Platz blieb, daß ein vierspänniger Wagen hindurchfahren konnte. Rundherum in der Stadtmauer sind hundert Tore, ganz von Erz, auch die Türen und Pfosten.» [24] Die Behauptungen Herodots über die Stadtmauern von Babylon sind ganz offensichtlich übertrieben; weder was ihre Breite, noch was die Zahl der Tore angeht, konnten sie durch die Ausgrabungen bestätigt werden.

Ausführlich beschäftigte sich Herodot mit dem Tempelbezirk des Marduk. Offensichtlich hat er sich von den Einwohnern viele Geschichten über Sitten und religiöse Bräuche erzählen lassen, die manche Übertreibungen enthielten. Nachdem er das Aussehen des Turmes beschrieben hatte, kam er auf den auf der Spitze der Zikkurrat befindlichen Tempel zu sprechen: «Auf dem obersten Turme ist ein großer Tempel, in welchem ein großes wohlbereitetes Bett und daneben ein Tisch steht, in dem aber kein Götterbild angebracht ist. Auch des Nachts schläft niemand da oben, es sei denn etwa hin und wieder ein Weib, das der Gott sich unter den Töchtern des Landes ausgesucht, wie die Chaldäer, die Priester dieses Gottes, behaupten. Diese Priester behaupten auch — ich glaube es aber nicht —, der Gott käme zuweilen selbst in den Tempel und legte sich dort zu Bette, wie das nach der Meinung der ägyptischen Priester auch in Theben in Ägypten der Fall sein soll. Denn auch dort in Theben legt sich ein Weib im Tempel des Zeus zu Bette; diese Weiber aber, sagt man, ließen sich beide nicht mit Männern ein.» [25]

Von der Ausstattung des Tempels Esagila müssen die Babylonier dem Herodot erzählt haben, denn die meisten Kultgegenstände, einschließlich der Mardukstatue, waren zu seiner Zeit bereits durch Xerxes aus dem Tempel entfernt worden. «Unten in dem Heiligtum in Babylon ist noch ein anderer Tempel und darin eine große Bildsäule des Zeus in sitzender Stellung. Daneben steht ein großer goldener Tisch und auch der Stuhl und die Fußbank sind von Gold, und wie die Chaldäer sagen, sind dazu achtzig Talente Gold verwandt worden. Außerdem befindet sich dort noch ein anderer großer Altar, auf dem ausgewachsene Tiere geopfert werden, während auf dem goldenen nur saugende Tiere geopfert werden dürfen. Auf dem größeren Altar verbrennen die Chaldäer auch alle Jahre tausend Talente Weihrauch, wenn sie das Fest des Gottes begehen. Zu jener Zeit gab es im Bereich des Tempels dort auch noch eine zwölf Ellen hohe Bildsäule aus gediegenem Golde. Ich selbst habe sie nicht mehr gesehen und teile nur mit, was mir die Chaldäer erzählt haben. ...Damit genug von diesem Prachtbau, in dem sich übrigens auch noch viele andere seltsame Weihgeschenke befinden.» [26]

Bei der Beurteilung der Schilderungen des Herodot muß man berücksichtigen, daß seit der Blütezeit des babylonischen Reiches immerhin zweihundert Jahre vergangen waren. Auch seine Informanten waren wohl nur vom Hörensagen mit manchen Einzelheiten bekannt. Trotzdem dürften die Beschreibungen des Tempelinventars, wenn man den Namen Zeus durch Marduk ersetzt, recht verläßlich sein. Allerdings gab es gerade bei den Königsnamen häufig Verwechslungen, und Nebukadnezar, der Bauherr der meisten von Herodot geschilderten Anlagen, scheint in Vergessenheit geraten zu sein. Statt dessen ist von der sagenhaften Königin Semiramis (in der Geschichte ist sie als Königin von Assyrien im 9. Jahrhundert v. Chr. unter dem Namen Samuramat bekannt) und von Nitokris die Rede, die den Euphrat schiffbar gemacht und eine Brücke über den Fluß geschlagen haben soll — Arbeiten, die in Wirklichkeit vor allem Nebukadnezar zuzuschreiben sind.

Obwohl Babylon unter der Herrschaft des Xerxes und seiner Nachfolger seine Bedeutung als Kultzentrum verloren hatte, blieb es doch noch immer eine reiche Stadt. Das südliche Mesopotamien mit seinem weitverzweigten Kanalsystem brachte gute Ernten hervor, es war dicht besiedelt und hatte ein spezialisiertes Handwerk. Der Handel mit den erzeugten Produkten war ein einträgliches Geschäft, und große Handelshäuser übten das Monopol aus. Das Land war meist in den Händen von Großgrundbesitzern, die es vom König zum Lehen erhalten hatten, es aber ihrerseits zum Bewirtschaften weitergaben. Die hohen Steuern und Abgaben brachten die Wirtschaft aber allmählich zum Niedergang, und der Einfluß der Iraner nahm auf allen Gebieten zu. Die babylonische Schrift und Sprache, die Kultur und Religion wurden in den verbliebenen Tempelbezirken gepflegt; in der Bevölkerung gingen die Kenntnisse darüber jedoch ständig zurück.

Neue Pläne unter Alexander dem Großen ■ Die Menschen müssen die persische Herrschaft mehr und mehr als Zwang empfunden haben, da sie ihnen durch verlustreiche Kriege und die Willkürherrschaft der Satrapen zunehmende Belastungen auferlegte. Als von Griechenland her ein neuer Eroberer in den Orient zog und sich Mesopotamien näherte, erwartete man von ihm Befreiung und Verbesserung des Lebens. Es war Alexander der Große von Makedonien, der 331 die Perser bei Gaugamela schlug und danach in Babylon einzog. Er wurde wie einstmals Kyros gefeiert, und es schien auch für Babylon neue Hoffnung zu geben. Der junge König, der sich ein Weltreich bis hin nach Indien geschaffen hatte, wollte das an zentraler Stelle gelegene Babylon zu seiner neuen Hauptstadt machen. Den inneren Zusammenhalt dieses Riesenreiches hoffte er durch eine Verschmelzung der Religionen und verschiedenen Traditionen zu erreichen. In Babylon reihte er sich deshalb in die Nachfolge der babylonischen Könige ein und verehrte öffentlich den alten Stadtgott Marduk. Die Zikkurrat Etemenanki muß zu dieser Zeit bereits sehr baufällig gewesen sein, da nach dem Einschmelzen der Marduk-Statue durch Xerxes wohl kaum noch an dem Heiligtum gebaut worden war.

Alexander entschloß sich deshalb zu einem Neubau des Turmes, da anscheinend eine Restaurierung nicht mehr möglich war. Vor der Ausführung dieses Planes mußten zuerst die gewaltigen Schuttmassen der Zikkurrat fortgeräumt werden. Verschiedene griechische und später auch römische Schriftsteller, die die Geschichte Alexanders und seine Kriegszüge beschrieben, kamen auch auf Babylon und seine Bauten zu sprechen. So lesen wir unter anderem bei dem Griechen Strabon (60 v. Chr.–20 n. Chr.) folgende Bemerkungen zum Turm: «Daselbst (also im Stadtgebiet von Babylon – Vf.) fand sich auch das jetzt vernichtete Grabmal des Bel, welches, wie man sagte, Xerxes zerstörte. Es war aber eine vierseitige Pyramide aus gebrannten Ziegelsteinen und sowohl selbst ein Stadion hoch, als auch jede der Seiten ein Stadion lang. Alexander wollte sie wiederherstellen, aber das Unternehmen war groß und erforderte viel Zeit – denn schon die Abräumung des Schuttes war eine Arbeit von zwei Monaten für 10 000 Menschen – so daß er das begonnene Werk nicht vollenden konnte; denn alsbald befiel den König seine Krankheit und der Tod, von den späteren aber kümmerte sich niemand darum.» [27]

Der Turm wurde in der späteren Überlieferung, wie hier bei Strabon, auch bei Diodor und Arrian als Grabmal des Bel bezeichnet, da man sich über seine eigentliche Funktion und Bedeutung nicht mehr im klaren war und keine genaueren Kenntnisse der babylonischen Religion besaß.

Bei Arrian von Nikomedien (um 130 n. Chr.) kann man noch erfahren, daß die Abbrucharbeiten am Turm während der Abwesenheit Alexanders auf seinem Zug nach Indien nur sehr lässig betrieben wurden. Der König ordnete deshalb nach seiner Rückkehr an, das ganze Heer für diese Aufgabe einzusetzen. Diese durch die Schrifturkunden bekannten

Arbeiten wurden damals tatsächlich durchgeführt, denn die Ausgrabungen in Babylon erbrachten den Beweis. Wie schon am Anfang mehrfach erwähnt, befinden sich heute nur noch verhältnismäßig geringe Baureste an der Stelle des Babylonischen Turmes. Die ursprünglich vorhandenen und unter Alexander abgeräumten Schuttmassen konnten nordöstlich von Etemenanki festgestellt werden. Es handelt sich um die Hügelgruppe Homera, die im nördlichen Teil zu einer Höhe von 16 Metern aufsteigt. Koldewey konnte mit einem Schnitt durch die Hügel nachweisen, daß sie aus Schuttschichten ohne erkennbares Bauwerk bestehen. Der Abraum vom Turm wurde offenbar auf dem Euphrat, der in griechischer Zeit wohl noch durch das verlagerte Bett floß, zu diesem Bereich befördert und dort aufgeschüttet. Die Ausgrabung konnte dort vor allem Ziegelbrocken, Asphaltreste und Mörtelstücke sowie eine Reihe von beschrifteten Ziegelfragmenten Nebukadnezars II. feststellen. Ein wichtiges Beweisstück ist das Fragment eines Gründungszylinders Nebukadnezars II., der sich auf den Bau von Etemenanki bezieht. Die in Homera abgelagerten Schuttmassen wurden auf etwa 300 000 Kubikmeter berechnet, was dem von Strabon genannten Arbeitsaufwand von 600 000 Tagelöhnen entsprechen könnte.

Im südlichen Teil des Hügels Homera wurden die aufgeschütteten Schuttmassen für den Bau eines griechischen Theaters genutzt, das mit aufsteigendem Zuschauerraum und Skenengebäude den damals in der griechischen Welt üblichen Theaterbauten entsprach.

In der mittleren Hügelgruppe von Homera fielen besonders viele stark gerötete Ziegelbrocken auf, die zu der arabischen Bezeichnung Homera = «die Rote» geführt hatten. Sie entstanden durch einen großen Brand, von dem auch Abdrücke von Hölzern und stark zusammengeschmolzene Lehmklumpen zeugen. Koldewey glaubte hier die Stelle gefunden zu haben, wo der von Alexander geliebte Jüngling Hephästion nach seinem Tode auf einem Scheiterhaufen verbrannt worden war.

Man darf annehmen, daß die Abbrucharbeiten am Turm beim Tode Alexanders (323 v. Chr.) sehr weit fortgeschritten waren. Mit dem Neubau hatte man aber sicher noch nicht begonnen. Unter seinen Nachfolgern hat wohl keine Bautätigkeit am Turm mehr stattgefunden, die großen Pläne für das Heiligtum waren mit Alexander begraben worden. Auch aus schriftlichen Quellen ist für diese Zeit nichts mehr über die Zikkurrat zu erfahren.

Traditionspflege ■ Der Kult des Marduk hingegen hatte noch Förderer und Anhänger. Es gibt auch verstreute Nachrichten über eine Bautätigkeit am Tieftempel Esagila. Unter dem Stiefbruder Alexanders und unter seinem Sohn fanden Abbrucharbeiten, wohl im Hinblick auf einen Neubau, in Esagila statt.

Als sich im Rahmen der Auseinandersetzungen um die Teilung des Reiches von Alexander schließlich der Satrap Seleukos durchsetzte, gründete er ein großes, vom Iran bis Syrien reichendes Imperium. Babylon verlor immer mehr seine Bedeutung, da Seleukos um 300 v. Chr. nicht weit von Babylon entfernt seine neue Hauptstadt Seleukia gründete. Große Teile der babylonischen Bevölkerung siedelten freiwillig oder gezwungenermaßen dorthin um. Der Sitz des Herrschers, sein Palast und alle offiziellen Bauten befanden sich von nun an in Seleukia.

55 Sein Sohn Antiochos I. (281–261 v. Chr.) knüpfte noch einmal an die alte babylonische Tradition an und nahm den Titel eines Königs von Babylon an. Das bedeutete aber keineswegs, daß Babylon wieder Hauptstadt wurde. Antiochos I. übernahm mit diesem Titel jedoch auch gewisse Verpflichtungen für die alte Religion. Er bekannte sich öffentlich zur Verehrung des Marduk in Babylon und des Nabu in Borsippa und nahm sich noch einmal der Wiederherstellung der beiden Heiligtümer an. In einer Keilinschrift auf einem Gründungszylinder – er griff auch hier auf die alten Sitten zurück – heißt es: «Nachdem mich zum Aufbau von Esagila und Ezida mein Herz angetrieben, die Ziegel Esagilas und Ezi-

das im Lande Hatti mit reinen Händen mit Öl des rustu-Baumes geformt und zum Legen der Fundamente von Esagila und Ezida hingebracht hatte, da legte ich am 20. Adar des 43. Jahres (das heißt 287 v. Chr. — Vf.) das Fundament Ezidas, des legitimen Tempels, des Tempels des Nabu von Borsippa.» [28]

Die Priesterschaft von Esagila muß noch viele bedeutende Gelehrte in ihren Reihen gehabt haben, denn der Priester Berossos verfaßte eine babylonische Geschichte, die er dem Herrscher Antiochos I. widmete. Das Werk enthielt eine Zusammenfassung der zu dieser Zeit noch vorhandenen Kenntnisse und Traditionen, zurückgehend bis in mythische Vorzeiten. In der umfangreichen chronologischen Tabelle sind, angefangen von den vorsintflutlichen Urkönigen, alle ihm bekannten Herrscher aufgeführt. Die Vergleiche der bei Berossos aufgeführten Listen mit älteren Keilschrifturkunden gaben in der Forschung zu umfangreichem Meinungsstreit Anlaß. Das ursprünglich in griechischer Sprache geschriebene und «Babyloniaca» betitelte Werk ist nur in Auszügen in den Büchern seiner Benutzer und nicht im Original bekannt. Es wurde von zahlreichen griechischen und römischen Autoren zitiert und gewiß auch in Einzelheiten entstellt, so daß man heute keinen Gesamteindruck von diesem ersten zusammenhängenden Geschichtswerk Mesopotamiens besitzt. Berossos dürfte in seinem Buch sicher auch auf den Stufenturm von Babylon eingegangen sein, doch sind diese Passagen bisher nicht bekannt.

Auch unter späteren Herrschern der seleukidischen Dynastie wurden offensichtlich noch Restaurierungs- und Bauarbeiten am Heiligtum Esagila durchgeführt. Das geht aus gelegentlichen Erwähnungen in Schrifturkunden des 2. Jahrhunderts v. Chr. hervor. Der Kult des Marduk und anderer babylonischer Götter wurde von der Priesterschaft und wahrscheinlich auch von Teilen der Bevölkerung weiterhin gepflegt. Die Traditionspflege war eine der Hauptaufgaben der Tempel, sie äußerte sich besonders in Aufzeichnungen oder Abschriften älterer Texte. Diesen Kopien wiederum verdanken wir heute manche Information über Religion und Kult, über Stadtanlagen und Bauwerke. Die originalen Inschriften sind häufig nicht aufgefunden worden.

Das Zentrum der Traditionspflege hatte sich wohl von Babylon nach Uruk verlagert, da hier noch große intakte Heiligtümer bestanden. Es wurden in Uruk sogar in der seleukidischen Ära, im 3. und 2. Jahrhundert v. Chr., unter örtlichen Stadtherren riesige Neubauten errichtet. In zwei großen Tempelbezirken, dem Eschgal und dem Bit Resch, entstanden mehrere Heiligtümer, zu denen auch eine Zikkurrat gehörte.

Durch die Schreiberschulen und die Priesterschaft in Uruk wurden auch eine Reihe von Urkunden überliefert, die für das Aussehen und die Geschichte des Tempelturmes in Babylon von Wichtigkeit sind. Von hier stammt nämlich die sogenannte Esagila-Tafel mit der Beschreibung des Hauptheiligtums und des Turmes. Die Tafel wurde im 83. Jahr der Seleukidenära, das heißt im Jahre 229 v. Chr. geschrieben und gehörte zur großen Stadtbeschreibung von Babylon. In dieser Urkunde sind die Maßangaben und Namen der einzelnen Bauteile der Heiligtümer enthalten. Sie ist besonders wichtig für die Rekonstruktion des Turmes, auf die im nächsten Kapitel näher eingegangen werden soll. Laut Unterschrift am Ende des Textes handelt es sich um die Kopie einer älteren Inschrift aus Borsippa, die von dem Schreiber Anubelschunu in Uruk angefertigt wurde.

Der Nachklang in der Antike ■ Nachdem im Jahre 140 v. Chr. die aus dem Iran nach Mesopotamien eingedrungenen Parther auch Babylon in Besitz genommen hatten, ging die Bedeutung der Stadt mehr und mehr zurück. Die zahlreichen Kriege und Zerstörungen hatten die Bevölkerung der Stadt immer weiter dezimiert. In dem neu entstandenen Zentrum Ktesiphon wurden die Repräsentationsbauten errichtet und die Staatsgeschäfte abgewickelt. In den ehemaligen Palästen der babylonischen Könige siedelte sich die Bevölkerung an. Über das Schicksal der Tempelbezirke von Esagila und Etemenanki ist kaum noch etwas zu erfahren. Wahrscheinlich haben auch hier die Bewohner ihre Häuser gebaut oder Grabstätten angelegt. Über der abgetragenen Zikkurrat haben sicher auch Häuser gestanden, deren Reste noch bei Untersuchungen festgestellt werden konnten. Ihre genauere Datierung ist bisher noch unklar.

Die im 1. Jahrhundert n. Chr. von Diodorus Siculus in seiner Historischen Bibliothek verfaßte Beschreibung von Babylon stützte sich auf ältere Schriftquellen und darf kaum als zeitgenössische Nachricht verstanden werden. Hier vermischte sich die überlieferte Wahrheit mit phantasievollen Ausschmückungen. Bei der Nennung des Turmes vermerkte Diodor schon ausdrücklich, daß das Bauwerk nicht mehr bestehe: «Nach diesem baute Semiramis im Mittelpunkt der Stadt ein Heiligtum, dem Zeus geweiht, den die Babylonier Belus nennen, wie wir schon gesagt haben. Da sich die Geschichtsschreiber über dieses Monument nicht einig sind, und da es im Verlaufe der Zeit in Trümmer gesunken ist, ist es unmöglich, hier eine genaue Beschreibung zu geben. Man nimmt jedoch an, daß es außerordentlich hoch gebaut war, und daß die Chaldäer wegen seiner Höhe hier ihre astronomischen Arbeiten vollzogen, indem sie sorgfältig Auf- und Untergang der Gestirne beobachteten. Das ganze Gebäude war mit viel Kunst hergestellt, aus Asphalt und Ziegeln. Auf seiner Spitze befanden sich die Statuen des Zeus, der Hera und der Thea, mit Goldüberzug bedeckt.» Dem römischen Schriftsteller war die Stadt Babylon nicht selbst bekannt; auch die Namen der babylonischen Götter waren im Laufe der Jahrhunderte in Vergessenheit geraten und durch die griechischen Gottheiten ersetzt worden. Zum Aussehen der Stadt sagte Diodor unter anderem: «Heutzutage ist nur ein kleiner Teil von Babylon noch bewohnt. Der Rest des von den Mauern eingefaßten Raumes wird durch beackerte Felder ausgefüllt.» [29]

Obwohl sich die Zusammensetzung der Bevölkerung im Laufe der letzten, wechselvollen Jahrhunderte in Babylon sehr verändert hatte, blieb bis in das 1. Jahrhundert v. Chr. die Kenntnis der Keilschrift noch erhalten. Längst hatten die aramäische, die griechische und parthische Schrift und Sprache das Babylonische verdrängt. Es müssen aber noch immer einzelne kleine Zentren, wahrscheinlich an Heiligtümern bestanden haben, die diese schwierige Schrift und Sprache pflegten und ausübten. Häufig waren es astronomische Beobachtungen, die auf Tontafeln aufgezeichnet wurden. Auch der römische Schriftsteller Plinius wies im 1. Jahrhundert noch auf das Bestehen einer Astronomenschule in Babylonien hin. Neben diesen wissenschaftlichen Aufzeichnungen zeugen eine Reihe von Wirtschaftsurkunden, in Keilschrift auf Ton geschrieben, von der noch vorhandenen Kenntnis der Schrift und Sprache der Babylonier.

WIE SAH BABYLONS TEMPELTURM AUS?

Für die Rekonstruktion der Zikkurrat von Babylon stehen, wie der Streifzug durch die Baugeschichte dieser Heiligtümer zeigt, zahlreiche besser erhaltene Beispiele in Mesopotamien zur Verfügung. Darüber hinaus sind Bauinschriften und sogar Beschreibungen mit Maßangaben und näheren Einzelheiten vorhanden. So müßte es eigentlich leicht sein, sich das ursprüngliche Aussehen des Turmes vor Augen zu führen, ihn zeichnerisch oder als Modell zu rekonstruieren. Doch gerade das Gegenteil ist der Fall. Bis heute gibt es keine allgemein anerkannte Wiederherstellung, ist der Meinungsstreit um den Babylonischen Turm nicht beendet. Welche Gründe liegen dafür vor?

Um diese Frage zu beantworten, muß man verschiedene Fakten berücksichtigen. Zuerst ist auf den
V bei der Ausgrabung festgestellten Bauzustand hinzuweisen. Wie bereits beschrieben, zeichnet sich die Turmruine nicht als großer Hügel in der Landschaft

ab, sondern liegt zum Teil von Wasser, zum Teil von Schutt bedeckt, am Rande der Ebene, die südlich vom Hügel des Amran Ibn Ali überragt wird. Die jahrelangen Ziegelräubereien hatten den Zustand des Bauwerks schwer beeinträchtigt. Daran waren nicht nur die Bewohner der umliegenden Dörfer schuld, sondern auch offizielle Aktionen, bei denen auf Anordnung der türkischen Behörden die gebrannten Ziegel abgebrochen und beim Bau des Hindije-Staudammes verwendet wurden. Man hatte zu diesem Zweck sogar das Grundwasser abgepumpt, um möglichst tief an das begehrte Material heranzukommen. Der Wasserstand lag bei –3,3 Metern, die Ziegel wurden bis in 4 Meter Tiefe ausgebrochen.

Die Ausgrabung am Babylonischen Turm ■ Erst im Jahre 1913 bot der günstige Stand des Grundwassers – er lag im Bereich der Turmruine um 3,3 Meter niedriger als vorher – die Möglichkeit zu archäologischen Untersuchungen. Die Grabungen fanden vom 11. Fe-
bruar bis 7. Juni unter der Leitung von Robert Kol- 16
dewey mit nur wenigen Arbeitern statt, der Architekt Friedrich Wetzel war für die Bauaufnahme zuständig. In diesem kurzen Zeitraum konnte es nicht gelingen, die Oberfläche des Kernbaus abzuräumen. Trotz der ungünstigen Umstände ergaben seine Untersuchungen viele wesentliche Erkenntnisse, vor allem aber die Maße des Gebäudes. Friedrich Wetzel schrieb dazu: «Wir haben zunächst an der Nordost-Ecke des äußeren Mantels aus gebrannten Ziegeln eingesetzt, weil uns hier die Geländeverhältnisse am günstigsten schienen. Die Gepflogenheit der Ziegelräuber, die Kanten nicht mit auszubrechen, hat uns auch hier das für uns Wichtigste, die äußere Stirn, erhalten. Mit schmalen Gruben und kurzen Tunneln unter abstützenden Stegen sind wir dann der Nordstirn gefolgt.» [30]

Unter Berücksichtigung des ursprünglich etwa 14 Meter dicken und jetzt abgebrochenen Backsteinmantels der Zikkurrat ergaben sich Maße zwischen 91,48 und 91,66 Meter für die Seitenflächen des Ge-
bäudes. An der Südseite wurde, ausgehend von der
Südwest-Ecke, eine 8,2 Meter breite Treppe festge- 56
stellt, von der noch 18 Stufen teilweise erhalten waren. Der als Graben sich abzeichnende Fortsatz vor der Südwand des Turmes, der eine Länge von etwa 50 Metern und eine Breite von 10 Metern hatte, wurde als Überrest einer monumentalen Freitreppe erkannt. Das Mauerwerk war allerdings soweit verschwunden, daß teilweise nur noch die Abdrücke der Ziegel sichtbar waren.

Nach der Meinung von Wetzel stand das Lehmziegelmauerwerk des Kerns, das als Block von 61 Meter Kantenlänge vom Wassergraben umgeben ist, auf einem Bett von festgestampftem reinem Ton, der fast wasserundurchlässig war. In diesem Tonbett stellten die Ausgräber auf der Südseite zwei Holzanker, an der Ostseite hingegen zwei Höhlungen fest. Die Außenwände des mindestens vier Meter unter dem Normalwasserstand gegründeten Backstein-
mantels, der an den meisten Stellen weniger als zwei 57
Meter hoch erhalten war, zeigten, wie an altorientalischen Tempelwänden üblich, eine Gliederung durch Vor- und Rücksprünge. Nach den Beobachtungen an den höher anstehenden Resten der südwestlichen Seitentreppe zu urteilen, stiegen die Außenkanten des Mantels senkrecht an.

Auf diesen Ausgrabungsergebnissen aufbauend, die nur die Grundrißmaße der untersten Stufe des Turmes und das Vorhandensein von drei Treppen sicher nachgewiesen hatten, mußte nun die Diskussion über das Aussehen des Turmes von Babylon erfolgen. Um hier eine Lösung zu finden, wurden die verschiedenen Schriftquellen und vergleichbare Bauwerke herangezogen. Dabei ergaben sich zahlreiche Meinungsverschiedenheiten zwischen den einzelnen Forschern und recht unterschiedliche Rekonstruktionsvorschläge.

Die Esagila-Tafel ■ Als wichtigste, aber sehr problematische Grundlage für eine Rekonstruktion erwies sich die aus seleukidischer Zeit stammende sogenannte

Esagila-Tafel. Diese späte Kopie geht auf einen Text aus Borsippa zurück, der offenbar als Geheimdokument der Priesterschaft zusammengestellt worden war. In der Inschrift wird darauf hingewiesen, daß die Tontafel nur dem Weisen, also dem Eingeweihten, nicht aber dem Nichtweisen zugänglich gemacht werden darf. Die Tontafel aus Uruk konnte erst verhältnismäßig spät in die Diskussion um die Rekonstruktion des Turmes eingeschaltet werden, da sie jahrelang als verloren galt. Bereits 1876 hatte der englische Assyriologe George Smith den Text veröffentlicht, ohne jedoch Näheres über den Aufbewahrungsort der Tafel mitzuteilen. Viele im Verlauf der nächsten Jahre sich ergebende Fragen konnten deshalb nicht nachgeprüft werden. Erst 1912 tauchte die Tontafel in französischem Privatbesitz auf und gelangte 1913 in die Sammlungen des Louvre. Seitdem ist der wissenschaftlichen Forschung die eigentliche Grundlage zurückgegeben.

Aus dem Text der Tontafel ergeben sich viele Probleme, die vor allem in der Metrologie, dem dort verwendeten Maßsystem zu suchen sind. Für die Umrechnung der babylonischen Maßeinheiten gibt es bis heute keine feste Grundlage, da man im Altertum mehrere Systeme nebeneinander verwendet hat. Erst im Verlaufe der Forschungen stellte es sich heraus, daß in der Esagila-Tafel zwei Maßeinheiten, die Groß- und die Kleinelle, verwendet wurden. Der anfangs nach der Grabung von Robert Koldewey angefertigte Rekonstruktionsversuch basierte auf einer Umrechnung aller Maßangaben nach der Großelle
58 und erwies sich deshalb später als falsch.

Das in Babylonien seit Jahrtausenden übliche Sexagesimalsystem bildet die Grundlage aller Maße. Die Schreibung der Zahlzeichen mit Hilfe der Keilschrift ist nicht immer eindeutig aufzulösen. So hat bei mehrstelligen Zahlen die erste Stelle den größten Zahlenwert, die folgenden Stellen sind der sechzigste Teil der unmittelbar vorhergehenden Zahl. Eine besondere Schwierigkeit der Esagila-Tafel liegt darin, daß der offenbar sehr gelehrte Verfasser seine

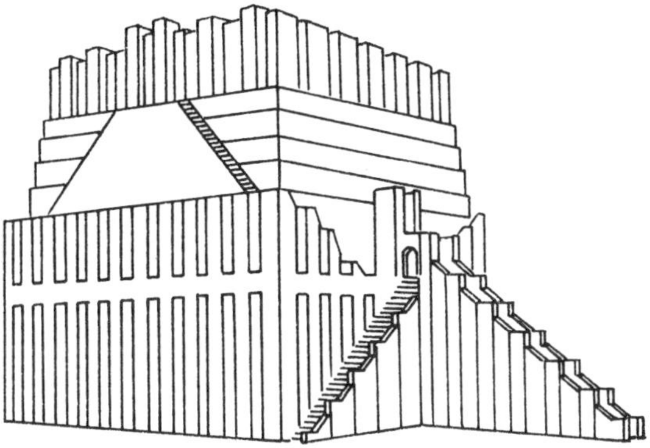

Rekonstruktion der Zikkurrat von Babylon nach R. Koldewey

Kenntnisse auf verschiedenen Gebieten der Mathematik unter Beweis stellen wollte. Er faßte deshalb den Umfang einiger Gebäude, unter anderem auch der Zikkurrat als bebautes Getreidefeld auf und rechnete aus, wieviel Saatgut für die Fläche gebraucht worden wäre. So heißt es im Text:

«Die Maße der Grundgrube von Etemenanki, Länge und Breite, dir zu betrachten,

3 suban (ist die) Länge, 3 suban die Breite mit 1 suklu-Elle gemessen. Seine Berechnung auszuführen nimm 3 mal 3,

das macht 9; 9 mal 2 = 18. Wenn du die Bedeutung dieser Zahl 18 nicht kennst, so wisse: sie entspricht 3 PI Getreidesaat, mit einer kleinen Elle gemessen:

Grundgrube Etemenanki Höhe wie Länge und Breite.» [31]

Die Umrechnung der hier aufgeführten Maßangaben muß nach den Grabungsergebnissen den Durchschnittswert von 91,55 Metern für die Seitenlängen des Turmes ergeben, was für die kleine Elle dem Wert von 50,86 Zentimetern entspricht, denn 1 Suban sind 60 Ellen. Es soll hier nicht näher auf die vielen mit der Umrechnung der Maße verbundenen Probleme eingegangen werden; schon diese wenigen Beispiele dürften ihre Kompliziertheit beleuchten.

Die Tontafel gibt auch über den Aufbau des Turmes wichtige Informationen und nennt für jede Stufe die Maße:

«15 Doppelruten Länge, 15 Doppelruten Breite, 5,5 Doppelruten Höhe: Lehmmauerwerk unterstes;
13 Doppelruten Länge, 13 Doppelruten Breite, 3 Doppelruten Höhe: Obergeschoß zweitens;
10 Doppelruten Länge, 10 Doppelruten Breite, 1 Doppelrute Höhe: Obergeschoß drittens;
8,5 Doppelruten Länge, 8,5 Doppelruten Breite, 1 Doppelrute Höhe: Obergeschoß viertens;
7 Doppelruten Länge, 7 Doppelruten Breite, 1 Doppelrute Höhe: Obergeschoß fünftens;
[5,5 Doppelruten Länge, 5,5 Doppelruten Breite, 1 Doppelrute Höhe: Obergeschoß sechstens;]
4 Doppelruten Länge, 3,75 Doppelruten Breite, 2,5 Doppelruten Höhe: Hochtempel siebentes, nebst Oberzimmer.» [32]

Das hier als Doppelrute übersetzte Maß heißt im Sumerischen Gar und hat, nach der kleinen Elle umgerechnet, den Wert von 6,1 Metern, was eine Höhe von insgesamt 91,5 Metern für den Turm ergibt. Wie die Beschreibung weiterhin zeigt, nahm die Höhe der Stufen nach oben hin ab. Nur der auf dem Gipfel stehende Hochtempel stellte mit einer Höhe von 15 Metern eine weithin sichtbare Dominante dar. An seinem Aussehen und der Raumgliederung im Inneren entzündete sich die Diskussion in der Wissenschaft ganz besonders, da in der Tafel auch darüber Angaben gemacht werden.

Probleme der Rekonstruktion ■ Ehe diese Frage erörtert wird, soll vorher auf die Beschreibung des Herodot eingegangen werden, in der er die Zikkurrat als achtstufig bezeichnete: «Mitten darin steht ein mächtiger Turm, ein Stadion lang und breit, und auf diesem ein zweiter, darauf noch einer, und so im ganzen acht Türme, immer einer auf dem anderen.» [33] Hat sich Herodot hier geirrt, hat er sich verzählt oder darf man wirklich im Gegensatz zur Beschreibung der Esagila-Tafel 8 Stufen annehmen? Auch darüber gibt es verschiedene Meinungen. Einige Forscher, zu denen vor allem der Archäologe Eckhard Unger gehörte, interpretierten die Angaben des Herodot dahingehend, daß er das im Boden ruhende Fundament des Turmes als unsichtbaren, in der Unterwelt verankerten Gegenbau auffaßte und mitzählte. Andere

Rekonstruktion der Zikkurrat von Babylon nach E. Unger

hingegen tendierten zu der Erklärung, daß der 15 Meter hohe Hochtempel auf der Spitze der Zikkurrat eigentlich zweigeschossig war und sich diese Geschoßeinteilung auch rein äußerlich absetzte, so daß Herodot fälschlich acht Stufen zählte. Es ist schwer, darauf eine schlüssige Antwort zu geben; im folgenden werden wir darauf noch einmal kurz zurückkommen.

Es gibt auch eine Reihe von Wissenschaftlern, die die Angaben der Esagila-Tafel aus Uruk für nicht zuverlässig hielten und dem Zeugnis des Herodot größeres Gewicht beimaßen, doch wurden diese Theorien in den letzten Jahren weniger beachtet.

Wenn man die bei den Ausgrabungen gewonnenen Maße für die Zikkurat in Beziehung setzt zu den Angaben der assyrischen und babylonischen Könige in ihren Bauinschriften, so ergeben sich ebenfalls eine Reihe von Fragen. Asarhaddon hatte nämlich von einem Turmbau mit den Grundmaßen von 180 Ellen gesprochen, die dem gefundenen Bauwerk in Babylon entsprechen. Da man aber nur den Kern aus ungebrannten Ziegeln für ein Werk des assyrischen Königs hielt und den Backsteinmantel für eine spätere Zutat der neubabylonischen Herrscher, ergaben sich Konflikte. Bei dieser Sachlage konnten die Angaben der Tontafel aus Uruk entweder die assyrische oder die neubabylonische Zikkurat beschreiben, wenn es sich nicht nur um eine Planvorlage handelte, die dann abgeändert wurde. Der Ausgräber Robert Koldewey hielt allerdings an seiner Meinung fest, daß der Kernbau des Turmes älter sei als die seiner Ansicht nach aus neubabylonischer Zeit stammende Ummantelung. Es konnte lange zwischen den Meinungen der Forscher keine Übereinstimmung erzielt werden, und es blieb noch immer offen, wie sich Kernbau und Mantel des Turmes zeitlich zueinander verhalten. Man half sich schließlich mit der Annahme, daß die vorhandenen Turmreste überhaupt nicht in die neubabylonische Zeit gehören, sondern vom Bau des assyrischen Königs Asarhaddon stammen. Nabopolassar und Nebukadnezar hätten ihren Bau dann auf den noch anstehenden Bauteilen der assyrischen Zikkurat weiterführen müssen, was sich jedoch nicht mit ihren eigenen Aussagen in den Inschriften deckt.

Auf der Spitze des Babylonischen Turmes befand sich, wie übereinstimmend in den Inschriften berichtet wird, ein Hochtempel. Dieses Gebäude, das in Religion und Kult der Babylonier eine wichtige Rolle spielte, wurde ebenfalls in der Tontafel des Anubelschunu beschrieben. Die Tontafel vermerkt für den Tempel die Maße von 24 mal 22,5 Metern und eine Höhe von 15 Metern, wobei ausdrücklich auf den Ausdruck Oberzimmer hingewiesen wird. Es enthielt nicht nur das Allerheiligste des Gottes Marduk, sondern auch Räume für die Götter Nabu und Taschmetum, den Gott der Wassertiefen Ea, den Gott des Feuers Nusku sowie für Anu und Enlil, die alten Beherrscher des babylonischen Pantheons. Diese Räume lagen wahrscheinlich um einen Mittelhof konzentriert. In der Esagila-Tafel ist ferner von einem Betthaus die Rede, das vielleicht mit der Cella des Marduk gleichzusetzen ist. Darin waren sein Bett von «neun Ellen Länge, vier Ellen Breite, Bett und Thron standen einander gegenüber».[34] Dieses riesige Bett, 4,5 Meter lang und zwei Meter breit, wird auch bei Herodot und anderen Schriftstellern erwähnt. Eine Treppe führte in ein «sahuru» genanntes Gemach, das sich möglicherweise in einer oberen Etage des Turmes befand.

Nebukadnezar beschrieb den Hochtempel in einer seiner Inschriften wie folgt: «Und Etemenanki, den Stufenturm von Babylon, mit Asphalt und hellblau emaillierten Ziegeln ließ ich ihn ergänzen wie der Tag. Zu seinen Zimmerdecken verwendete ich gewaltige Zedernstämme reichlich.»[35] Vielleicht darf man auch annehmen, daß am Tempel mächtige Stierhörner aus Bronze, die Zeichen der Göttlichkeit, angebracht waren. Ein solcher Schmuck ist für die Zikkurat von Susa durch eine Inschrift des Assurbanipal und durch die Darstellung auf einem Relief desselben Königs bezeugt.

Eine weitere, viel diskutierte Frage im Zusammenhang mit dem Turm in Babylon ist der Verlauf der Treppen. Die Ausgrabungen hatten zwei an der Südseite des Massivs aufsteigende Seitentreppen und einen weit vorspringenden monumentalen Mittelaufgang festgestellt. Da sie aber nur in den unteren Mauerschichten vorhanden bzw. noch in Spuren sichtbar waren, gab es über ihren weiteren Verlauf wenig Anhaltspunkte. Aus der Tontafel des Anubelschunu waren keine Informationen über den Aufgang zum Turm zu gewinnen. Herodot hingegen schrieb: «Außen um die Türme herum führt eine Wendeltreppe nach oben. Auf halber Höhe ist ein

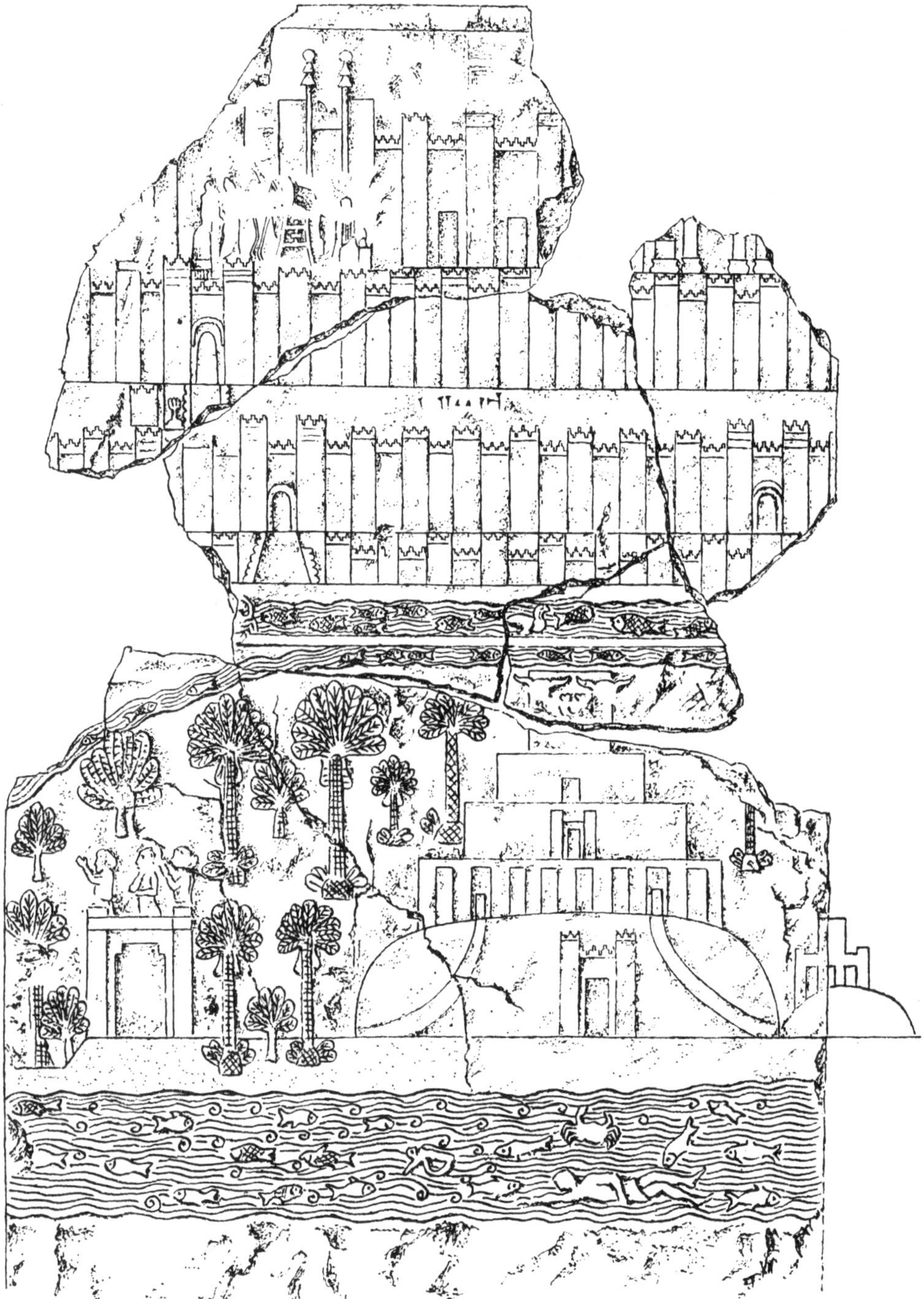

Assyrisches Relief aus Ninive, vermutlich mit Darstellung der Zikkurrat von Susa, an der große Stierhörner befestigt sind.

Ruheplatz mit Bänken, wo man sich beim Aufstieg hinsetzen und ausruhen kann.»[36] Seine Worte wurden in der Wissenschaft viel diskutiert, und es gab verschiedene Übersetzungen der von ihm verwendeten Vokabel *kyklo,* die kreisförmig oder ringsherum heißen kann. Daß man es im unteren Teil des Turmes nicht mit einer «Wendeltreppe» zu tun hat, zeigten die archäologischen Fakten. Wie jedoch der Aufgang zu den oberen Stockwerken verlief, ist nicht

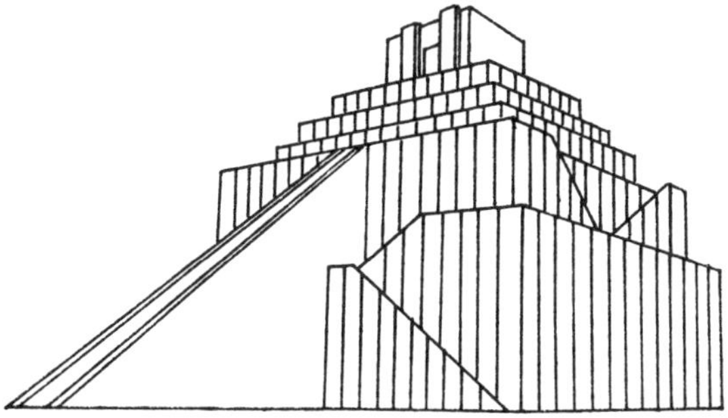

Rekonstruktion der Zikkurrat von Babylon nach G. Martiny

klar. Eine von Günther Martiny – und später auch von Walter Andrae – vorgeschlagene Ergänzung besitzt gegenüber den anderen vor und nach ihm vorgelegten Rekonstruktionen größere Wahrscheinlichkeit. Nach seinen Angaben wurde das im Vorderasiatischen Museum in Berlin befindliche Modell der
61 Zikkurrat von Babylon angefertigt.

Die Mitteltreppe des Turmes mit einer Breite von 9,35 Metern setzte etwa 50 Meter vor dem Gebäude an und stieg, wie man es heute noch in Ur sehen kann, schräg zum Massiv hin auf. Der Neigungswinkel der Treppe kann mit ungefähr 36° angenommen werden; sie gelangte dann ungefähr in Höhe der zweiten Etage zum Turm. Die Seitentreppen trafen unterhalb der ersten Stufe zusammen. Die Rekonstruktion von Martiny nimmt für den weiteren Aufstieg kleinere, unmittelbar am Turmmassiv aufstrebende Treppenläufe an, die sich auf der Ost- und Westseite des Gebäudes befanden.

Rekonstruktion der Zikkurrat von Babylon nach Th. Dombart

62 Ein anderer, von Th. Dombart vorgelegter Rekonstruktionsvorschlag sah vor, daß die Mitteltreppe im zweiten Geschoß endet und von dort, ähnlich wie bei der von Place rekonstruierten assyrischen Zikkurrat von Chorsabad, eine schräg aufsteigende Rampe, ringsherum laufend, zum obersten Tempel führte. Ein weiterer Rekonstruktionsversuch stammt von
59, 60 Walter Andrae und wurde in der Forschung viel diskutiert. Bei dieser Wiederherstellung wird angenommen, daß die Mitteltreppe von unten her in einer glatten Bahn direkt bis zum Gipfeltempel verlief. Daneben sollten aber, wie beim Entwurf von Martiny, die Seitentreppen am Massiv erhalten bleiben. Andrae stützte seine Idee durch die Vermutung, daß

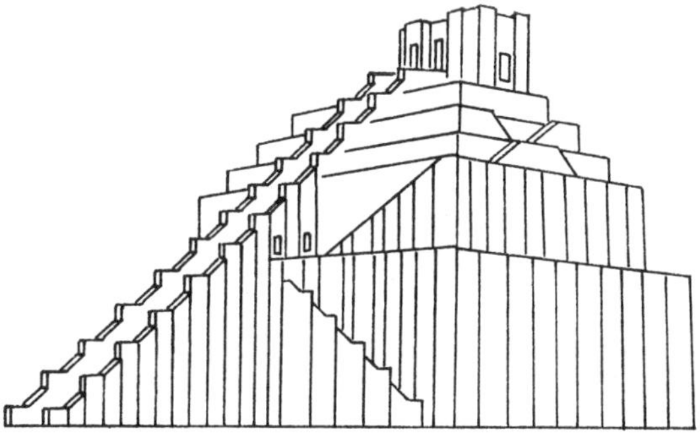

Rekonstruktion der Zikkurrat von Babylon nach W. Andrae

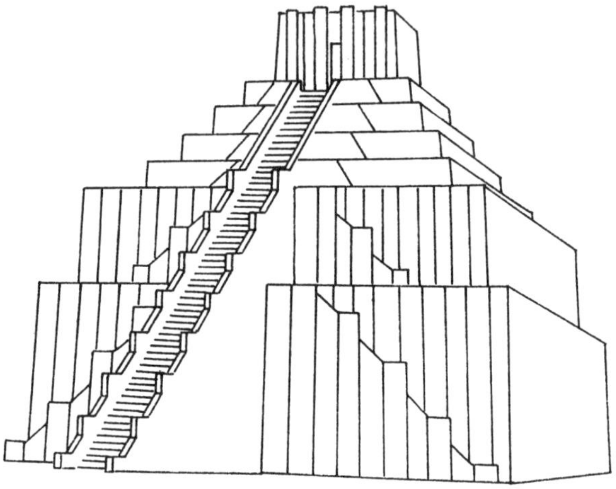

Rekonstruktion der Zikkurrat von Babylon nach A. Moberg

die Mitteltreppe am Turm der symbolischen Benutzung durch den Gott vorbehalten blieb und nur die Seitentreppen den Menschen gestattet waren. Später allerdings neigte er mehr zu dem schon oben angeführten Aufbau von Günther Martiny, der heute der am weitesten verbreitete ist.

Zahlreiche Überlegungen wurden in der Forschung über die Orientierung der Zikkurrat von Babylon angestellt. Wie aus Inschriften hervorgeht, war die Orientierung von Bauwerken im Altertum unter Berücksichtigung verschiedener Gesichtspunkte, vor allem durch astronomische Beobachtungen erfolgt. Es wurden hierbei nicht unbedingt die Himmelsrichtungen Nord, Süd, Ost, West streng eingehalten, sondern der Stand von Gestirnen war ausschlaggebend. Dieser Faktor könnte auch beim Babylonischen Turm, dessen Achse um etwa 20° von der exakten Nord-Süd-Richtung abweicht, mitgesprochen haben. Es gibt darüber eine Reihe von scharfsinnigen Untersuchungen und viele Spekulationen, die jedoch alle nicht zu überzeugen vermögen.

Eine andere Erklärung für die Orientierung der Gebäude, vor allem der Tempel, schlug der Archäologe Eckhard Unger vor, der annahm, daß die Windrichtungen eine Rolle spielten. Da in Mesopotamien die Hauptwindrichtungen Nordwest–Südost, Südwest–Nordost verlaufen, hielt er sie für ausschlaggebend. In manchen Texten findet sich die Formulierung, daß sich die Götter durch den Windhauch offenbaren. Unger nahm das als Grundlage für seine Theorie, daß auch die Tempel auf die Windrichtungen Bezug nehmen. Doch fand er dafür, wie für manche andere von ihm geäußerten Vorschläge, in der Wissenschaft keine Zustimmung.

Das war ein kurzer Blick in die umfangreiche Literatur zu den Problemen des Babylonischen Turmes, die vor allem in den zwanziger und dreißiger Jahren veröffentlicht wurde, als nach dem Bekanntwerden der Ausgrabungsergebnisse von Babylon die Diskussion verstärkt einsetzte. In vielen Fällen konnte zwischen den Meinungen der Forscher keine Übereinstimmung erzielt werden, und es gibt noch immer zahlreiche offene Fragen. Um sie einer Lösung näher zu bringen, sind archäologische Untersuchungen unbedingt notwendig. Zwar hat man bis heute noch keine grundlegende Ausgrabung am Turm beginnen können, doch haben bereits die 1962 von einer Arbeitsgruppe des Deutschen Archäologischen Instituts der Bundesrepublik Deutschland durchgeführten Untersuchungen an der Turmruine wichtige Ergebnisse erbracht.

Neue Untersuchungen am Turm ■ Der leitende Architekt
Hansjörg Schmid traf dabei auf ungünstigere Um- 64
stände als Friedrich Wetzel 1913, da das Grundwasser in Babylon schon lange wieder seinen Normalstand erreicht hat. Es kam bei dem Unternehmen darauf an, die Bauaufnahme der früheren Ausgrabung zu überprüfen und die weiteren Untersuchungen mit den bisherigen Ergebnissen zu verbinden. Soweit es der Wasserstand zuließ, konnte man die
Außenfläche des Lehmziegelkerns reinigen und einen 68
Schnittgraben über dem Massiv anlegen, der über die Bauschichten Auskunft geben sollte. H. Schmid stellte bei seinen Arbeiten fest, daß der massive Lehmzie-

gelkern der Zikkurrat in Abständen von jeweils sieben Schichten von Schilflagen durchzogen war, wie sie in Uruk und Aqarquf noch besser erhalten sind. Außerdem zeigten sich über den von Wetzel beob-
69 achteten beiden Holzankern eine ganze Reihe solcher Anker in regelmäßigen Abständen im Lehmziegelmauerwerk. Ihre Funktion ließ sich ebenfalls jetzt klären. Das Kernmauerwerk der Zikkurrat ist nämlich nicht so homogen, wie man bisher angenommen hatte, sondern zeigt gewisse Unterschiede. Es hatten offenbar mehrere Umbauten und Restaurierungen der Lehmziegelzikkurrat stattgefunden, in deren Verlauf dieser Bau mit einem Mantel aus ungebrannten Ziegeln verkleidet wurde. Dieser Mantel war, nach Ansicht von Schmid, mit Hilfe der Holzanker am Kern angeheftet worden: Man hatte die Holzanker von außen in regelmäßigen Abständen in das Mauerwerk getrieben. Doch dürfte dieser Konstruktion keine allzu lange Lebensdauer beschieden gewesen sein, da sich vermutlich Kern und Schale unterschiedlich stark auf dem nachgebenden Boden absetzten und es dadurch zu Rissen kam.

In einer späteren Phase, als eine gründliche Er-
67 neuerung des Turmes nötig wurde, hatte man diese Ummantelung bis auf geringe Reste entfernt. Bei dieser Arbeit blieben wahrscheinlich die unterhalb der

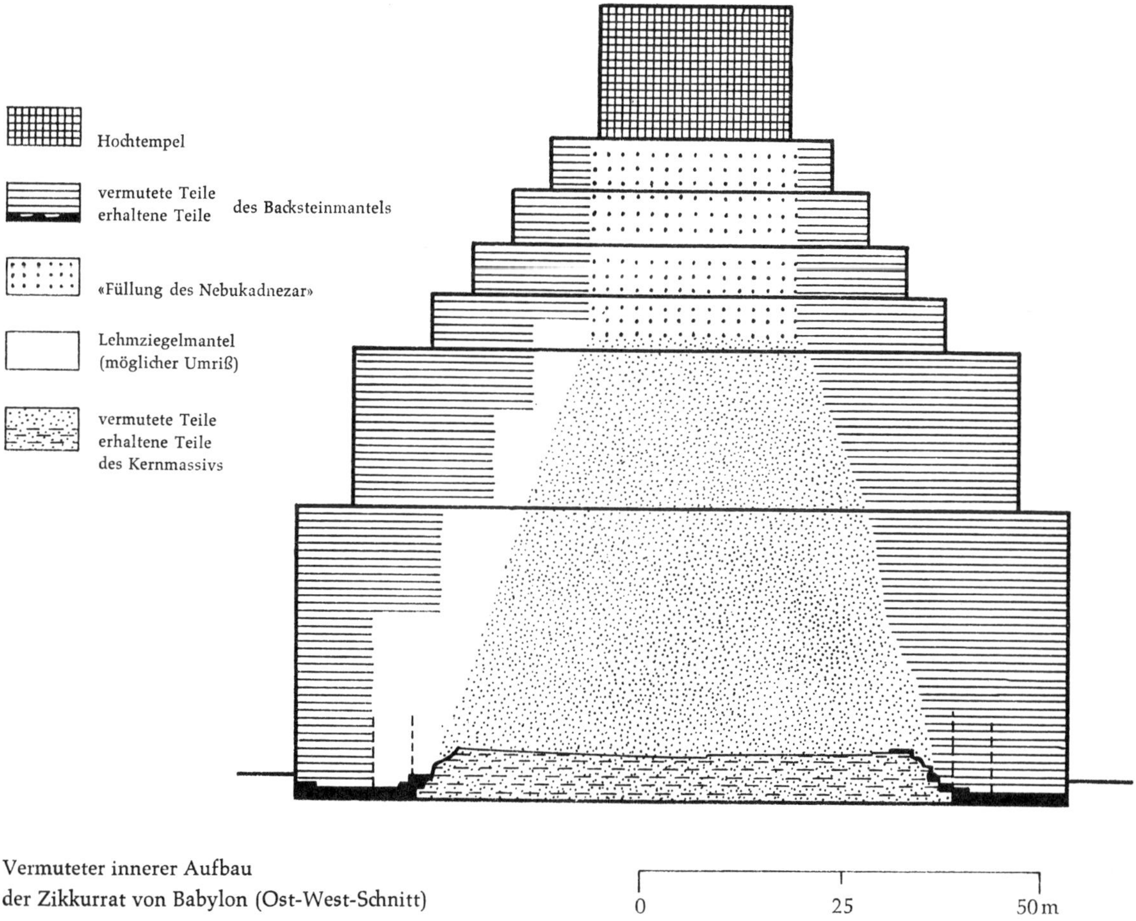

Vermuteter innerer Aufbau
der Zikkurrat von Babylon (Ost-West-Schnitt)

Benutzungsebene liegenden Mauerteile stehen, die später, während der Ausgrabung von Wetzel, als dichte, undurchlässige Tonschicht aufgefaßt wurden. Es handelte sich nicht um eine «Tonbettung», auf die der Turm gestellt worden war, sondern um zusammengepreßtes Lehmziegelmauerwerk.

In der folgenden Bauphase wurde der alte Lehmziegelkern, der also mindestens aus zwei verschie- 66
denen Perioden stammt, von dem dicken Mantel aus gebrannten Ziegeln mit Asphaltverguß umgeben. Bei dieser Konstruktion war es nicht mehr notwendig, Mantel und Kern mit Hilfe der Holzanker zu verbinden.

Diese Beobachtungen konnten auch für die Baugeschichte und die zeitliche Festlegung der einzelnen Phasen des Gebäudes ausgewertet werden, indem sie den inschriftlichen Zeugnissen gegenübergestellt wurden. Nabopolassar, der erste König der chaldäischen Dynastie, fand die vom assyrischen König Asarhaddon errichtete Zikkurrat in ruinösem Zustand vor und beschloß eine grundlegende Erneuerung. In seiner Inschrift (siehe S. 90) sprach er davon, daß er den Grundriß von Etemenanki neu bestimmen und das Fundament in der Grundgrube legen ließ. Man darf annehmen, daß der Kern der alten Zikkurrat stehenblieb. Er ließ die brüchigen Teile abbrechen und den Schutt abräumen, anschließend wurde in einer Grundgrube mit gebrannten Ziegeln die neue Ummantelung der Zikkurrat mit den Maßen 91,5 mal 91,5 Meter gelegt. Wie Nebukadnezar später erklärte, gelang es seinem Vater jedoch nur, «die vier Wände außenherum aus Asphalt und Backstein 30 Ellen hoch aufzurichten, das Haupt der Zikkurrat hatte er nicht erhöht». Nebukadnezar fährt dann fort: «Die Gesamtheit der Menschen weithin wohnender Völker, die Marduk, mein Herr, mir geschenkt hatte: beim Bau von Etemenanki ließ ich sie Arbeit nehmen und legte ihnen den Ziegelkorb auf. Seinen Unterbau füllte ich 30 Ellen mit einer hohen Füllung. Feste Zedernstämme, große Stämme von Meschmakanna-Holz überzog ich mit Bronze und verwendete sie in großer Zahl.» [37] Aus diesem Wortlaut ergab sich die große Frage, wohin Nebukadnezar diese «Füllung» gelegt hatte. Bisher hatte man sie im unteren Kern der Zikkurrat gesucht, kam aber dann mit dem Bericht der beiden Könige in Konflikt. H. Schmid schlägt nun vor, daß Nebukadnezar diese «Füllung aus Lehmziegeln, 30 Ellen hoch» auf die anstehenden Reste des älteren Bauwerks, das Nabopolassar ummantelt hatte, aufbringen ließ. Er wollte also den Bau in der gleichen Weise wie begonnen, das heißt mit einem Kern aus Lehmziegeln und einem dicken Mantel aus Backsteinen, fortführen. Auf diesem Unterbau erhob sich dann die von ihm beschriebene «wohlbehütete Götterkammer», der Hochtempel für Marduk.

Dieser hier angenommene Bauablauf läßt deutlich werden, welche ungeheuren Anstrengungen die Anlage eines solchen Riesenbaus erforderte. Schon ein Gebäude aus ungebrannten Ziegeln war aufwendig, noch mehr aber, wenn man einen Mantel von etwa 18 Meter Stärke aus gebrannten Ziegeln herstellen ließ. Um das zu verdeutlichen, soll die Berechnung von Hansjörg Schmid angeführt werden. Man brauchte bei Verwendung des damals üblichen quadratischen Ziegels 100 Ziegel für einen Kubikmeter; das bedeutet, daß allein Nabopolassar für den von ihm erreichten 30 Ellen hohen Bau (je nach verwendetem Maßsystem als 15,26 oder 22,89 Meter umzurechnen) 10 beziehungsweise 14 Millionen Ziegel herstellen lassen mußte. Die Zahlen machen eine Bauzeit von über 40 Jahren glaubhaft, die ein apokrypher Text für den Babylonischen Turm überliefert. Ebenso darf man Nebukadnezar glauben, wenn er von einem sehr großen Aufgebot von Menschen spricht, die er für die Bauarbeiten in Babylon heranzog.

Durch die neuen Untersuchungen am Turm kann noch ein weiterer, bisher unklarer Punkt in der Geschichte des Bauwerks aufgegriffen werden. Es handelt sich um Herodots Beschreibung der äußeren Gestalt der Zikkurrat. Bei der Grabung ließ sich erkennen, daß offensichtlich die gewaltige Mitteltreppe

VI
Schmelzziegelrelief vom Ischtar-Tor in Babylon mit Schlangendrachen

längere Zeit vor der endgültigen Zerstörung der ge-
65 samten Anlage gewaltsam vom Massiv abgebrochen und zerstört worden war. Der auch schon von früheren Forschern erwogene Gedanke, daß die Mitteltreppe vom persischen König Xerxes 482 v. Chr. abgerissen worden sei, erhält jetzt neue Stützung. Nach der gewaltsamen Niederwerfung eines Aufstandes der Babylonier ließ er die Statue des Marduk einschmelzen und wohl auch die Mitteltreppe der Zikkurrat abreißen, um das Gebäude offiziell unzugänglich zu machen. Als Herodot wahrscheinlich 458 v. Chr. nach Babylon kam, sah er den Turm bereits in halbverfallenem Zustand. Da die Mitteltreppe nicht mehr vorhanden war, hielt er vermutlich einen noch teilweise sichtbaren Seitentreppenlauf für den ursprünglichen Hauptaufgang. So wurde in ihm die Vorstellung von einer um den Turm herumlaufenden Rampe erweckt, und er sprach von einem Aufgang «im Kreis». Auch seine Behauptung von den acht Stufen der Zikkurrat ließe sich mit dem schlechten Erhaltungszustand des Bauwerks erklären, das kein klares Bild seiner äußeren Form mehr zeigte.

Das Hauptheiligtum des Marduk ■ Nach diesem Exkurs zu den neuesten Forschungen am Babylonischen Turm kehren wir zurück zu den Ausgrabungen von Robert Koldewey. Man hatte damals festgestellt, daß
60, 63 der Stufenturm in einem großen, von Mauern umschlossenen Hof lag. Dieser riesige, etwa 400 mal 400 Meter messende doppelte Mauerring enthielt eine Reihe von Räumen und war durch insgesamt zwölf Tore zugänglich. Die Westmauer des Heiligtums verlief ungefähr parallel zu der später vom neubabylonischen König Nabonid errichteten Ufermauer am Euphrat; sie war mit drei Toren versehen. Die Nordmauer zog sich an einem noch in neubabylonischer Zeit existierenden Kanal entlang und enthielt wahrscheinlich ebenfalls drei Tore. Diese beiden Mauern waren mit Vor- und Rücksprüngen sowie mit Türmen versehen, die Tore flankierten einfache Türme. An der Ostseite begrenzte die Ziegelmauer die eine Seite der Prozessionsstraße, die vom Heiligtum ausgehend durch die Stadt, an den Palä-
VII sten vorbei das Ischtar-Tor passierte und bis zum Neujahrsfesthaus hinführte. Der farbenprächtige Schmuck der Straße mit reliefierten Schmelzfarbenziegeln befand sich nur an dem außerhalb der Stadt verlaufenden Teil. Im Stadtgebiet konnte man diese wichtige Straße jedoch an ihrer Breite und an der Pflasterung mit großen Steinplatten sofort erkennen. Ein breites Tor führte von der Straße kommend in den Hof und direkt auf den Turm zu. Am Tordurchgang lag eine Reihe von großen Gebäuden, die man als Magazine des Heiligtums gedeutet hat. Sie hatten schmale, nebeneinander liegende Kammern, die wohl für die Aufbewahrung der Vorräte und Materialien der großen Tempelwirtschaft benutzt wurden. Wahrscheinlich befanden sich hier auch Wohnungen von Magazinverwaltern und Priestern. In einem der Räume entdeckte man bei der Ausgrabung
74 ein großes Steingewicht in Form einer liegenden Ente, auf dem inschriftlich die Gewichtsmaßeinheit als 1 Talent angegeben wurde. Außer diesem monumentalen Tor lag noch ein weiterer kleinerer Durchgang im nördlichen Teil der Ostmauer.

Die Prozessionsstraße machte an der Südost-Ecke des Mauerrings von Etemenanki eine Biegung und verlief parallel zur Südmauer des Heiligtums direkt auf die über den Euphrat führende steinerne Brücke zu. Diese dem Tieftempel von Esagila zugewandte Mauerfront enthielt vier gleichartige, mit Höfen ausgestattete Tordurchgänge. Sie dürften als Verbindung zwischen Tieftempel und Turm eine wichtige Rolle gespielt haben. Auf ihre Funktion und auch die mögliche Verwendung der anderen Tore soll im nächsten Kapitel im Zusammenhang mit den Festen näher eingegangen werden.

Von den Ausgräbern wurde auf Grund der For-

VII
Rekonstruktion des Ischtar-Tores von Babylon mit Hilfe von originalen Ziegelbruchstücken im Vorderasiatischen Museum zu Berlin

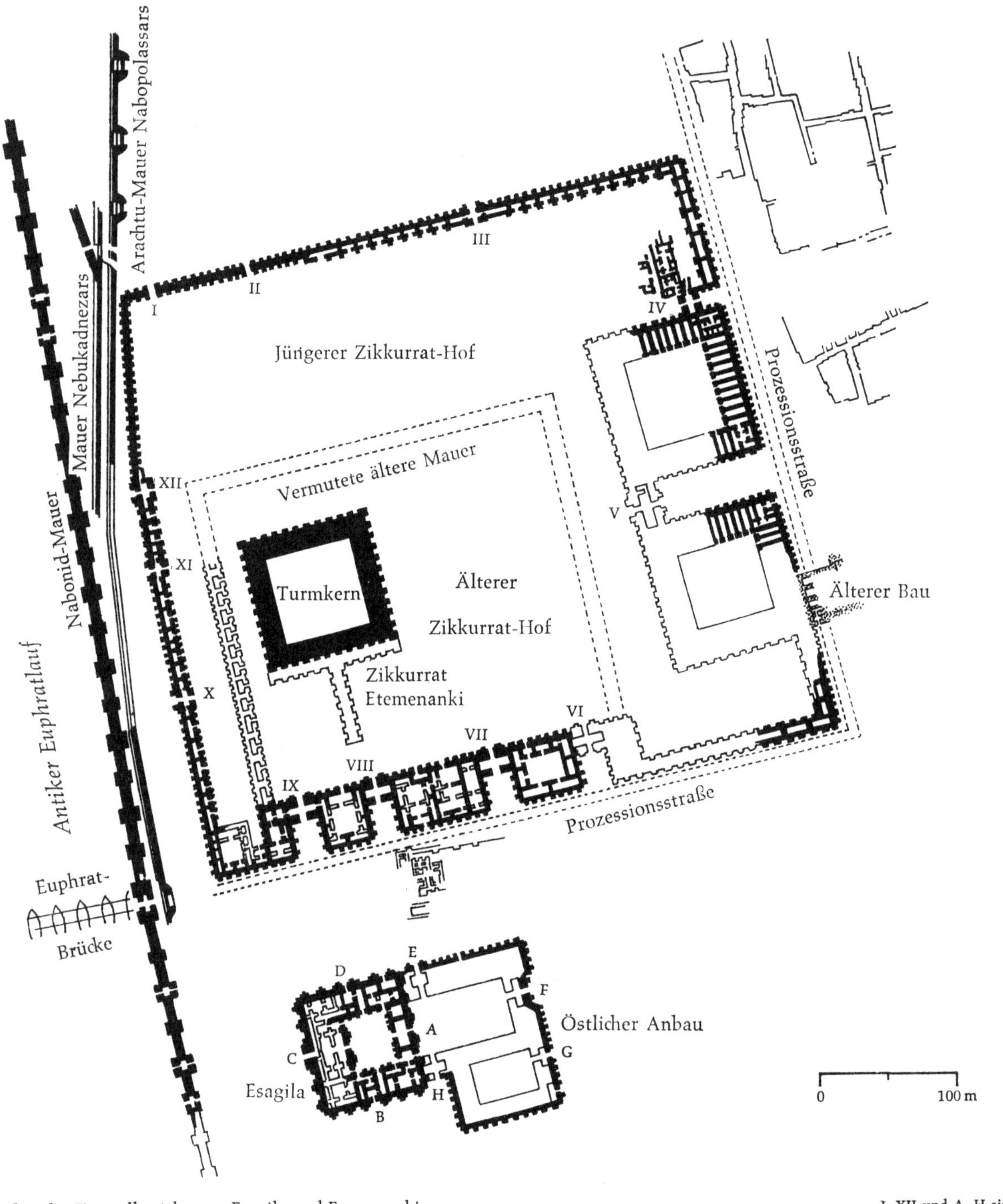

Plan der Tempelbezirke von Esagila und Etemenanki

I–XII und A–H sind Tore

schungsergebnisse angenommen, daß die Zikkurrat ursprünglich von einem wesentlich kleineren Mauerring umschlossen war, der möglicherweise auch später noch den eigentlichen heiligen Bezirk innerhalb des großen Hofes abgrenzte. Diese Beobachtungen konnten auf Grund der ungünstigen Grabungsumstände nur an wenigen Punkten von intensiveren Nachforschungen gestützt werden, so daß sie nicht eindeutig klar sind.

Wie die Ausgrabungen in zahlreichen Heiligtümern Mesopotamiens ergeben haben, gehörten Turm und Tieftempel gewöhnlich eng zusammen. Häufig waren sie entweder in unmittelbarer Nähe befind-
63 lich oder direkt zusammengebaut. Hier in Babylon lag der Turm allein innerhalb eines riesigen Hofes, und der Tieftempel war außerhalb davon errichtet worden. Die Schwierigkeiten, die sich den Ausgräbern bei der Erforschung des Heiligtums von Esagila

1 Cella des Ea
2 Cella des Marduk
3 Cella der Sarpanitum
4 Cella der Taschmetum
5 Cella des Nabu
A–D sind Tore

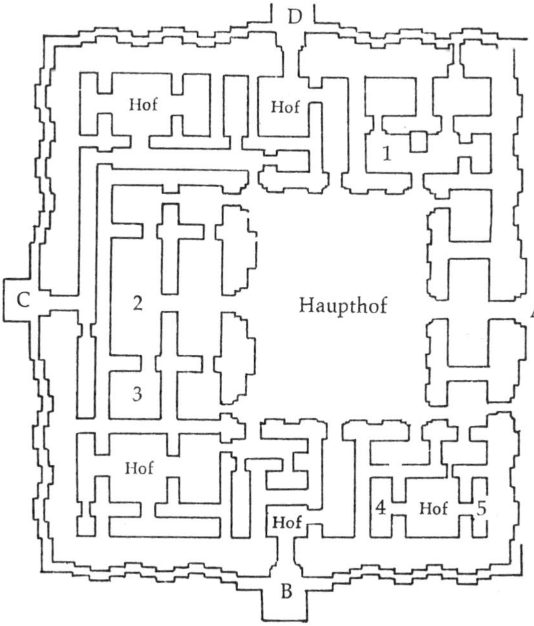

Grundriß des Hauptgebäudes von Esagila

entgegenstellten, haben verhindert, daß das ganze Gelände genauer untersucht werden konnte. So ist nicht auszuschließen, daß der Tieftempel ebenfalls von einer eigenen Umfassungsmauer umgeben war. Esagila war ein ursprünglich fast quadratisches Bauwerk, an das im Osten ein großer, von Mauern umschlossener Anbau angefügt worden war. Entsprechend der jahrtausendealten Bautradition des Alten Orients waren die fensterlosen, geschlossenen Außenmauern durch gestufte Vor- und Rücksprünge gegliedert. Ein von Türmen eingefaßtes Tor in der Mitte jeder Seite des Hauptbaus führte in das Innere des Gebäudes. In seinem Zentrum lag ein Hof, von dem aus die einzelnen Heiligtümer zu betreten waren.

Wegen der riesigen über Esagila aufgetürmten Schutthügel war an eine normale Ausgrabung und Abtragung nicht zu denken. Koldewey hatte deshalb die Schacht- und Suchgrabenmethode gewählt, um wenigstens die wichtigsten Informationen über diesen Haupttempel der babylonischen Religion zu erhalten. Er konnte auf diese Weise zwar den Verlauf der Mauern festlegen, aber nur ungenügend auf Kleinfunde achten oder größere Flächen freilegen. Die Ausgangssituation verhinderte auch eine intensivere Durchforschung der Raumtrakte, so daß der westlich vom Haupthof gelegene Teil kaum bekannt ist. Das gleiche gilt auch für das Innere des sogenannten Anbaus, wo nur die Außenmauern verfolgt wurden. Die Grabungen ließen einen recht guten Erhaltungszustand der Tempelmauern erkennen, die sich in dem sie überdeckenden Sand und Schutt teilweise bis zu 10 Meter Höhe erhalten hatten. Man darf unter Hinzufügung des oberen Wandteiles und des Daches mit einer Innenraumhöhe von etwa 12 Metern rechnen. Verschiedene Bauperioden und Restaurierungen des Tempels ließen sich durch Raumerhöhungen und auch durch den Einbau neuer Fußböden erkennen.

Die schon so oft erwähnte Esagila-Tafel bietet auch für den Tempel wichtige Informationen, da sie einige Raumtrakte und ihre Maße nennt. Weitere

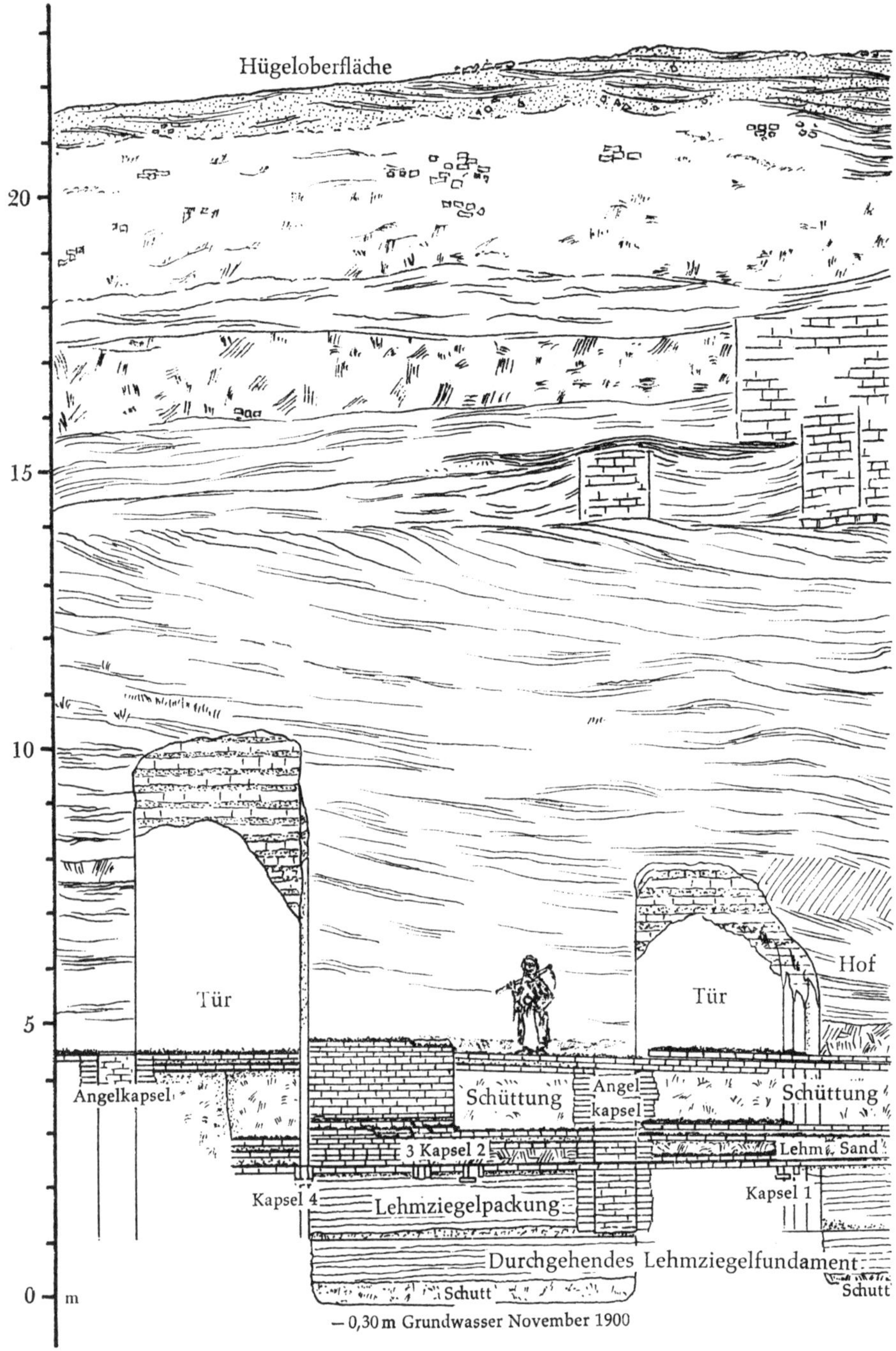

Schnitt durch den Hügel Amran Ibn Ali im Bereich des vermutlichen Kultraumes des Ea im Tempel Esagila. Erkennbar sind die noch anstehenden Mauern und verschiedene Fußbodenerhöhungen.

Nachrichten über das Innere des Heiligtums sind Bauinschriften der assyrischen und babylonischen Könige zu entnehmen. Sie rühmen sich darin der
54 Ausgestaltung einzelner Göttergemächer. Ferner ist auch auf religiöse Texte, Rituale und Kultbeschreibungen zurückzugreifen, die zur Kenntnis der im Tempel befindlichen Kulträume beitragen. Esagila, der Haupttempel des Marduk, enthielt nicht nur die Cella des Gottes und die seiner Gemahlin Sarpanitum, sondern auch weitere Kultstätten für bedeutende Götter des babylonischen Pantheons. Zu ihnen gehörten Nabu und Taschmetum, deren zentrales Heiligtum im benachbarten Borsippa liegt, sowie Ea, der Gott der Wassertiefen. Ihre Kulträume konnten innerhalb von Esagila mit einiger Sicherheit bestimmt werden. In dem an der Nordost-Ecke des Tempels liegenden Raumtrakt erkannte Koldewey die Cella des Gottes Ea. Das Allerheiligste enthielt an seiner Nordwand eine Nische, vor der ein Lehmziegelpostament aufgebaut war. Auf dessen mit Asphalt überzogener Oberfläche konnten noch die Abdrücke eines längst verbrannten, reich verzierten Thrones gesichert werden. Die nach den Spuren genommenen Abdrücke, Zeichnungen und Rekonstruktionsversuche ließen einen kastenförmigen Hocker erkennen, dessen Seitenpfosten von Göttinnen mit langwallenden Gewändern und einem Gefäß in den Händen getragen wurden. In diesen Frauenfiguren darf man die in der Kunst des Alten Orients so beliebten Wassergötter erkennen, die durch das überfließende Gefäß gekennzeichnet werden und die zu den Begleitern des Ea gehören. Ein Fisch und Teile eines Schlangendrachen, deren Abdrücke neben dem Thron gefunden wurden, gehörten wohl ebenfalls zur Dekoration des Möbelstücks. Auf diesem kostbaren Thron saß sicherlich einmal die Statue des Gottes Ea, die — ebenso wie fast alle anderen Götterbilder und Kultdenkmäler — fortgeschleppt oder zerstört worden ist. Außer den hier aufgeführten Göttern waren ehemals noch weitere Cellen für Götterfiguren oder Kultsymbole im Tempel bestimmt.

Das Allerheiligste des Marduk, das im westlichen Teil des Gebäudes vermutet wird, konnte Koldewey damals nicht mehr freilegen. Von der einstmals vorhandenen prächtigen Ausstattung gerade dieser Räume sprechen zahlreiche Inschriften. So erwähnte einer der kassitischen Könige der zweiten Hälfte des 2. Jahrtausends v. Chr. besonders die mit Bronzebändern beschlagenen Türen sowie an den Durchgängen aufgestellte Tiere und Fabelwesen. Der Tempel muß in seiner Blütezeit unermeßliche Reichtümer besessen haben, denn außer den Geschenken in Form kostbarer Kultgegenstände und Ausstattungsstücke ließen die Könige von Babylon dem Heiligtum auch Privilegien, Steuerfreiheit, Landbesitz und Sklaven übereignen.

Während der Grabungen Koldeweys entdeckte man in unmittelbarer Nähe vor der Südfront des Heiligtums in einem Hausgrundriß der parthischen Zeit einige geflochtene Körbe, in denen offensichtlich Rohmaterial für die Perlenherstellung lag. Ein Teil der Steine war unbearbeitet, der andere aber stammte wohl von Statuen und Kultgegenständen. Einige dieser Gegenstände, die großenteils aus Halbedelsteinen — Lapislazuli, Onyx oder Jaspis — bestanden, trugen noch Weihinschriften von Königen, die eindeutig auf ihre frühere Zugehörigkeit zum
73 Tempel Esagila weisen. Diese Keulenknäufe, Siegelzylinder, ein kostbares, aus Onyxscheiben zusammengesetztes Szepter oder Teile von Statuen — Onyxaugen, Perücken und Bärte — müssen zum Inventar des Tempels gehört haben. Sie waren anscheinend beim Verfall des Heiligtums aus dem Tempel geholt und verborgen worden. Besonders interessant sind
75 zwei große Lapislazulirollen, die als Siegel der Götter Marduk und Adad zu deuten sind. Sie zeigen eine bildliche Darstellung, die sich sicher an das Kultbild im Tempel anlehnte, außerdem auch Inschriften. Auf einer Rolle ist zu lesen: «Schatz des Gottes Marduk. Siegel des Gottes Adad von Esagila.»

Zu den ebenfalls dort entdeckten Funden gehören zwei Fragmente von Urkundensteinen, die möglicherweise im Tempel aufgestellt waren. Doch waren das alles nur Zufallsfunde; der größte Teil des Inventars fiel Raub und Zerstörung zum Opfer.

Über die wechselvolle Baugeschichte der beiden Heiligtümer Esagila und Etemenanki ist bereits mehrfach gesprochen worden. Unzählige Male waren sie erneuert, restauriert oder umgebaut worden. Viele Herrscher hatten in Inschriften Nachrichten darüber hinterlassen, manche andere Bauherren mögen für immer im Dunkel verborgen geblieben sein. Die Sitte, mit gestempelten, den Namen des Erbauers bewahrenden Ziegeln zu bauen, hat es oft möglich gemacht, ein Gebäude zu datieren. Häufig wurden die kostbaren gebrannten Ziegel auch wiederverwendet, so daß nur das Ziegelformat oder gewisse Eigenheiten des Baus einen Hinweis auf die zeitliche Stellung geben konnten. Robert Koldewey hatte in Babylon innerhalb der Paläste und Tempel vor allem die neubabylonische Bauphase freigelegt. Sie war als große umfassende Neugestaltung der Stadt überall am besten nachzuweisen.

Die Zikkurrat in Borsippa ■ Nebukadnezar ist aber auch als großer Bauherr aus zahlreichen anderen Städten seines Herrschaftsbereiches bekannt. Zu seinen Bauwerken gehören einige weitere Zikkuratanlagen. Der berühmteste und schon mehrfach erwähnte Bau befand sich in Borsippa. Auf Grund der besseren Er- 71,
haltung der Turmruine, die noch 47 Meter über der 72
Ebene ansteht, konnten hier einige interessante Beobachtungen gemacht werden. Robert Koldewey führte 1901 und 1902 von Babylon aus kurze Grabungskampagnen in Borsippa durch. 1854 waren bereits der Engländer Rawlinson und nach ihm der Franzose Fresnel-Oppert sowie einige weitere Forscher zu Untersuchungen dort gewesen.

Das Heiligtum Ezida, das dem Kult des Nabu gewidmet war, hatte enge Beziehungen zu Babylon. Der noch heute weithin sichtbare Stufenturm des Tempels bestand aus einem Kern von Lehmziegeln, der außen mit einem Backsteinmantel verkleidet war. Durch das Massiv ziehen sich horizontale Aussparungen im Mauerwerk, die wahrscheinlich einmal Schilftaue enthielten, heute aber leer sind. Die Erosion des Bauwerks ist so weit fortgeschritten, daß sich die Stufen des Turmes nicht mehr abzeichnen. Im oberen Teil ist im Mauerwerk ein hochaufragender Ziegelstumpf stehengeblieben. Auf dieser oberen Fläche der Zikkurrat muß ein mächtiges Feuer gewütet haben, da die Ziegel vollkommen zusammengeschmolzen sind und das Aussehen von Basalt angenommen haben. Über diese Tatsache sind viele Spekulationen angestellt worden. In stark religiös orientierten Kreisen glaubte man damit einen Beweis zu haben, daß es sich bei der Ruine um den Babylonischen Turm handelte, der von der strafenden Hand Gottes zerstört wurde. Die Spuren dieses gewaltigen Vernichtungsbrandes wären an den Ziegelüberresten zu sehen. Aber auch die wissenschaftliche Forschung kam zu keiner absolut überzeugenden Lösung. Der neueste Deutungsvorschlag beruht auf vor einigen Jahren durchgeführten naturwissenschaftlichen Untersuchungen. Es wird angenommen, daß Xerxes, als er im Jahre 482 v. Chr. Esagila und den Turm in Babylon teilweise zerstörte, auch in Ezida absichtlich Feuer legen ließ. Möglicherweise wurden die durch das Massiv führenden horizontalen Kanäle, in denen ursprünglich Schilftaue lagen, mit Öl gefüllt, das auch in das Mauerwerk und die Stoßfugen eindrang. Nach Entzündung der Taue und des Öls breitete sich der Brand allmählich nahezu unter Sauerstoffabschluß schwelend aus und erhitzte besonders die Oberfläche übermäßig. Bei Temperaturen über 1200 Grad schmolzen die Ziegel zu den noch heute sichtbaren blasigen Klumpen. Der Brand dieses mächtigen Gebäudes muß mindestens eine Woche gedauert haben.

Die Zikkurrat von Borsippa stand ähnlich dem Babylonischen Turm auf einem von Mauern umgebenen großen Platz, an dem auch der Tieftempel Aufnahme gefunden hatte. Der Zingel enthielt zahlreiche schmale lange Räume, die, jeweils um einen In-

1 Cella des Nabu
2 Cella der Taschmetum

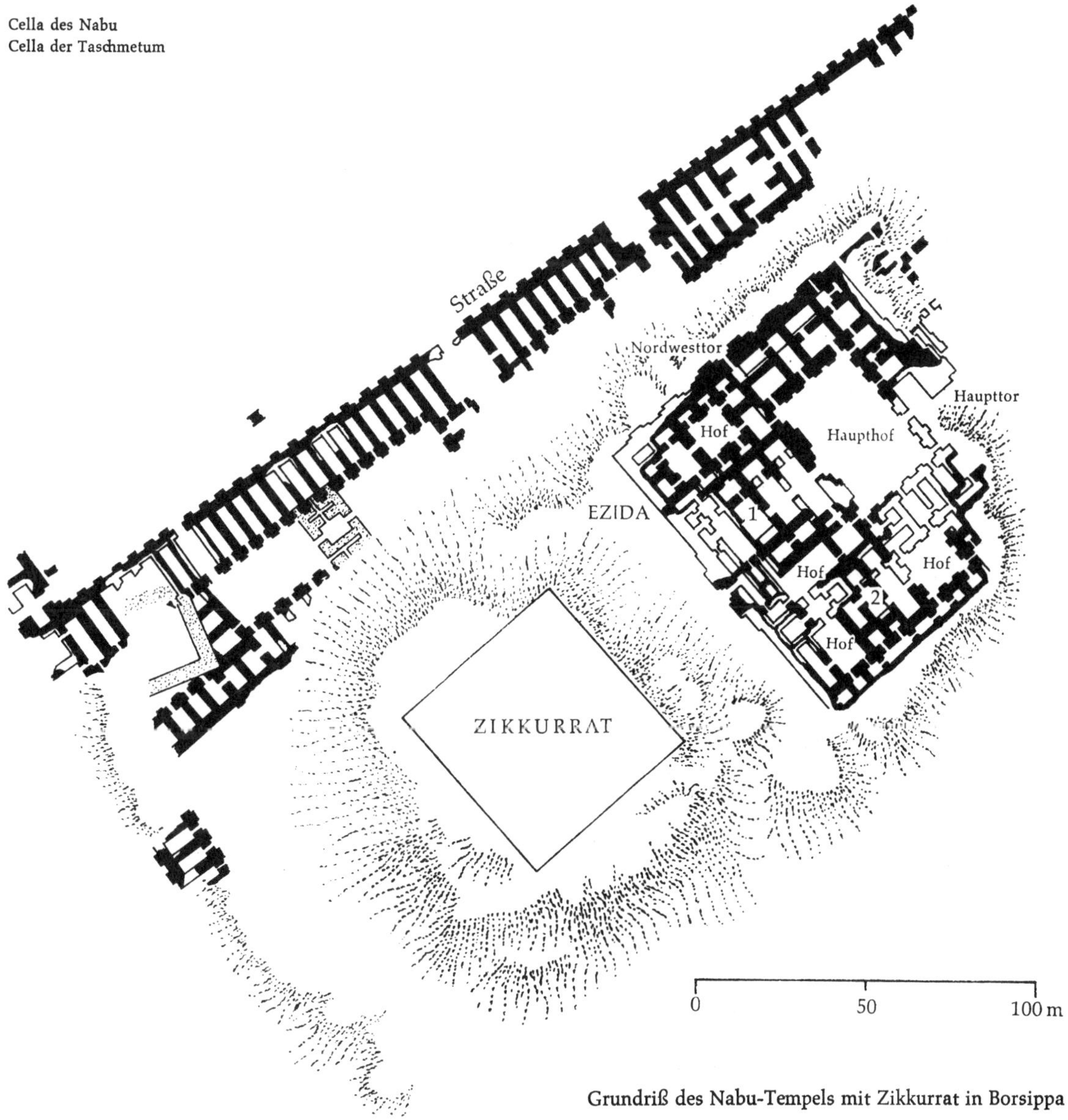

Grundriß des Nabu-Tempels mit Zikkurrat in Borsippa

nenhof gruppiert, den Eindruck einer Karawanserei machen. Es wäre vorstellbar, daß die zu bestimmten Anlässen zum Tempel pilgernden Gläubigen dort übernachten konnten. Ähnlich waren noch die in islamischer Zeit gebauten großen Gasthöfe und Pilgerunterkünfte konzipiert.

Auch der Tieftempel von Borsippa wies Ähnlichkeiten mit der Anlage von Esagila in Babylon auf. Die Cella des Gottes Nabu erreichte man durch zwei vorgelagerte Räume. Sie enthielt ein mächtiges, fast den ganzen Raum ausfüllendes Postament, auf dem einstmals der Götterthron gestanden hatte. Die tief hinabreichende Fundamentierung des Postaments wurde nach unten zu immer schmaler und steckte wie ein Nagel im Boden. $2^{1}/_{2}$ Meter unter dem Fußboden fand man in einer kleinen Ziegelkapsel die Tonfigur eines Mannes mit einem Goldstab in den Händen. Eine silberne Plakette mit einer Musikantendarstellung lag ebenfalls darin. Diese kleine Götterfigur, die in ähnlicher Ausführung auch in anderen babylonischen Tempeln unter dem Postament zutage kam, ist kürzlich als Ninschubur identifiziert worden. Die Anweisungen für die Durchführung der notwendigen Zeremonien haben sich schriftlich erhalten und lauten unter anderem: «Wenn du das Fundament eines Tempels legen willst, gehst du am dritten Tage, bevor du das Fundament legst, zur Tongrube. Lasurstein nimmst du, Röstmehl vermischst du mit Emmerbier und wirfst es in die Tongrube. Folgendermaßen sprichst du: ‹Tongrube, nimm deinen Kaufpreis entgegen! Am dritten Tage werde ich mit deinem Ton eine Statue von Ninschubur herstellen.› Nachdem du dies gesagt hast, wirfst du dich nieder und entfernst dich. An der Stelle, wo du das Fundament des Tempels legen willst, stellst du dich auf und sprichst folgendermaßen: ‹O Herr, ich will deinen Boten herstellen...› Nachdem du das erledigt hast, gehst du am dritten Tag zur Tongrube, die du geweiht hast. Mit der Schaufel entnimmst du den Ton, den du geweiht hast, und stellst eine Statue von Ninschubur her. Am Standort, den du bestimmt hast, stellst du sie neben eine Statue aus dupranu-Holz. Ein Szepter aus Gold legst du ihm in die Hand. Du beschriftest ihn wie folgt: ‹Der Bote der Götter, der Lenker, der alle Stürme bezwingt.›» [38] Nach weiteren Zeremonien und Opfern wurde die Statue unter dem Postament des Götterbildes begraben. Weitere Figuren aus anderen vergänglichen Materialien wie Holz oder Wachs wurden an den Tordurchgängen des Tempels versenkt.

Im Postament des Götterbildes in Borsippa waren ferner 13 beschriftete Ziegel des Königs Nebukadnezar II. verbaut. Sie wiesen verschiedenen Schriftduktus auf: den zu dieser Zeit üblichen neubabylonischen und den weit über tausend Jahre früher gebräuchlichen altbabylonischen. Der König erzählte darin von seinem Bau und rühmte sich: «Ezida, das in Borsippa liegt, baute ich für Nabu, meinen Herrn. Mit Silber, Gold und Edelsteinen schmückte ich seinen Bau. Den
76 Fußboden des Tempels ließ ich von hellen Ziegeln erglänzen.» [39] Von dieser Pracht konnten die Ausgräber allerdings nichts mehr entdecken. Die kostbare Ausstattung war ausgeraubt und fortgeschleppt worden. Nur sehr wenige Kleinfunde, meist Bruchstücke von Stein- oder Tonbildwerken, waren in den Ruinen aufgelesen worden. Reste von emaillierten und reliefierten Ziegeln mit Ornamenten und Löwendarstellungen kamen an verschiedenen Teilen der Tempelanlage zutage. Sie zeugen von der ehemaligen Pracht der Dekoration. Man konnte allerdings nicht mehr feststellen, welche Räume damit ausgekleidet waren. Es sah wahrscheinlich ähnlich aus wie an der Prozessionsstraße oder dem Ischtar-Tor von Babylon.

Der durch Türme und Nischenarchitektur besonders hervorgehobene Haupteingang des Tieftempels
Ezida lag genau einem der Tore im Zingel des Heilig- 30
tums gegenüber. Die zum Neujahrsfest und möglicherweise auch zu anderen Anlässen stattfindenden feierlichen Umzüge führten über eine mit Steinplatten gepflasterte Straße. Nebukadnezar II. gibt in Inschriften auf den Pflasterplatten selbst darüber Auskunft: «Von der Schicksalskapelle bis zum Eingangstor des Nabu habe ich die Prozessionsstraße des erhabenen Sohnes, des Nabu, mit Steinplatten gepflastert. Nabu, hehrer Wezir, schenke mir ewiges Leben!» [40]

Weitere Turmbauten ■ Neben diesen beiden Großbauten in Babylon und Borsippa wandte sich Nebukadnezar II. dem Tempelbezirk des Sonnengottes Schamasch in Sippar zu und ließ den dortigen Stufenturm restaurieren. Sein Nachfolger Nabonid, der sich we-
niger um die Haupttempel in Babylon und Borsippa 53

kümmerte, erneuerte die Zikkurrat von Sippar und den Tieftempel ebenfalls. Das gleiche gilt für die ehrwürdige Stadt Ur, die schon seit mehreren tausend Jahren eine im ganzen Lande berühmte Tempelanlage hatte.

An diesem Heiligtum hatten immer wieder Erneuerungsarbeiten stattgefunden. Viele der über Ur regierenden Könige waren um das Wohlwollen des Nannar, des Mondgottes der Sumerer, bemüht gewesen. Nebukadnezar II. ließ den heiligen Bezirk, der die Zikkurrat, mehrere Tempel und Höfe enthielt, von einer mächtigen Mauer umgeben und das Niveau des großen, dem Turm vorgelagerten Hofes bis auf die Höhe der Zikkurratterrasse aufschütten. Neben dem Haupttreppenaufgang des Stufenturmes an der Nordost-Seite entstanden in dieser Zeit zwei kleine Kapellen. In der einen von ihnen vermuteten die Ausgräber das Modell der halbmondförmigen Barke des Nanna, mit der er, den Vorstellungen der Sumerer entsprechend, den Himmel überquerte. Die andere Kapelle diente dem Kult des Mondgottes, den die Semiten Sin nannten.

Die Zikkurrat selbst befand sich wahrscheinlich noch in dem Bauzustand, der von Ur-Nammu, dem Herrscher der III. Dynastie von Ur, am Ende des 3. Jahrtausends v. Chr. geschaffen worden war. Offensichtlich hatten alle späteren Arbeiten im Heiligen Bezirk vor allem den Tempeln gegolten und die Zikkurrat nur erhalten und gepflegt. Es ließen sich bei der Ausgrabung keine eindeutigen Spuren oder

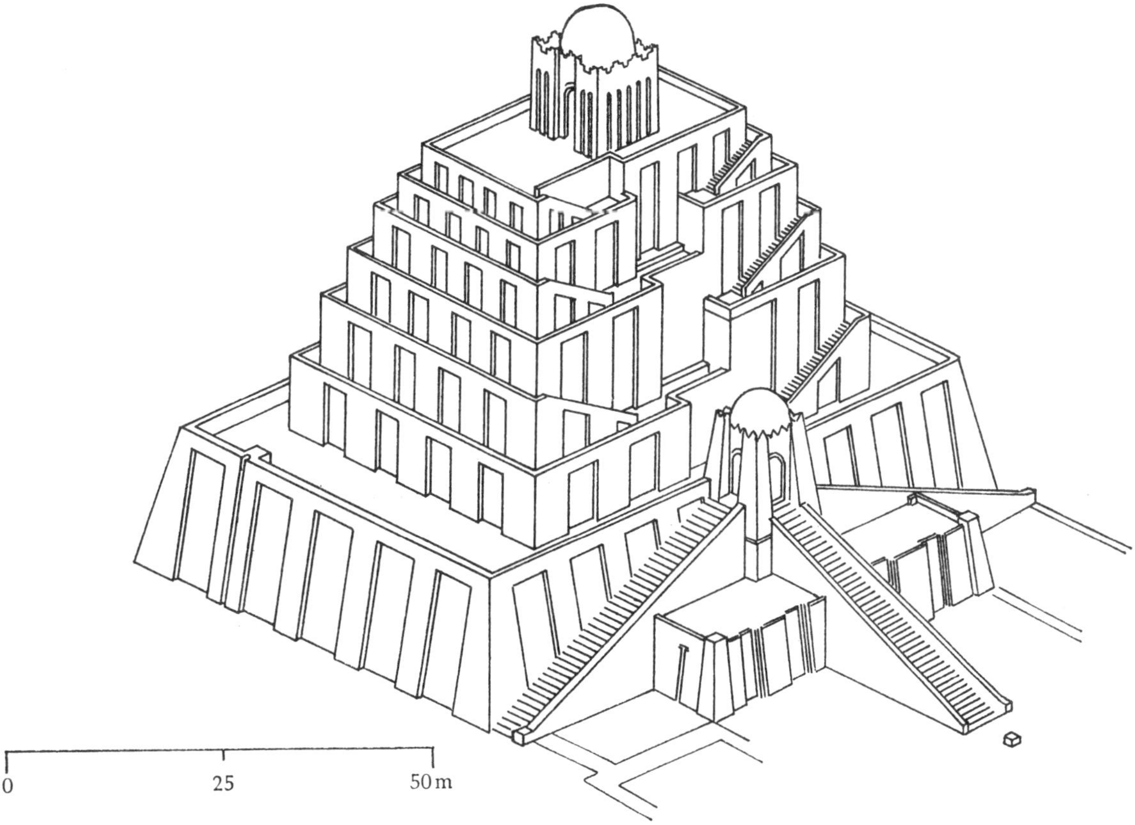

Rekonstruktion der Zikkurrat von Ur in neubabylonischer Zeit

Inschriften späterer Bauherren feststellen. Erst Nabonid, der sich auch in anderen Städten als Förderer des Mondkultes hervorgetan hatte, befahl einen Neubau. Er benutzte den Kern des alten Stufenturms, der neu ummantelt und dann aufgestockt wurde. Die Rekonstruktion sieht für die Zikkurrat ebenso wie in Babylon sieben Stufen vor, die bekrönt werden vom Gipfelheiligtum. Jedoch konnten hier, wie in den meisten anderen Fällen, die oberen Stockwerke nicht mehr gefunden werden, so daß manche Unsicherheit bleibt. Man nimmt an, daß sich die Mitteltreppe mit zwei an den Außenfronten der Zikkurrat verlaufenden Seitenaufgängen in Höhe der ersten Etage traf, wo man sogar eine Art überkuppeltes Tor ergänzen wollte. Von dieser Höhe an stiegen die Treppen möglicherweise rampenartig an. Reste von blauglasierten Ziegeln lassen vermuten, daß der Hochtempel, ähnlich wie in Babylon, damit verkleidet war. Es besteht die Meinung, daß die Basis des Turmes schwarz, die oberen Stockwerke rot gewesen seien. Die Turmbauten wirkten also nicht nur durch ihre Höhe, sondern auch durch die Vielfarbigkeit und reiche Dekoration ihrer Außenmauern. Die Farben dürften gleichzeitig kosmische Bedeutung besessen haben.

Einer uralten sumerischen Tradition folgend, ließ Nabonid seine Tochter Belschaltinanna zur Oberpriesterin des Mondgottes weihen. Das war eine der höchsten religiösen Würden, und diese Frauen nahmen in Kult und Gesellschaft eine geachtete Stellung ein. Für seine Tochter ließ der König im Nordosten der Stadt einen großen Palast errichten, in dem sie entsprechend ihrer Würde residierte. Zu den Neubauten des Nabonid gehörten noch weitere Tempel im Stadtgebiet. Die Zikkurrat des Nabonid genoß auch in persischer Zeit noch Ansehen, denn Kyros plante Wiederherstellungsarbeiten. Diese kamen anscheinend nicht mehr zur Durchführung. Die Turmanlage verfiel immer mehr, ebenso wie die Stadt Ur allmählich ihre Bedeutung und damit auch die Bewohner verlor.

Auf zwei weitere in neubabylonischer Zeit gebaute Heiligtümer soll noch kurz hingewiesen werden. Das eine ist die mit zwei Tempeltürmen ausgestattete Kultstätte von Ingharra, dem antiken Hursagkalamma, das andere der Tempel mit Zikkurrat des Kriegsgottes Zababa im Hügel el Oheimir, dem alten Kisch. Die Stadt Kisch eroberte sich in sumerischer Zeit eine führende Stellung unter den Stadtstaaten. Es entstanden dort zahlreiche Paläste und Tempel, die bis in die neubabylonische Zeit hinein restauriert wurden. Sargon, der Gründer des akkadischen Reiches, nahm sich der Bauten mit besonderer Sorgfalt an, ebenfalls Hammurapi von Babylon. Als Bauherren sind ferner Nebukadnezar und Nabonid belegt. Die Zikkurrat von el Oheimir wurde durch französische Ausgräber untersucht; über die Rekonstruktion ihrer äußeren Gestalt konnte keine volle Übereinstimmung erzielt werden. Die Außenmauern waren durch tiefeingeschnittene Vor- und Rücksprünge gegliedert. Sie lag in einem gepflasterten und von Mauern umgebenen Hof. Das Doppelheiligtum von Ingharra hatte zwei Stufentürme und zwei Tempel, die in der Anordnung der Räume um Binnenhöfe in starkem Maße an Esagila in Babylon erinnern.

Uruk noch einmal Kultzentrum ■ Mit der neubabylonischen Periode hörte in den meisten Städten Mesopotamiens der Neubau von Zikkurratanlagen auf. Die Perser ließen des öfteren noch Pflege- und Restaurierungsarbeiten ausführen. Nur in Uruk kam es zu größeren Umgestaltungen, in deren Rahmen zwei bedeutende Heiligtümer, eines davon mit Zikkurrat, neu errichtet wurden. Die jahrtausendelange Geschichte von Uruk endete erst viel später als bei anderen mesopotamischen Städten, da dieses Zentrum auch noch in seleukidischer Zeit an einer wichtigen Handelsroute lag und seine Bedeutung behalten hatte.

Vor allem in den beiden großen Tempelbezirken — dem Eschgal (früher Irigal), den Göttinnen Nana und Ischtar geweiht — und dem Heiligtum des Anu — Bit Resch genannt — waren die Kulte nicht erloschen. Könige und Statthalter wendeten ihnen volle Aufmerksamkeit zu, und die Priesterschaft hütete die alten Traditionen. In den Schulen und Bibliotheken der Tempelbezirke hat man die Keilschrift weiter gepflegt und alte Texte kopiert.

Zur Zeit der seleukidischen Oberherrschaft hatten Statthalter die organisatorische und wirtschaftliche Leitung der Stadt in den Händen. Sie stammten wohl aus den Reihen der einheimischen Bevölkerung, da ihre Namen nach den für die alten Bewohner Mesopotamiens gültigen Regeln gebildet waren. Die besondere Beziehung einiger Stadtfürsten zum Gott Anu kann aus der Zusammensetzung des Namens Anuuballit, das heißt «der Gott Anu hält am Leben», geschlossen werden. Die materiellen Ressourcen von Uruk müssen recht bedeutend gewesen sein, da man eine umfangreiche Bautätigkeit entfaltete. Zu dem um 200 v. Chr. errichteten Heiligtum Bit Resch gehörte ein Neubau der Anu-Zikkurrat. Die Ausgrabungen in diesem Bereich haben ergeben, daß der Neubau über dem alten Kern des Stufenturmes aus dem 3. Jahrtausend v. Chr. errichtet wurde, an dem immer wieder im Laufe der Jahrhunderte Umbauten und Restaurierungen stattgefunden hatten. Der jetzige Erhaltungszustand des Bauwerkes ist sehr schlecht, so daß kaum etwas über die äußere Gestalt des Turmes und über die Art des Aufganges ausgesagt werden kann. Man nimmt an, daß die Zikkurrat der seleukidischen Zeit mit einer Seitenlänge von etwa 110 Metern und einer möglichen Höhe zwischen 45 und 60 Metern einer der größten Turmbauten überhaupt gewesen ist. Sie dürfte bei den hier angegebenen Proportionen jedoch mehr wie eine Hochterrasse gewirkt haben. Für die Rekonstruktionsversuche des Stufenturms zog man einige Keilschrifttexte heran. Die wichtigste Tafel, die auch für unsere Kenntnis des Neujahrsfestes und die Reihenfolge der Kulthandlungen von Bedeutung ist, gibt Einblick in die Raumanordnung des Anu-Heiligtums. Die Zikkurrat, die in der Fassadengestaltung wohl ähnlich wie der Turm in Babylon aussah, lag in einem breiten gepflasterten Hof, dessen Abschluß durch eine Mauer allerdings nicht nachgewiesen werden konnte.

Auf den Tieftempel des Heiligtums soll kurz verwiesen werden, da seine Räume und deren Zweckbestimmung durch den Text des obenerwähnten Rituals annähernd zu identifizieren sind. Das Hauptheiligtum für den Gott Anu und seine Gemahlin Antum bildete das Kernstück der Tempelanlage. Die nebeneinanderliegenden Cellen der beiden Götter waren nach Durchschreiten mehrerer Vorräume und Höfe zu erreichen. Ein Tor in der Umfassungsmauer hinter der Cella führte direkt zur Zikkurrat. Um den Anu-Antum-Tempel herum lag eine große Zahl von abgeschlossenen Hofkomplexen, die zu eigenen Kulträumen führten. Hier standen in einigen Räumen Götterbilder oder Symbole, die Höfe waren als Versammlungs- oder Opferstätte vorgesehen. Die Front des Anu-Antum-Tempels und die der meisten Höfe war zur Ansichtsseite nach außen reich gegliedert mit flachen Nischen und einem am oberen Teil der Mauer verlaufenden Fries aus farbig glasierten Ziegeln. Wahrscheinlich waren Tiere — Löwen und Greifen — dargestellt, von denen noch zahlreiche Bruchstücke gefunden wurden. Es zeigt sich, daß die mesopotamische Tradition der Mauerdekoration mit farbigen Ziegeln, die sich so eindrucksvoll in Babylon repräsentierte, noch bis in die seleukidische Zeit fortwirkte.

Zahlreiche Räume des Heiligtums sind heute bis zu einer Höhe von sieben Metern erhalten; sie müssen ursprünglich weit höher gewesen sein. Die nur durch die Tür vom Hof her beleuchteten Kulträume der Götter wirkten durch das Halbdunkel und die große Raumhöhe sicher sehr geheimnisvoll.

Dieser letzte große Tempel mit stufenförmiger Anlage in Mesopotamien schließt den Kreislauf, der mit den vorgeschichtlichen Terrassenbauten in Uruk und Eridu begonnen wurde.

DIE ZIKKURRAT IN RELIGION UND KULT

Als die Bewohner Mesopotamiens zum seßhaften Ackerbau übergingen und feste Siedlungen gründeten, begannen in ihren religiösen Vorstellungen immer mehr jene Mächte eine Rolle zu spielen, die ihre Versorgung und ihr Überleben in einer harten Umwelt sichern sollten. So waren es vor allem Fruchtbarkeitsgottheiten, die man entweder direkt in den Häusern oder in besonderen kleinen Kultstätten verehrte. Man dachte sich diese göttlichen Mächte in zunehmendem Maße anthropomorph, das heißt in menschlicher Gestalt; sie wurden damit für die Bevölkerung zu einem Partner und ansprechbar. Bei Ausgrabungen sind an verschiedenen frühen Siedlungsplätzen zahlreiche Tonfiguren mit überbetonten weiblichen Geschlechtsmerkmalen entdeckt worden, die auf einen Kult der Fruchtbarkeitsgöttin weisen. Männliche Stärke und Zeugungskraft wurden durch den Stier oder auch phallische Symbole wiedergegeben.

Mit der Herausbildung der ersten Staaten um die Wende zum 3. Jahrtausend v. Chr. in Südmesopotamien standen sich Herrscher und Beherrschte gegenüber; es veränderten sich zugleich die Vorstellungen von den Göttern. Diese wurden selbst immer mehr zu Herrschern, die in einer wie ein Staatswesen gedachten Götterwelt regierten. In dem hierarchisch gegliederten Pantheon erhielten die einzelnen Gottheiten bestimmte Funktionen zugewiesen, wobei in den Stadtstaaten jeweils ein oder mehrere Götter in den Vordergrund traten.

Die Vermittlung zwischen den Menschen und der Götterwelt übernahmen die Priester. Die Funktion eines obersten Priesters und göttlichen Sachwalters nahm der Herrscher in Anspruch, dem es damit oblag, den Göttern einen entsprechenden Kultplatz einzurichten und für die genaue Einhaltung der Riten und Opfer zu sorgen. Die kultischen Aktivitäten konzentrierten sich dabei auf die Heiligtümer der Hauptgottheiten, die in einigen Städten auf Hochterrassen nachgewiesen werden konnten. Wie man sich die Götter, die hier residierten, vorstellte, zeigen Mythen, Kultlieder und Gebete, die zuerst mündlich überliefert, im Verlaufe des 3. Jahrtausends schriftlich fixiert wurden. In diesen Texten kamen Themen wie die Erschaffung der Welt, die Beziehungen der Götter untereinander, ihre Streitigkeiten und Freuden in literarischer Form zur Darstellung. Es ergaben sich daraus auch zahlreiche Ereignisse, die bei größeren Zusammenkünften und Festen feierlich begangen werden konnten. Je bedeutender die Stellung eines Stadtstaates auf der politischen Ebene wurde, um so weiter verbreitete sich gewöhnlich auch der Kult seines Hauptgottes.

Die religiösen Feste, die zu unterschiedlichen Anlässen stattfanden, waren häufig mit Prozessionen zu Lande oder zu Wasser verbunden; die Götter besuchten sich gegenseitig, sie feierten Hochzeit oder Abschied. Die Feste dauerten meist mehrere Tage, der Teilnehmerkreis dürfte recht unterschiedlich gewesen sein. Neben den religiösen und kultischen Zwecken eines Festes, den Opfern und Umzügen, war es eine Zusammenkunft großer Bevölkerungsteile, diente es der Unterhaltung, dem Austausch von Handelswaren und Neuigkeiten. Der Herrscher hatte hier gute Gelegenheit, sich in seiner Funktion als «Hirte der Schwarzköpfigen», das heißt als Bewahrer der religiösen und staatlichen Ordnung und des Lebens zu zeigen. Zahlreiche Textzeugnisse machen wahrscheinlich, daß anläßlich dieser Feste wohl ausgesprochen großzügige und reichliche Bewirtungen der Teilnehmer und Zuschauer stattfanden.

49

Oberer Teil der Siegesstele des assyrischen Königs Asarhaddon (680–669 v. Chr.), die bei den Ausgrabungen in der Stadt Sam'al/Sendschirli in Nordsyrien gefunden wurde. Der König ist in Anbetung seiner Götter wiedergegeben, deren Symbole und Statuetten in der rechten oberen Ecke abgebildet sind.

50
Alabasterplatte mit Inschrift des
Königs Tukulti-Ninurta I. (1243–1207 v. Chr.)
aus der Zikkurrat von Kar-Tukulti-Ninurta
51
Ziegel mit einer Inschrift
des Königs Assurbanipal (668–627 v. Chr.)
für den Bau des Tempels von Etemenanki
52
Steinplatteninschrift
Nebukadnezars II. (605–562 v. Chr.)
mit ausführlicher Beschreibung seiner Bauten
in Babylon und anderen Städten

53
Tonzylinder mit einer Bauinschrift
des Nabonid von Babylon (555–539 v. Chr.)
über die Erbauung
des Nabu-Heiligtums in Borsippa
54
Tontafelfragment mit einem
Teil der Stadtbeschreibung von Babylon,
speziell der
Schilderung der Heiligtümer des Marduk,
2. Hälfte des 1. Jahrtausends v. Chr.

55
Astrologischer Text
mit der Darstellung von Tierkreiszeichen beziehungsweise Sternbildern aus der Zeit Antiochos' I. (281–261 v. Chr.),
gefunden bei den Ausgrabungen in Uruk

56
Seitentreppe der Zikkurrat
von Babylon,
Grabungsaufnahme von 1913

57
Südwestecke des Kernbaus der Zikkurrat von Babylon
mit Resten des Mantels aus gebrannten Ziegeln nach der Grabung von 1913,
links noch anstehend der Bau aus Lehmziegeln

58
Zeichnerische Rekonstruktion
des Bezirkes von Etemenanki,
ausgeführt
von Robert Koldewey.
Im Vordergrund
der Tieftempel von Esagila

59
Blick auf die Kaimauern und den Turm von Babylon vom Westufer des Euphrat aus.
Rekonstruktionszeichnung von W. Andrae, 1923

60
Der Babylonische Turm, umgeben von Hofmauern, im Vordergrund die Befestigungen am Euphrat. Rekonstruktionszeichnung von W. Andrae von 1923, bei der er noch die von R. Koldewey bevorzugte Form des Turmes verwendet

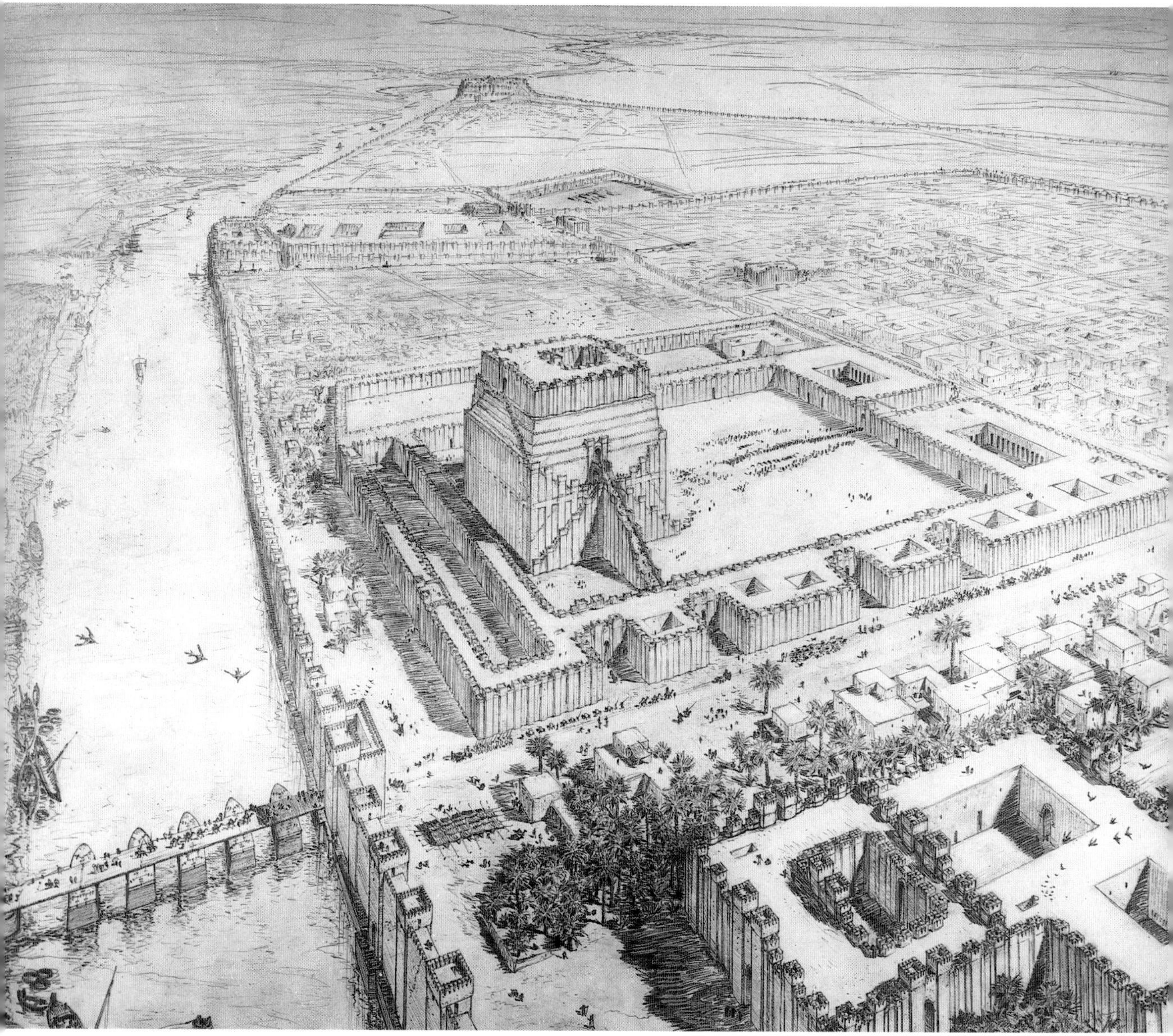

1923

61
Modell der Zikkurrat von Babylon nach der Vorlage
von G. Martiny, 1933
62
Rekonstruktion des Turmes von Babylon
nach Th. Dombart, 1930

63
Modell des Haupttempels von Babylon, rekonstruierter Zustand
des 6. Jahrhunderts v. Chr.
Rechts der Tieftempel Esagila, links die Zikkurrat,
umgeben vom großen Hof.
Im Vordergrund der Euphrat mit Steinbrücke

64
Ruine der Zikkurrat von Babylon von Südosten,
vor der 1962 durchgeführten Grabung von H. Schmid
65
Südseite der Zikkurrat von Babylon mit muldenartiger Einsenkung
als Spur des Abbruchs der Mitteltreppe, 1962

66
Das Kernmassiv der Zikkurrat von Babylon
mit freigeputzten unteren Schichten,
rechts der Beginn der Einsenkung.
Die beiden Löcher im Mauerwerk
sind spätere Brunnen. 1962

67
Ansicht des freigelegten unteren Mauerwerks des Kernblocks der Zikkurrat von Babylon, darüber Reste von jüngeren Gebäuden, 1962

68
Oberfläche des Lehmziegelmassivs der Zikkurrat von Babylon im Mittellängsschnitt, 1962

69
Freigelegter Holzanker in der Südseite des Kernmassivs der Zikkurrat von Babylon, 1962

70

Neues Modell des Babylonischen Turmes,
Rekonstruktion Hansjörg Schmid
(Modellausführung H. Hallmann)

71 / 72

Blick auf die Ruine der Zikkurrat
von Borsippa (Birs Nimrud),
vor einigen Jahren aufgenommen

73
Keulenknauf aus Onyx, gefunden in einem Wohnhaus bei Esagila im sogenannten Perlendepot, wohl aus dem 6. Jahrhundert v. Chr.

74
Gewichtsente aus Stein,
gefunden im Bezirk von Etemenanki. In der Inschrift wird das Gewicht (29,68 kg) als «richtiges Talent» bezeichnet.

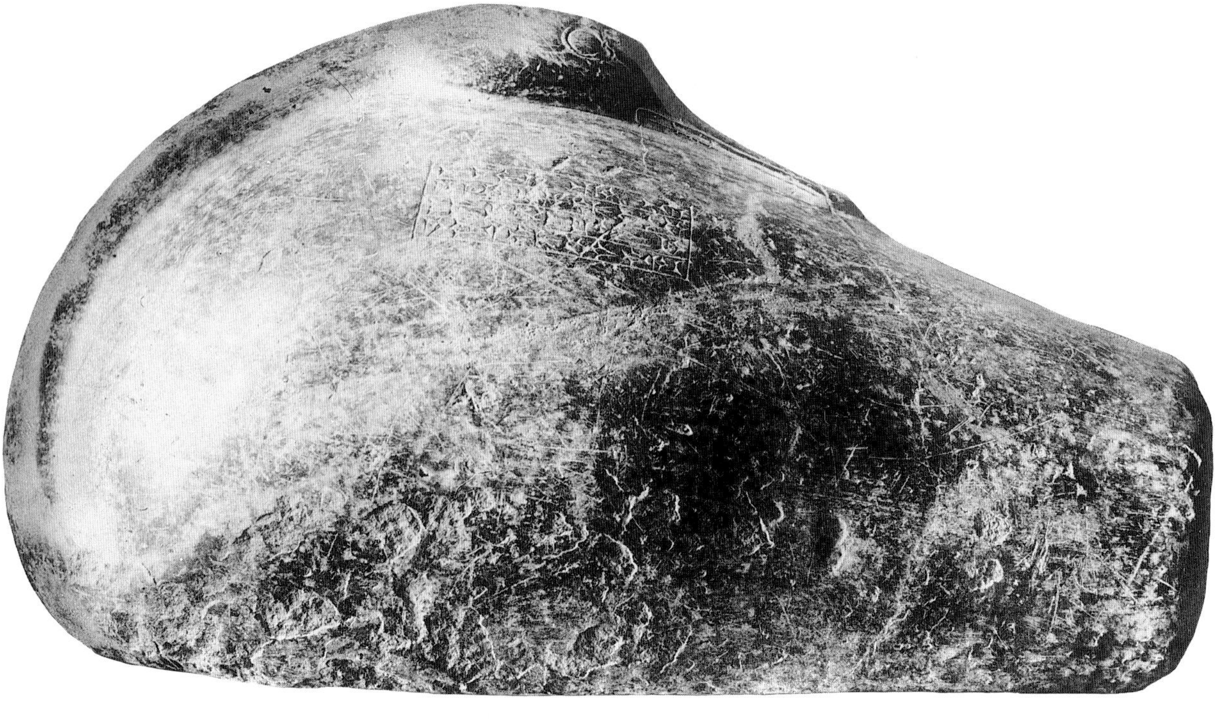

75
Siegelrolle des Gottes Adad aus Lapislazuli mit Inschrift des Königs Asarhaddon (680–669 v. Chr.), gefunden in Babylon

76
Tonfigur des Botengottes Ninschubur, gefunden in der Südburg der Könige von Babylon, 2. Hälfte des 7. Jahrhunderts v. Chr.

77
Tonnachbildung eines Bettes aus Flechtwerk, gefunden in Uruk, 1. Hälfte des 1. Jahrtausends v. Chr.

78
Bleirelief mit der Darstellung einer erotischen Szene,
gefunden im Bereich des Neuen Palastes in Assur, 12. Jahrhundert v. Chr.

79
Nackte Frau mit Kind.
Aus der Form gefertigte Terrakotte, gefunden in Babylon, 6. Jahrhundert v. Chr.

80
Sitzende Musikantin mit Kithara.
Terrakotte, 2. Hälfte des 1. Jahrtausends v. Chr.

79
Nackte Frau mit Kind.
Aus der Form gefertigte Terrakotte, gefunden in Babylon, 6. Jahrhundert v. Chr.

80
Sitzende Musikantin mit Kithara.
Terrakotte, 2. Hälfte des 1. Jahrtausends v. Chr.

81
Tonglocke, vielleicht für kultische Zwecke bestimmt, gefunden in Babylon, 6. Jahrhundert v. Chr.

82, 83, 84
Bronzefisch mit Orakelinschrift, gefunden in Babylon. Die Inschrift lautet: «Wenn ein Fisch nicht seine linke Flosse hat, wird das feindliche Land untergehen. Jahr 12 (592 v. Chr.) Nebukadnezars (II.).»

85
Tonnachbildung eines Bootes, gefunden in Babylon, 6. Jahrhundert v. Chr.

Akitu-Fest und «Heilige Hochzeit» ■ Eine der wichtigsten, bereits aus sumerischer Zeit überlieferten Feierlichkeiten war das Akitu-Fest, das man in späteren Perioden häufig mit dem Neujahrsfest gleichsetzte. Es wurde in den einzelnen Stadtstaaten zu unterschiedlichen Zeitpunkten begangen, da in Mesopotamien über Jahrhunderte kein einheitlicher Kalender Gültigkeit erlangte. So konnte es sowohl im ersten, sechsten oder zwölften Monat des Jahres gefeiert werden, abhängig von der Ansetzung des Jahresbeginns. Das Akitu-Fest hatte sicher eine enge Bindung an wichtige Zeitpunkte der Landwirtschaft wie Ernte oder Aussaat und konnte auf die Fruchtbarkeit der Erde und der Menschen allgemein bezogen werden.

Die anläßlich des Festes stattfindenden Veranstaltungen sind für das 3. Jahrtausend nur teilweise faßbar. Sie wurden in Einzelheiten sicher von lokalen Gegebenheiten bestimmt. Doch dürften gerade die
78 mit der Fruchtbarkeit zu verbindenden Riten besondere Bedeutung gehabt haben. Zu ihnen zählte vor allem die Zeremonie der «Heiligen Hochzeit». Es war eine aus vielen Religionen bekannte tatsächliche oder symbolische Vereinigung eines Menschen- oder Götterpaares, durch die der Kreislauf der Natur günstig beeinflußt werden sollte.

In Sumer war dieser Glaube mit der Göttin Inanna und ihrem Geliebten Tammuz oder Dumuzi verbunden. Inanna, die Hauptgöttin von Uruk, wurde wahrscheinlich unter anderen Namen, aber mit gleicher Bedeutung auch in anderen Stadtstaaten verehrt. Ihr wichtigster Kultort blieb Uruk, mit dem sie bis an das Ende der altorientalischen Periode verbunden war. Inanna galt als Tochter des Mondgottes Nanna, dessen Hauptheiligtum bekanntlich in Ur stand. Viele Eigenschaften wurden der Inanna zugeschrieben, sie war die Herrin der Flur und der Tiere, die Verkörperung alles Weiblichen, die Beherrscherin der Menschen. Wohl erst später wurde sie zu einer astralen Gottheit, die der Venusstern verkörperte. Daneben beschrieben die zahlreichen mit ihr verbundenen Mythen sie auch als streitsüchtige, kriegerische Göttin, die in der Welt der Götter und der Menschen mancherlei Unheil und Verwirrung stiften konnte.

Dumuzi, den einige Schriftquellen als eine historische Persönlichkeit auffaßten und ihn zu den frühen Herrschern von Uruk zählten, übernahm die Rolle des jugendlichen Geliebten der Inanna. Er wurde oft auch als Vegetationsgott, als Verkörperung der sich erneuernden und wieder sterbenden Natur aufgefaßt. Doch gehen bis jetzt die Ansichten und Meinungen der Wissenschaft über seine Historizität, seine Bedeutung und seine Aufgaben auseinander, und es gibt keine allgemein akzeptierte Einschätzung seiner Rolle in der sumerischen Religion. Gewisse Vergleiche mit ähnlichen Gestalten in anderen Kulturkreisen wie Osiris im ägyptischen Bereich, Telipinu in Anatolien oder Attis in Griechenland, sind nur mit äußerster Vorsicht zu ziehen.

Unbestritten ist die enge Verbindung des Dumuzi mit Inanna, die in der Zeremonie der «Heiligen Hochzeit» gipfelte. Zahlreiche Textzeugnisse weisen darauf hin, daß diese für die Existenz der Menschen notwendige Handlung vom Herrscher und einer Priesterin nachvollzogen wurde.

Als dann mit der Herausbildung des akkadischen Territorialstaates im letzten Viertel des 3. Jahrtausends v. Chr. die Macht des Herrschers zunahm, wuchs sein Einfluß auf die Tempel. Um auch in entfernteren Gebieten, die andere lokale Gottheiten anbeteten, die überregionalen und «gottgewollten» Herrschaftsansprüche deutlich zu machen, ließen die Könige sich nunmehr selbst als Götter verehren. Auch zur Zeit der sogenannten III. Dynastie wurden diese Bestrebungen weitergeführt und den Königen Hymnen und Gebete gewidmet. Die wichtige Stellung des Herrschers im kultischen Geschehen fand durch den Vollzug der «Heiligen Hochzeit» eine weitere Stützung. Dieser Tatsache sind eine Reihe von Liebesgedichten zu verdanken, die entweder der Gottheit selbst oder der für sie handelnden Priesterin in den Mund gelegt wurden. So preist eine Priesterin den König Schu-Sin von Ur:

«Bräutigam, teuer meinem Herzen,
Groß ist deine Schönheit, süß wie Honig.
Löwe, teuer meinem Herzen,
Groß ist deine Schönheit, süß wie Honig.
Du hast mich berückt, laß mich zitternd vor dir stehen,
Bräutigam, du sollst mich in deine Schlafkammer führen.
Du hast mich berückt, laß mich zitternd vor dir stehen.
Löwe, du sollst mich in deine Schlafkammer führen.
Bräutigam, laß dich von mir liebkosen,
Meine köstliche Liebkosung ist würziger als Honig.
In der Schlafkammer, mit Honig gefüllt,
Laß uns deine große Schönheit genießen.
Löwe, laß dich von mir liebkosen,
Meine köstliche Liebkosung ist würziger als Honig.
Bräutigam, du hast Gefallen gefunden an mir,
Sag es meiner Mutter, sie wird dir Leckerbissen schenken,
Meinem Vater, er wird dich mit Gaben überhäufen.
Eine Seele, ich weiß, wie ich deine Seele trösten will.
Bräutigam, schlaf in unserem Haus, bis der Morgen graut.
Ein Herz, ich weiß, wie ich dein Herz erfreuen will.
Löwe, schlaf in unserem Hause, bis der Morgen graut.

Du, weil du mich liebst,
Schenke mir, bitte, deine Liebkosungen.
Mein Herr Gott, mein Herr und Beschützer,
Mein Schu-Sin, der Enlils Herz erfreut,
Schenke mir, bitte, deine Liebkosungen.
Dein Ort, süß wie Honig, bitte, lege deine Hand darauf,
Decke ihn zu mit deiner Hand wie mit einem gischban-Gewand,
Decke deine hohle Hand darüber wie ein gischban-Gewand.
Es ist ein Balbale-Lied der Inanna.» [41]

Die wichtige Zeremonie der «Heiligen Hochzeit» hat gewiß innerhalb des Tempels stattgefunden, und man darf annehmen, daß dafür ein besonders bedeutsamer und hervorragender Platz gefunden wurde. Dieser könnte in den Tempeln auf den frühen Hochterrassen und später auf den ersten Zikkuratbauten zu suchen sein. Es gibt einige Hinweise darauf, daß in diesen Heiligtümern Postamente für die Aufstellung eines Bettes enthalten waren. Bildliche Darstellungen auf Siegelbildern des 3. Jahrtausends zeigen den «Bräutigam», der in einer Prozession zu einem zweitürigen Heiligtum, dem Neujahrsfesthaus, geführt wurde, das in dieser Zeit vielleicht mit dem Hochtempel identisch war.

Warum Tempelterrassen? ■ Viele Theorien über den Zweck und die Bedeutung der Terrassen- und Turmbauten sind im Verlaufe einer mehr als hundertjährigen Beschäftigung mit diesem Thema aufgestellt worden, doch konnte keine bisher eine völlig überzeugende Erklärung bieten. Dem Verständnis der religiösen Vorstellungswelt der frühen Perioden der Menschheitsgeschichte sind immer noch viele Grenzen gesetzt. Man muß sicher auch differenzieren zwischen den Zeiten der Entstehung dieses Baugedankens und seiner späteren Überlieferung und Weiterentwicklung. Die Weiterführung von Traditionen bedeutet ja keineswegs, daß die ursprünglich damit verbundenen Gedanken noch immer lebendig sein müssen.

Die Tatsache, daß sich die Zikkurat aus der Hochterrasse entwickelte, wird heute nicht mehr bestritten. Nicht einfach zu erklären sind hingegen die

Gründe, die zu den immer höher aufsteigenden Lehmziegeltürmen führten. Unter den vielen bisher geäußerten Theorien sollen einige ausgewählt und kurz dargelegt werden. Die bis heute nicht mit Sicherheit geklärte Frage der Herkunft der Sumerer und die Annahme, daß sie in das Zweistromland einwanderten, führte zu der Vermutung, daß sie aus einem gebirgigen Land kamen, in dem sie ihre Götter auf Bergen verehrt hatten. Diese Berge wurden im flachen Mesopotamien durch die Aufschüttung künstlicher Erhöhungen nachgebildet. Eine andere These zog besonders witterungsbedingte Gegebenheiten zur Erklärung heran. In dem von etlichen Flüssen und Kanälen durchzogenen Südmesopotamien kam es häufig zu Überschwemmungen und Hochfluten. Um das Heiligtum und Eigentum des Gottes gegen das Wasser zu schützen, wurde es auf einer Plattform errichtet, die dann im Laufe der Jahre durch die notwendigen Erneuerungen immer weiter anwuchs. Manches mag für die in der letztgenannten These geäußerten Annahmen sprechen, während die Herkunft der Sumerer aus den Bergen und die damit verbundenen Schlußfolgerungen immer unwahrscheinlicher werden.

Ein von dem Bauforscher Ernst Heinrich verfolgter Gedankengang bezieht die textliche Überlieferung mit in die Erklärung ein und versucht gleichzeitig, die religiösen und kultischen Vorschriften zu ergründen. In dem Vorstellungskreis um Inanna und Dumuzi spielte das Sterben der Natur, das die Menschen des Altertums mit Besorgnis erfüllte, eine wichtige Rolle. In Klageliedern bejammerten sie den Niedergang allen Lebens, wobei häufig Zerstörungen von Tempeln und Kultstätten, auch von ganzen Städten erwähnt wurden. Diese Vernichtung darf man vielleicht nicht auf das Eindringen von Feinden zurückführen, sondern kann darin religiös bedingte Handlungen sehen. In einem dieser auch schriftlich aufgezeichneten Klagelieder, die sich mit der Zerstörung von Ur beschäftigen, jammerte die Göttin um ihren Tempel: «Meine, der hohen Frau, heilige Cella, mein königliches Haus, dessen Dauer mir die Götter auf lange Zeit festgesetzt haben, liegt mir in Klagen und Weinen am Boden... Wie ein Zelt, wie eine Hütte, die man am Ort der Ernte abgerissen hat, wie eine Hütte, die man am Ort der Ernte abgerissen hat, ist es Regen und Wind ausgesetzt.» [42]

Da man annimmt, daß sich die wichtigste Voraussetzung für das Wiederaufleben – die «Heilige Hochzeit» – im Hochtempel vollzog, wird von E. Heinrich der Gedanke geäußert, daß sich die kultische Zerstörung nur auf den Hochtempel beschränkte. Er mußte, stellvertretend für die Stadt, das Schicksal der vergehenden Natur teilen. Für diese These gibt es nicht nur Hinweise in der Literatur, die allerdings meist verschlüsselt und schwer erkennbar sind, sondern vor allem archäologische Fakten. Die Gebäude auf den Hochterrassen wurden wesentlich häufiger erneuert als die umgebenden Tempel zu ebener Erde. Das läßt sich an Hand der zahlreichen Fußböden nachweisen. Es ist nicht unwahrscheinlich, daß im Verlauf des 4. und beginnenden 3. Jahrtausends v. Chr. die religiöse Praxis aufkam, den Ort der symbolischen Lebenserneuerung jährlich abzureißen und auf höherem, durch den Schutt entstandenem Niveau wieder zu errichten. Dieser möglicherweise einmal aus praktischen Gründen begonnene Brauch wurde durch die Religion begründet und ging schließlich in die sich weiterentwickelnden kultischen Traditionen ein.

Sicher hat neben solchen dem religiös-kultischen Bereich entstammenden Vorstellungen auch der Wunsch der Menschen gestanden, das Haus ihres Gottes sichtbar aus seiner Umgebung hervorzuheben. Der Stand der damaligen Lehmbautechnik erlaubte wohl noch nicht die Errichtung mehrstöckiger oder besonders hoher Gebäude. So scheint es in einem flachen Schwemmland wie Mesopotamien der beste Weg, den Tempel auf eine künstliche Terrasse zu setzen und damit höher als alle umgebenden Bauten zu stellen. Ein solches Heiligtum konnte besonders eindrucksvoll die Macht des dort verehrten Gottes verkünden und gleichzeitig den Herrschaftsanspruch des Stadtfürsten ansichtig machen. Vielleicht mag auch ein gewisser Stolz mitgesprochen haben, wie er sich in einem Lied auf den Gott Enlil äußert, das Ur-Nammu, der Erbauer der großen Zikkurrat von Ur, verfassen ließ.

«‹Das Ziegelwerk des Ekur, wie ist es verfallen?› sprach er, im Ekur, seinem Heiligtum, in dem er Wohnung genommen, wie der helle Tag wieder zu erstrahlen, trieb den ‹großen Berg› Enlil sein gnadenvolles Herz an, des Ekur Haupt zu erhöhen, trug er dem Hirten Ur-Nammu auf.
Da erhöhte es der König im Lande Sumer, daß es das Haupt stolz erhebt,
da legte der gute Hirte Ur-Nammu, der durch Nunammirs Fügung bis in ferne Tage gewaltig herrscht,
der das Recht kennt, der Kluge, die Ziegelform zurecht...
Das Fundament legten sie an, die heilige Baugrube hoben sie aus...
Der Hirte Ur-Nammu ließ das hohe Ekur in Duranki zum Himmel emporsteigen,
stellte es zum Staunen der zahlreichen Menschen hin...
Das ‹Stufengebirge›, die Zikkurrat, die lautere Wohnung, die der ‹Große Berg› bewohnt,
ließ Ur-Nammu darinnen wie ein gewaltiges Licht bis zur Erde herabreichen,
brachte ins Gagischschua, den großen Palast, den Ort, an dem sie ihren Richterspruch fällt,
der großen Mutter Ninlil üppige Wonne.
Enlil und Ninlil ließen sich's dort wohlgefallen.» [43]

Das Weltschöpfungsepos ■ Als jenes Lied des Ur-Nammu entstand, war Babylon noch eine unbedeutende Stadt und ihr Gott Marduk außerhalb ihrer Mauern kaum bekannt. Mit dem Aufstieg Babylons zur Zeit der amurritischen Dynastie des Hammurapi gewann auch der Stadtgott Marduk an Bedeutung und trat später an die Spitze des babylonischen Pantheons. Damit fielen ihm auch in der Mythologie Funktionen zu, die früher andere Götter innegehabt hatten. Die Machtübernahme Marduks wird im Weltschöpfungsmythos begründet und in literarisch anspruchsvoller Form dargestellt. Seine schriftliche Aufzeichnung erfolgte wohl erstmalig in altbabylonischer Zeit. In den folgenden Jahrhunderten bis in die persische Periode wurde dieses bedeutende Werk immer wieder kopiert und bei besonderen Anlässen wie dem Neujahrsfest zitiert. Wie wichtig dieser Mythos für die Religion und den Staat war, zeigt die Tatsache, daß er von den Assyrern in gleicher Form übernommen wurde, nur daß ihr Staatsgott Assur die Stelle des Marduk einnahm. Die hier gebotene Darstellung des Weltschöpfungsliedes geht auf das älteste überlieferte Exemplar aus dem 10. Jahrhundert zurück.[44]

Die Dichtung beginnt mit dem ersten Schöpfungsakt, der Teilung von Himmel und Erde:

«Als droben der Himmel nicht genannt war, drunten die Feste einen Namen nicht trug,
Apsu, der Uranfängliche, ihr Erzeuger, Mummu und Tiamat, die Gebärerin von ihnen allen, ihre Wasser in eins vermischten.
Das Strauchwerk sich nicht miteinander verknüpfte, Rohrdickicht nicht zu sehen war.
Als die Götter nicht existierten, niemand sie mit Namen nicht genannt, Geschicke ihnen nicht bestimmt waren.
Da wurden die Götter in ihrer Mitte geschaffen.»

Diese ersten Götter störten mit ihrem Lärm die Urmutter Tiamat und Apsu, der daraufhin ihren Untergang plante. Gegen den Wunsch der Tiamat holte er den Rat seines Wesirs Mummu ein, der ebenfalls wegen der Ruhestörung zur Vernichtung der Götter aufrief:

«Alles, was sie in ihrer Versammlung geplant hatten, den Göttern, ihren Erstgeborenen, wurde es erzählt.

Als die Götter es hörten, liefen sie umher, wurden stille, setzten sich bedrückt.»

Nur der weise Ea ließ sich nicht beeindrucken, sondern schläferte mit Hilfe von Beschwörungen Apsu und Mummu ein. Im Schlaf tötete er Apsu und beraubte Mummu seiner Manneskraft und vergewaltigte ihn. Apsu diente dem Sieger fortan als Wohnung:

«An seinem Orte gründete er sein Gemach, Ea und Lachamu, seine Braut, setzten sich in Feierlichkeit.
Im Gemach der Geschicke, im Hause der Bestimmungen, wurde der Weiseste der Weisen, der Kluge der Götter, Marduk, erzeugt.
Inmitten des Apsu wurde Marduk geboren, inmitten des heiligen Apsu wurde Marduk geboren.
Es erzeugte ihn Ea, sein Vater, Lachamu, seine Mutter, war's, die ihn gebar.
Er saugte an der Brust der Göttinnen, eine Wärterin pflegte ihn, füllte ihn mit Furchtbarkeiten.
Üppig ist seine Gestalt, glänzend der Blick seiner Augen. Heldenhaft sein Auszug, herablassend ist er von jeher.
Als ihn Ea sah, der Erzeuger, sein Vater, frohlockte er, erglänzte sein Herz, wurde von Freuden voll.
Er schmückte ihn, Doppelgottesgestalt fügte er ihm zu, gewaltig erhöht über sie ist er, mehr als sie alle.
Unmöglich kunstvoll sind seine Maße, zu verstehen unmöglich, anzusehen schwierig.
Vier sind seine Augen, vier seine Ohren, wenn seine Lippe in Bewegung gesetzt wird, erglüht Feuer.
Es wuchsen ihm vier Ohren, und ebensoviele Augen erschauen alles.
Erhöht unter den Göttern ist er, überragend seine Gestalt, seine Glieder sind erhaben, hoch überragend.
Was für ein Kind? Was für ein Kind? Ein Sonnenkind, ein Götter-Sonnenkind!
Bekleidet ist er mit dem Glanze von zehn Göttern, höchlichst stark.»

So war Marduk schon von Geburt an unter den Göttern hervorgehoben und für besondere Aufgaben bestimmt. Diese erwarteten ihn bald, da Tiamat, über den Tod des Apsu ergrimmt, zum Kampf gegen die Götter rüstete. Sie schuf zu ihrer Unterstützung eine Reihe furchterweckender Fabelwesen, zu deren Anführer sie Kingu wählte:

«Du seist erhaben, mein Gatte, Auserwählter du! Deinen Namen soll man erhöhen über alle Annunaki!
Sie gab ihm die Schicksalstafeln, brachte sie an seiner Brust an.«

Unter den Göttern herrschte große Aufregung, als sie von den Kriegsvorbereitungen der Tiamat erfuhren, und sie wollten versuchen, die Ergrimmte zu besänftigen. Nach vergeblichem Bemühen mußten sie zum Kampf rüsten, den alle Götter fürchteten. Schließlich erklärte sich Marduk bereit, gegen Tiamat zu streiten. Er stellte dafür seine Bedingungen:

«Herr der Götter, Schicksal der großen Götter! Wenn ich, euer Rächer,
Tiamat bezwingen soll, euer Leben retten soll, macht eine Versammlung, macht übergewaltig mein Schicksal und tut es kund!
In Ubschukkina insgesamt setzt euch freudig nieder! Mein Ausspruch bestimme anstatt eurer die Schicksale!
Unveränderlich sei jegliches, was ich erschaffe, unwandelbar, unwiderruflich sei der Befehl meiner Lippe!»

Die Götter kamen zu einem großen Festmahl zusammen, bei dem über die Forderungen des Marduk beraten werden sollte. Trunken vom Bier und vom reichlichen Essen erhöhten sie ihn und sprachen:

«Marduk, du bist unser Helfer! Wir haben dir das Königtum gegeben, die Gesamtheit des Alls!»

Sie rüsteten Marduk mit besonderen Waffen aus, gaben ihm den Bogen, die Keule und das Netz; seine Begleiter waren die Winde und verschiedene Zauberkräfte. Tiamat näherte sich in rasender Wut zum Kampf, doch Marduk fing sie mit dem Netz:

«Er öffnete Tiamat den Mund, soweit sie konnte, da ließ er den Sturm hinein, so daß sie die Lippen nicht schließen konnte.
Die grimmigen Winde füllten ihren Leib, ihr Herz wurde gelähmt, ihren Mund tat sie weit auf.
Er schoß den Pfeil ab, zerspaltete ihren Bauch, ihr Inneres zerschnitt er, zerriß daß Herz.»

Marduk tötete Tiamat, nahm ihre Helfer gefangen und entriß dem Kingu die Schicksalstafeln, die er fortan im Besitz behielt. Aus dem Leichnam der Tiamat, den er in zwei Hälften teilte, ließ er den Himmel schaffen, den er fortan als Sitz der großen Götter bestimmte. Danach widmete sich Marduk der Schöpfung der Welt. Die Sterne erhielten ihren Standort, Sonne und Mond nahmen ihren Lauf, und das Jahr mit zwölf Monaten wurde eingeteilt. Anschließend begehrte er, Kunstvolles zu schaffen:

«Blut will ich binden, Gebein entstehen lassen.
Aufstellen will ich Lulla, ‹Mensch› sei sein Name,
Erschaffen will ich Lulla, den Menschen!
Es sollen ihm auferlegt werden die Götterdienste.»

Das benötigte Blut verschaffte sich Marduk durch die Tötung des Kingu und formte daraus den ersten Menschen. Die gefangenen Götter wurden freigelassen; froh und dankbar darüber, beschlossen sie, für Marduk eine Wohnung zu bauen. Es sollte ihre letzte Arbeit sein, da fortan die Menschen den Dienst für die Götter zu übernehmen hatten. Die Götter «erhöhten Esagilas Haupt» in Babylon und erbauten «den Tempelturm des Apsu» für Marduk, Enlil und Ea. Der Haupttempel in Babylon sollte fortan der Mittelpunkt seines Kultes sein. In den folgenden Passagen des Weltschöpfungsliedes bestimmte Marduk weitere wichtige Ordnungen und setzte die Opfer für die Götter fest. In dankbarer Anerkennung seiner Taten sammelten sich die Götter zu seinem Lob. Unter verschiedenen Namen nannten sie die Erscheinungsformen des Marduk und sein Wirken. Ihm wurde dabei Einfluß auf die Fruchtbarkeit der Natur, auf das Wohlergehen der Götter und Menschen, auf Beschwörungen und Krankheit zugeschrieben:

«Die großen Götter, mit dem Namen ‹fünfzig› nannten sie seine fünfzig Namen, machten überragend seinen Weg.
Sie sollen festgehalten werden! Der Erste soll sie verkünden!
Der Weise und Kundige, zusammen sollen sie sie erwägen!
Der Vater erzähle sie, lehre sie den Sohn! Des Hirten und Hüters Ohren seien geöffnet!
Er freue sich über den Herrn der Götter, Marduk!
Damit sein Land fruchtbar werde, er selbst wohlbehalten bleibe!»

Das Weltschöpfungslied enthält die fundamentalen Glaubenssätze der babylonischen Religion, und besonders die abschließenden Passagen darf man mit Lobpreisungen vergleichen, wie sie aus vielen Religionen bekannt sind.

Zu den wichtigsten Handlungen während des Neujahrsfestes gehörte die Rezitation des Weltschöpfungsmythos. Dadurch sollte immer aufs neue an die Vorgänge erinnert werden, und einige von ihnen wurden symbolisch während der Zeremonien wiederholt.

Das Neujahrsfest ■ Das Neujahrsfest oder, wie die Babylonier häufig auch sagten, zagmukku-Fest wurde zum Jahresbeginn gefeiert. Wie bereits angedeutet, gab es jahrhundertelang dafür kein allgemein verbindliches Datum, da man im alten Mesopotamien die Zeit nach dem Mondkalender bestimmte. Dieses kürzere Jahr von etwa 354 Tagen hinkte, über längere Zeit gesehen, beträchtlich hinter dem durch landwirtschaftliche Arbeiten bestimmten Jahreszyklus hinterher. Deshalb mußten Schalttage oder-monate eingeschoben werden, die jedoch nach Bedarf und auf Anordnung und nicht in regelmäßigen Abständen eingeführt wurden. Abhängig von den Gebieten und den geschichtlichen Perioden begann man das Jahr im Frühjahr oder im Herbst, und dementsprechend wurden auch bestimmte Feste begangen. Im Verlaufe des 1. Jahrtausends v. Chr. lag der Jahresanfang in Babylonien etwa 14 Tage nach der Frühjahrs-Tagundnachtgleiche. Diese Festsetzungen geschahen im Zusammenhang mit astronomischen Beobachtungen, vor allem der heliakischen Aufgänge von Fixsternen. Auch die Bezeichnung der Monate war in Mesopotamien nicht einheitlich, so daß sie nicht ohne weiteres gleichzusetzen sind mit unseren Monatsnamen. Für das 6. Jahrhundert v. Chr., die Zeit des neubabylonischen Reiches, die hier im Mittelpunkt steht, ist gesichert, daß das Neujahrsfest vom 1. bis 11. Nisan, das heißt im März stattfand. Das ist die Zeit nach den Winterregen beziehungsweise nach Beendigung der kühleren Periode, wenn die Sonne wieder höher aufsteigt. Das Wachstum der Pflanzen setzt verstärkt ein, und begünstigt durch die Feuchtigkeit verwandeln sich die Steppengebiete für kurze Zeit in blühende Teppiche. Das Neujahrsfest und das von den Sumerern gefeierte Akitu-Fest dürften damals zusammengefallen sein, so daß sich auch die entsprechenden kultischen Handlungen miteinander verbanden.

Das Neujahrsfest wurde sicher in vielen Städten und Ortschaften begangen; von allgemeiner Bedeutung waren aber nur die großen Zentren mit den Heiligtümern der Hauptgötter. Schriftliche Zeugnisse darüber gibt es aus verschiedenen Orten, zu denen im Norden Assur, Ninive und Harran und im Süden Babylon und Uruk gehörten. Der Ausrüstung des Festes, der Vorbereitung und Ausschmückung der Tempel und Fahrzeuge galt die besondere Aufmerksamkeit der Herrscher. Obwohl es zahlreiche Nachrichten in Königsinschriften, kultischen und mythologischen Texten gibt, ist man sich auch heute noch nicht über viele Vorgänge während des Festes im klaren. Die wichtigsten Quellen finden sich in einem Ritual für das Neujahrsfest in Babylon, das nur fragmentarisch erhalten ist und nach der Beschreibung des sechsten Tages abbricht, ferner in einem Ritual für das Neujahrsfest im Anu-Tempel in Uruk, das jedoch aus recht später Zeit, dem 3. Jahrhundert v. Chr., stammt und somit nur bedingt zu verwenden ist.

Da die meisten der hier genannten Texte bereits recht lange in der Wissenschaft bekannt sind, hat sich inzwischen eine umfangreiche Literatur zu dieser Überlieferung angesammelt. Besonders in den ersten Jahrzehnten unseres Jahrhunderts beschäftigten sich viele Forscher und auch Laien mit diesem Thema, da sehr intensives religionswissenschaftliches Interesse bestand und die Ergebnisse der Ausgrabungen von Babylon auch in dieser Hinsicht ausgedeutet wurden. Es gab damals bei einigen Wissenschaftlern die Tendenz, sehr weitreichende Religionsvergleiche auf dieser Basis aufzubauen. Es wurden Anschauungen und Vorschriften des Christentums und des Judentums mit den babylonischen Überlieferungen verglichen. Davon ist man inzwischen abgerückt, denn es ist recht zweifelhaft, nach äußeren Ähnlichkeiten auf innere Verbindungen zu schließen, auch wenn es manche gemeinsamen Wurzeln gibt. So versuchte der bekannte Assyriologe H. Zimmern sogar, direkte Parallelen zwischen den Vorgängen beim babylonischen Neujahrsfest und der Leidensgeschichte Christi zu ziehen. Manche Ergebnisse der älteren Forschung werden heute skeptisch und vorsichtig betrachtet. Es besteht jetzt eher die Tendenz, keine Aussage als gesichert und absolut aussagekräftig zu betrachten und alles in Frage zu stellen. Dieser im Prinzip richtige und begrüßenswerte Standpunkt kann jedoch auch überbetont werden, und man beraubt sich damit von vornherein der Möglichkeit einer zusammenfassenden Darstellung, die nach wie vor das Ziel sämtlicher wissenschaftlichen Forschungen sein muß.

Das Neujahrsfest war nicht nur eine religiöse Zeremonie mit Gebeten, Umzügen und Opfern, sondern es war gleichzeitig ein politisches Ereignis, bei dem sich der König stets aufs neue der Gunst der Götter versicherte und seinen Herrschaftsanspruch verdeutlichte. In der neubabylonischen Periode wurden dem König zwar keine göttlichen Ehren mehr erwiesen, wie es im späten 3. und frühen 2. Jahrtausend der Fall war, aber er fungierte als Stellvertreter der Gottheit auf Erden und war nominell der oberste Priester. Ihm, als dem für die Geschicke des Landes Verantwortlichen, oblag der Vollzug zahlreicher kultischer Verpflichtungen, zu denen auch das Neujahrsfest gehörte. Es ist in der Wissenschaft oft darüber diskutiert worden, ob die Durchführung des Neujahrsfestes für den König unmittelbar mit einer Bestätigung als Herrscher für das kommende Jahr gleichzusetzen war. Es muß beides in einem Zusammenhang gestanden haben, aber nicht in dem Sinne, daß der König für abgesetzt erklärt werden konnte, wenn das Fest nicht stattfand. Sein Nichterscheinen war aber ein bemerkenswertes Ereignis, das in den Chroniken aufgezeichnet wurde. So heißt es in den Annalen des Nabonid: «Der König ging im Nisan nicht nach Babylon, Nabu ging nicht nach Babylon, Marduk ging nicht hinaus, das Akitu-Fest fiel aus.» [45] Wie schon erwähnt, blieb Nabonid jahrelang Babylon fern und zog sich damit die besondere Feindschaft der Marduk-Priesterschaft zu, die das Neujahrsfest nicht feiern konnte. Nabonid hatte auch nicht für Vertretung gesorgt, denn in Ausnahmefällen konnte ein naher Verwandter, vor allem der Kronprinz diese Verpflichtung für den König wahrnehmen. Auch zu Zeiten fremder Herrschaft in Babylon schätzten die regierenden Könige die Wichtigkeit des Festes hoch ein. Die assyrischen Könige zum Beispiel versäumten diesen Festakt in Babylon nicht, und noch die persischen Herrscher unterwarfen sich den Vorschriften. Kyros schickte seinen Sohn Kambyses an seiner Stelle zum Neujahrsfest nach Babylon. In Ausnahmefällen schien man sich sogar mit dem Kleid des Königs zufrieden zu geben. So wurde der assyrische König Asarhaddon in einem Brief aufgefordert, sein Gewand zum Akitu-Fest nach Harran zu senden.

Festlichkeiten im Tempel ■ In Babylon waren das Heiligtum des Marduk Esagila und der Stufenturm Ete- 63
menanki Zentrum für das Neujahrsfest. Die ersten Tage waren den Vorbereitungen im Tempel selbst gewidmet. Sie bestanden vor allem aus Gebeten und kultischen Reinigungen. So heißt es im Ritual für das Neujahrsfest in Babylon:

«Am zweiten Nisan, zwei Stunden vor Ende der Nacht steht ein Scheschgallu-Priester auf und wäscht sich mit Flußwasser. Vor Bel tritt er ein und breitet ein Linnengewand aus. Er weckt Bel und spricht zu Bel folgendes Gedicht:
Bel, der in seinem Zorn seinesgleichen nicht hat,
Bel, gnädiger König, Herr der Länder,
der die großen Götter freundlich stimmt,
Bel, der durch seinen Blick die Mächtigen niedergeworfen hat,
Herr der Könige, Licht der Menschheit, der die Anteile verteilt,
Bel, deine Wohnung ist Babylon, Borsippa deine Tiara ...»

Nachdem der volle Wortlaut des Gebetes zitiert worden war, erfolgt der Hinweis, daß dieser Text streng geheim bleiben müsse:

«21 Zeilen. Geheimnis von Esagila.
Außer dem Scheschgallu-Priester von Ekua darf Bel es niemand zeigen.» [46]

In den anschließenden Riten wurden Opfer dargebracht, umrahmt von Musikdarbietungen mit Sän- 80
gern. Einigen besonders ausgesuchten Handwerkern, einem Goldschmied und einem Holzarbeiter, wurde der Auftrag erteilt, einige Bildwerke herzustellen.

Dafür erhielten sie aus dem Schatz duftendes Zedern- und Tamariskenholz, Gold und Edelsteine. Sie fertigten vielleicht Holzfiguren an, die mit einer Goldfassung überzogen und mit Edelsteinen geschmückt sowie mit Gewändern und Attributen bekleidet wurden. Ihr eigentlicher Zweck ist dem Ritual nicht zu entnehmen; die Figuren wurden am sechsten Tag nach der Ankunft des Nabu durch Schwertträger enthauptet und verbrannt.

Die zahlreichen, hier nur kurz gestreiften Kulthandlungen mußten mit äußerster Sorgfalt und unter Beachtung aller Vorschriften vor sich gehen. Schon die geringste Unachtsamkeit konnte, nach den Vorstellungen der Babylonier, den Verlauf des gesamten Festes gefährden. Deshalb waren in den Aufzeichnungen der Rituale alle Einzelheiten, einschließlich des Wortlautes der Gebete, beschrieben. Unerläßlicher Bestandteil jedes Festes waren die reichlichen Opfer, und man kann verstehen, daß die Priesterschaft schon aus diesem Grunde streng an den Bräuchen festhielt. Durch sie wurde der Reichtum des Tempels beträchtlich gemehrt. Allein die Speiseopfer waren beachtlich, wie ein Beispiel aus dem Neujahrsritual des Anu-Tempels in Uruk zeigen soll:

«Bei der großen Mahlzeit des Morgens, das ganze Jahr sieben Hammel erster Gattung, fett, rein, zwei Jahre alt, mit Gerste gefüttert; ein kalu-Hammel als regelmäßige Opfergabe, dick, mit Milch gemästet, im Ganzen acht Hammel regelmäßige Opfergabe. Ein großes Rind, ein Milchkalb und zehn dicke Hammel, zweite Gattung, nicht mit Gerste gefüttert...» [47] Dazu kamen größere Mengen von Milch, Milchprodukten, Getreide, Brote, Öl, Gemüse, Datteln, Bier, Most und Eier. Hier waren nur einige der regelmäßigen Opfer aufgeführt, die bei Festlichkeiten um ein Vielfaches anstiegen.

Für die ordnungsgemäße Durchführung der Rituale war auch die Beobachtung der Sternbilder von Wichtigkeit, denn spätestens im 1. Jahrtausend v. Chr. wurde der Lauf der Gestirne in engen Zusammenhang mit dem Fest gesetzt. Diese in der Priesterschaft überlieferten Kenntnisse gewannen immer mehr an Bedeutung und führten zu der geachteten Stellung, die gerade die Priester Babylons als Astrologen und Astronomen in der damaligen Welt genossen. Als «chaldäische» Sterndeuter wurden sie in Griechenland bekannt; noch im europäischen Mittelalter sprach man von ihren besonderen Erfahrungen. Die Beobachtung der Gestirne mußte innerhalb des Neujahrsfestes vorgenommen werden, damit der richtige Zeitpunkt für die einzelnen Handlungen bekannt war. Nachts hatte der Scheschgallu-Priester ein Gebet an das Sternbild Iku zu richten, das als das himmlische Ebenbild von Babylon betrachtet wurde.

Wie bereits ausgeführt, spielte das Weltschöpfungsepos innerhalb des Festverlaufs eine wichtige Rolle. Nach seinem Gebet an den Stern Iku mußte der Priester den gesamten Wortlaut dieses auch als «enuma elisch» bekannten Liedes vor Marduk zitieren. Dem Marduk, der hier meist als «Bel» (= Herr) angesprochen wurde, galt als Held dieser Erzählung die besondere Verehrung.

Nabus Ankunft in Babylon ■ Neben Marduk war der Gott Nabu einer der wichtigsten Festteilnehmer. Nabu residierte in Borsippa, wo in seinem Tempelbezirk Ezida große Vorbereitungen für seine Ausfahrt nach Babylon vorgenommen wurden. Nabu galt als Sohn des Marduk und hatte besondere Bedeutung als Gott der Schreiber und Schreibkunst. Durch diese Funktion hatte er Einblick in die Geschicke der Welt und wurde auch als Gott der Weisheit angesprochen. Die bereits im Weltschöpfungsepos erwähnten Schicksalstafeln konnten von ihm geschrieben werden und wurden wohl auch zeitweilig im Schicksalsgemach seines Tempels aufbewahrt. Den Schicksalstafeln maß man bereits im 3. Jahrtausend besondere Bedeutung zu, ihr Besitz garantierte den Anspruch auf Weltherrschaft. Nach seinem Sieg über Tiamat hatte Marduk sie an sich genommen. Nicht nur im Weltschöpfungslied, sondern auch in anderen Mythen wird ihr Besitz als eines der höchsten Güter angesehen.

Viele Herrscher, ob es die babylonischen, assyrischen oder später persischen Könige waren, rühmten sich größerer Stiftungen für den Nabu-Tempel. Für die Prozession des Gottes war, wie bereits erwähnt, eine Straße angelegt worden, die vom Bezirk Ezida in nordwestlicher Richtung durch die Stadt bis zum Borsippa-Kanal führte. Die Straße hatte man auf einer Unterlage von Backsteinen mit weißroten Breccia- und Kalksteinplatten gepflastert; die Statue des Nabu wurde wahrscheinlich auf einem Wagen bis zum Kanal gefahren. Auf diesem Weg gab es mehrere Stationen, an denen die Prozession verweilte. In den Königsinschriften werden zum Beispiel das kostbar geschmückte «Hohe Tor» und das «Bunte Tor» erwähnt. Auf dem Kanal wartete ein Schiff auf die Statue des göttlichen Herrn. Für den Bau dieses Wasserfahrzeugs sollen rund acht Zentner Rotgold sowie kostbares Holz und Edelsteine verwendet worden sein. In einer luxuriösen Kabine ruhte die Götterstatue bis zu ihrer Ankunft am Kai von Babylon.

Im Tempel von Esagila hatte man inzwischen alle notwendigen Vorbereitungen für die Ankunft des Nabu getroffen. Der Tempel wurde erneut kultisch gereinigt:

«Wenn es 2 Uhr nach Sonnenaufgang ist, ruft er, sobald die Zurichtung für den Tisch des Bel und der Beltija fertig ist, den Beschwörungspriester, und dieser reinigt den Tempel und besprengt mit Wasser aus der Zisterne des Tigris und aus der Zisterne des Euphrat den Tempel. Die kupferne Kesselpauke in der Mitte des Tempels läßt er ertönen. Das Räucherbecken und die Fackel bringt er in den Tempel. Er selbst bleibt im Hof, in das Allerheiligste des Bel und der Beltija tritt er nicht ein.»

Die gleiche Reinigung galt der Cella des Nabu in Esagila, die Türflügel wurden mit Zedernöl bestrichen. Danach schnitt man einem Schaf den Kopf ab, und der Beschwörungspriester reinigte mit dem blutenden Kadaver auf symbolische Weise das Heiligtum.

«Den Kadaver jenes Schafes trägt der Beschwörungspriester weg und geht zum Fluß. Er richtet sein Antlitz nach Westen und wirft den Kadaver jenes Schafes in den Fluß. Er geht zur Steppe hinaus. Der Schwertträger macht es mit dem Haupt des Schafes ebenso. Der Beschwörungspriester und der Schwertträger gehen zur Steppe hinaus. Solange Nabu in Babylon ist, betreten sie Babylon nicht...» [48]

Durch diese symbolische Reinigung sollten alle bösen Geister und Einflüsse gebannt sein, die das Schaf als «Sündenbock» auf sich genommen hatte. Die Priester, die die Handlungen vollführt hatten, waren unrein geworden und mußten sich deshalb aus der Stadt entfernen.

Danach traf man die letzten Vorbereitungen, ein «Himmel aus Gold» wurde in der Kapelle des Nabu gespannt, das heißt, daß man vermutlich einen mit Gold verkleideten Baldachin aufstellte. Am sechsten Tag empfing der König die Statue des Nabu und geleitete sie durch das im Süden von Babylon liegende Urasch-Tor in die Stadt bis in den Tempel Esagila, wo er in seiner Cella Wohnung nahm.

In den folgenden Zeremonien mußte sich der König offensichtlich vor dem Gott Marduk verantworten. Im Ritual wird beschrieben, daß ein Priester dem Herrscher Szepter, Ring und Götterwaffe sowie seine königliche Tiara wegnahm und ihn auf die Wange schlug. Der König mußte niederknien und es sich gefallen lassen, an den Ohren gezogen zu werden. In dieser demütigen Pose beteuerte er angesichts der Götterstatue, daß er nicht gesündigt hatte, nicht nachlässig gegenüber dem Gott und seinen Untertanen war, Babylon gepflegt und vergrößert hatte. Wenn seine Versicherungen vor Marduk Gnade fanden, durfte er seine Machtinsignien wieder anlegen. Nach abermaligem Schlag auf die Wange galt es als gute Vorbedeutung für das kommende Jahr, wenn des Königs Tränen flossen.

Mit dem anschließenden Opfer eines weißen Stieres im Hofe des Heiligtums bricht der Text des hier angeführten Rituals ab. Für die kommenden Tage steht bis jetzt keine annähernd so genaue Beschreibung mehr zur Verfügung. Die nachfolgenden Zeremonien müssen aus verstreuten Texten aus verschiedenen Gegenden und Zeiten versuchsweise erschlossen werden.

Außer Marduk nahmen viele andere Götter in Gestalt ihrer Kultbilder am Neujahrsfest in Babylon teil. Sie wurden aus den Tempeln der Stadt, aber auch von entfernteren Orten herbeigebracht. Durch Inschriften ist bekannt, daß sogar die Göttinnen Nana und Ischtar von Uruk auf Schiffen nach Babylon fuhren. Aus der sogenannten Esagila-Tafel, die bei der Beschreibung der Baulichkeiten oft herangezogen wurde, geht hervor, daß sich im Marduk-Tempel zahlreiche Kapellen für weitere Götter befanden, die vor allem während des Neujahrsfestes genutzt wurden.

Die Schicksalsbestimmung ■ In den Tagen nach der Ankunft des Gottes Nabu aus Borsippa und vor dem Aufbruch zur großen Prozession zum Akitu-Haus mußten eine Reihe bedeutsamer Handlungen durchgeführt werden, über deren zeitliche Reihenfolge und genauen Ort noch immer recht unterschiedliche Meinungen bestehen. Dazu gehörte die Schicksalsbestimmung, die Marduk im «parak schimati» vornahm. Es dürfte sich um eine Götterversammlung gehandelt haben, in der Marduk als Bezwinger der Tiamat und des Kingu, wie im Weltschöpfungsmythos berichtet, den Vorsitz führte. Bei dieser Gelegenheit wurden, möglicherweise durch Orakel, die Geschicke für die Ewigkeit und für den König bestimmt.

Eine Reihe von Forschern vertraten in der Vergangenheit die Meinung, daß das Weltschöpfungslied und einige damit in Verbindung stehende Kulterzählungen während des Neujahrsfestes symbolisch oder sogar mimisch dargestellt wurden. So hatte man vermutet, daß auch Fruchtbarkeitsriten, wie sie sich zum Beispiel in der Beziehung von Ischtar und Tammuz und der «Heiligen Hochzeit» darbieten, in dem Ritual des Neujahrsfestes Niederschlag gefunden hatten. Da Marduk zu diesem Zeitpunkt auch die Rolle eines Vegetationsgottes zu spielen hatte, der das Sterben und Wiederaufleben der Natur versinnbildlichte, nahm man an, daß der Untergang des Lebens durch das Verschwinden des Marduk verdeutlicht wurde. Erst zum Tage der Schicksalsbestimmung kehrte er siegreich zurück. Besonders Heinrich Zimmern und mit ihm einige andere Wissenschaftler legten die Textzeugnisse in dieser Richtung aus. Es gibt eine aus Assur stammende Inschrift, die sich auf das Neujahrsfest in Babylon bezieht und in der geschildert wird, daß Marduk in den Bergen gefangen und für tot gehalten wurde. Die Götter suchten ihn, und seine Gemahlin bejammerte sein Verschwinden. Mit ihm hatte man einen Verbrecher gefangengenommen und später getötet. In der Stadt entstand Aufruhr wegen des verschwundenen Gottes. Am Ende entschlossen sich die Götter zur Befreiung des Marduk und bohrten Löcher in die Tür, hinter der er gefangen saß.

Es ist bis jetzt nicht sicher zu entscheiden, ob und in welcher Weise solche Vorgänge dargestellt wurden. Möglicherweise hatte der König in ihnen eine zentrale Rolle zu spielen.

Der Versuch, mit Hilfe der Ausgrabungsergebnisse und Textzeugnisse die Räumlichkeiten von Esagila genauer zu bestimmen, war nur teilweise erfolgreich. Gerade die im Neujahrsfest-Ritual genannten Gebäudeteile sind schwer zu identifizieren. Der als «Hof der Versammlung der Götter und Sitz der Beratung» bezeichnete Trakt dürfte sich wohl nicht im Kerngebäude von Esagila, sondern im sogenannten Anbau befunden haben, der jedoch nur in wenigen Teilen ausgegraben wurde. Diese Vermutung wurde vor allem durch das Neujahrsfestritual aus Uruk bestärkt, da dort eine genauere Beschreibung der Vorgänge vor der Schicksalsbestimmung enthalten ist. Auf dem großen Haupthof des sogenannten Anbaus muß der eigentliche «Hochsitz der Bestimmungen» gestanden haben, den man sich vielleicht als prachtvollen Thron auf hohem Podest vorstellen darf. Möglicherweise war er durch eine Überdachung oder einen Pavillon vor den Witterungseinflüssen geschützt. Nebukadnezar II. schrieb zu seiner Ausstattung:

«Den Ort der Schicksalsbestimmungen, in Ubschukina, den Hochsitz der Schicksalsbestimmungen, worin am Zagmukku-Fest, dem Jahresanfang, am achten und elften Tage der König der Götter Himmels und der Erden, der gebietende Gott, seinen Sitz einnimmt und die Götter des Himmels und der Erden in Ehrfurcht ihm huldigen und sich beugend vor ihn hintreten, worin sie die Geschicke der künftigen Tage, die Geschicke meines Lebens bestimmen: jenen Hochsitz, den Hochsitz des Königtums, den Hochsitz des Gottes der Herrschaft, des weitschauenden unter den Göttern, des Fürsten Marduk, dessen Bau ein früherer König von Silber hergestellt hatte, ließ ich mit strahlendem Golde, einem Schmuck voll Glanz verkleiden.» [49]

Das Ritual aus Uruk gibt einen Eindruck von den zahlreichen Opfern und Gebeten, die anläßlich der Zeremonie vorgenommen wurden. Offensichtlich zog der ganze Götterhofstaat, die Statuen vielleicht auf Wagen geladen, mit Standarten und Symbolen auf den großen Hof. Dort wurden sie reichlich bewirtet, da diese Zusammenkunft in Erinnerung an das Göttermahl abgehalten wurde, das für Marduk vor seinem Kampf gegen Tiamat einstmals ausgerüstet worden war. Weiterhin gehörte vielleicht auch ein nächtlicher Umzug durch das im Osten von Esagila liegende Tor in der Umfassungsmauer nach draußen dazu, und das Heiligtum wurde bei Fackelschein umrundet.

Ein weiterer bedeutsamer Vorgang, der den Auftakt zur Prozession der Götter bildete, war die Zeremonie der Handergreifung. Bei dieser symbolischen Handlung, die so oft in den Texten Erwähnung fand, mußte der König die Hand der Mardukstatue ergreifen und den Gott bitten, sich zu erheben. Man hat diese Handlung des öfteren mit einer Art Investitur verglichen, die jährlich wiederholt werden mußte. In den Jahren, in denen das Neujahrsfest nicht stattfand, wurde die Macht des Herrschers allerdings auch nicht angetastet.

Feiern im Neujahrsfesthaus ■ Traditionsgemäß mußte sich ein Teil des Neujahrsfestes in einem besonderen Tempel, dem Akitu-Haus, abspielen. Dieses Heiligtum ist bereits aus der frühen sumerischen Zeit als wichtigster Ort für die Durchführung des gleichnamigen Festes bekannt. Im südlichen Mesopotamien hat sich diese Kultstätte wohl gewöhnlich außerhalb der Stadt, in einiger Entfernung vom Tempel des Hauptgottes befunden. Es ist bisher nur in wenigen Fällen gelungen, das Akitu-Haus zu lokalisieren, und noch seltener, es auszugraben. So hat man zum Beispiel trotz zahlreicher Textzeugnisse diesen Tempel in Ur nicht feststellen können. Häufig läßt sich erkennen, daß das Akitu-Haus an einem Kanal oder Fluß lag und zumindest ein Teil des Weges, den die Prozession aus der Stadt zurücklegte, auf dem Wasser vor sich ging. In Uruk konnte man zuerst durch Inschriften und später durch die archäologische Forschung ein Akitu-Haus außerhalb der Stadt entdecken. Es muß dort, in einer Stadt mit zwei großen Tempelbezirken, sogar mehrere Festhäuser gegeben haben.

Das Akitu-Haus von Babylon ist bereits durch einige Briefe aus der altbabylonischen Zeit bezeugt; in späteren Inschriften wird es häufiger genannt. Es war jedoch Robert Koldewey nicht gelungen, seinen Standort auszumachen. Schon der Verlauf der Prozessionsstraße sowie andere Hinweise deuten auf seine Lage im Norden der Stadt außerhalb des dreifachen Mauerringes, doch können bisher keine weiteren Aussagen gemacht werden. So muß man auf die wenigen, bisher ausgegrabenen Festhäuser in anderen Orten zurückgreifen.

86
Blick auf den
rekonstruierten Tempel der Göttin
Ninmach in Babylon
87
Innenhof des rekonstruierten
Tempels der Ninmach,
links das Eingangstor

88
Schlangendrache aus gebrannten Reliefziegeln
von der ersten Baustufe des Ischtar-Tores in Babylon
89
Ansicht der Prozessionsstraße von Babylon 1980

90
Heutiges Aussehen
des Ischtar-Tores in Babylon.
Die noch anstehenden Mauern mit Tierdekoration
stammen von der ersten Baustufe.

Zu erwähnen ist in diesem Zusammenhang zuerst das Akitu-Haus in Assur, das sich außerhalb der Stadtmauern in nordwestlicher Richtung befunden hat. Es handelte sich um einen Tempel im babylonischen Stil, dessen Räume um einen bepflanzten gartenähnlichen Hof angelegt waren. Tempel und Garten wurden von hohen Mauern umschlossen, die keinen Blick auf die Vorgänge in seinem Inneren gestatteten. Die Cella des Gottes, vom Garten her durch eine breite Mittel- und zwei kleinere Seitentüren sichtbar, war ein breitgelagerter Raum mit einer Nische in seiner Rückwand für die Aufstellung des Götterbildes. Diese 33 Meter breite und 8 Meter tiefe Kultstätte war der Mittelpunkt der ganzen Anlage. Im Hof konnte die Bepflanzung mit Bäumen und Sträuchern von Walter Andrae einwandfrei nachgewiesen werden, da er die in den felsigen Untergrund eingetieften Pflanzgruben fand. Sie lagen in regelmäßiger Anordnung in Reihen nebeneinander. Der Garten war von offenen Pfeilerhallen umschlossen, die wahrscheinlich für die Unterbringung der anderen an der Prozession teilnehmenden Gottheiten gedacht waren. Ihre Statuen oder Symbole dürften entweder in der Halle selbst oder in abgeteilten Kabinetten gestanden haben. Hinter zwei Hallen lag ein langgestreckter Saal, den Andrae als Versammlungsort für die Kultfeiern deutete.

Das Neujahrsfesthaus von Assur wurde von Sanherib, dem Zerstörer von Babylon, gebaut, der sicher das entsprechende Gebäude in Babylon kannte. Es ist möglich, daß der sonst unübliche breitgelagerte Kultraum in Anlehnung an babylonische Anlagen entstanden war und gewisse Rückschlüsse auf das Aussehen des Akitu-Hauses von Babylon möglich sind. Im Hof des assyrischen Festhauses konnten noch die in den mit Steinplatten belegten Weg eingetieften Gleise für die großen, schwer lenkbaren Prozessionswagen festgestellt werden.

In schriftlichen Aufzeichnungen sind einige interessante Nachrichten über die Ausschmückung des Akitu-Hauses überliefert, von der jedoch bei der Grabung Walter Andraes nichts mehr entdeckt wurde. Es handelt sich wahrscheinlich um Metallbeschläge der Türen, auf denen die im Neujahrsfest sich widerspiegelnden Ereignisse des Weltschöpfungsliedes dargestellt waren. In Assur nahm natürlich der Staatsgott Assur die Stelle von Marduk ein:

«Ein Werk des Schmiedegottes ließ ich durch meine eigene Kunstfertigkeit herstellen und ein Bild Assurs, da er in die Tiamat hinein zum Kampfe zieht, wie er einen Bogen trägt, während er auf dem Wagen fährt... gravierte ich auf selbigem Tor ein. Die Götter, die vor ihm schreiten und hinter ihm schreiten, die auf einem Wagen fahren, die zu Fuß gehen, auch wie sie vor Assur in Schlachtreihe stehen und hinter Assur in Schlachtreihe stehen; die Tiamat, die Geschöpfe in ihr, wohinein Assur, der König der Götter, zum Kampfe zieht, gravierte ich nach dem Geheiß des Schamasch und Adad auf selbigem Tor ein.» [50]

Man hat angenommen, daß die Traditionen des Akitu-Festes in Assyrien ursprünglich etwas abweichend von den babylonischen waren. Das Festhaus muß nicht immer außerhalb der Stadt gelegen haben, da auch in den assyrischen Königspalästen ein größerer Raumtrakt nachgewiesen werden konnte, den man als Akitu-Haus betrachten kann. Die in Nimrud und Chorsabad erkennbaren Komplexe enthielten außer den Cellen der Götter mehrere Höfe und eine Art Thronsaal-Ensemble. Ferner gehörten Magazine, Ställe, Küchen und eine Bibliothek dazu. Auch ein Bettzimmer für die Zeremonie der «Heiligen Hochzeit» wurde hier lokalisiert.

Die Anlage von Akitu-Häusern konnte auch in Uruk durch Grabungen nachgewiesen werden. Das erst 1954 freigelegte Festhaus des Anu liegt außer-

91
Gewölbebau, bisher als «Hängende Gärten» gedeutet, mit Rekonstruktionen einiger Teile

92
Die Südburg Nebukadnezars II. nach Durchführung einiger Aufräumungs- und Rekonstruktionsmaßnahmen durch die irakische Antikenverwaltung

halb von Uruk; es ist ein großer Komplex mit zahlreichen Räumen und Höfen, deren Anordnung nicht mit der von Assur zu vergleichen ist. Es wird in die seleukidische Zeit gehören, als in Uruk die Heiligtümer von Anu und Antum sowie der Ischtar in neuer Pracht entstanden waren.

Die Prozession ■ Kehren wir nach diesen Exkursen zum Neujahrsfest in Babylon zurück, wo sich die Priesterschaft für die Prozession des Marduk gerüstet hat. Am neunten Tag zog der Götterherrscher mit seinem zahlreichen Gefolge, auf kostbaren Thronen getragen, aus dem Tempel heraus. Der Zug, umgeben von betenden und Weihrauchgefäße schwenkenden Priestern, bot der wartenden Volksmenge einen überwältigenden Eindruck. Es ist bisher nicht nachzuweisen, auf welchem Wege der Götterzug das Festhaus erreichte, und man hat verschiedene Möglichkeiten erörtert. Er könnte, von Esagila kommend, durch die innerhalb der Stadt liegende Prozessionsstraße und das Ischtar-Tor bis zu einem Kanal gezogen sein, VII wo die Götterstatuen auf Schiffe verladen wurden, um den letzten Teil des Weges zu Wasser zurückzulegen. Die Texte lassen auch die andere Vorstellung zu, daß die Prozession Esagila in westlicher Richtung verließ und dort unmittelbar den Euphrat erreichte, wo die Flußfahrt begann. Allerdings dürfte die flußaufwärts verlaufende Schiffsreise mühsamer gewesen sein.

Die Anlegestellen am Fluß oder Kanal, ebenso wie die Wasserfahrzeuge selbst, waren für die Prozession besonders vorbereitet worden. Nebukadnezar II. bemerkte dazu in einer seiner Inschriften:

«Das Schiff, das KU. A. Fahrzeug, das Hausboot, sein glänzendes Fahrzeug, seine Steven vorn und hinten, seine Takelung, seine Bordwölbung, seine Flanken, Löwen- und Prachtdrachenbilder überzog ich mit Goldbronze, verzierte ich mit Edelsteinen, ließ in den hellen Fluten des Euphrats wie die Sterne des nächtlichen Firmaments seinen Glanz erstrahlen, und zum Staunen aller Leute füllte ich es mit Pracht. Am Zagmuk, dem Jahresanfang, ließ ich Marduk, den Götterherrn, darin Platz nehmen und zu seinem herrlichen Feste, dem hehren Akitu-Feste, feierlich dahinziehen.» [51]

Die Prozession erfolgte sicher in Begleitung des Königs, der wohl sogar mit Marduk auf dem gleichen Schiff fuhr und die Götterstatue unterwegs für den nächsten Auftritt schmückte. Man hat des öfteren angenommen, daß die Götterbilder auf sogenannten Schiffswagen, einem auf Rädern montierten Schiff befördert wurden, das für den Wasser- und Landtransport verwendet werden konnte. Das widerspricht nun allerdings den schriftlichen Nachrichten, in denen Schiff und Wagen ausnahmslos getrennt genannt werden.

Den Weg von der Anlegestelle bis zum Neujahrsfesthaus ließ Nebukadnezar II. von Zedern einfassen, die einen glänzenden Wald bildeten. Es sollte offensichtlich auch auf diese Weise die enge Verbindung der Kulthandlungen mit der Natur dokumentiert werden. Das Festhaus selbst schien ein sehr schlichter Bau gewesen zu sein, da Nebukadnezar von einem Gebäude aus «Asphalt und Brandziegeln» sprach, das er «bergehoch» errichtete. Weitere Ausschmückungen wurden hier nicht erwähnt, was vielleicht auf besondere kultische Vorschriften zurückzuführen ist.

Über die Vorgänge im Neujahrsfesthaus gibt es nur wenige Informationen. Oft hat man vermutet, daß das schon öfter erwähnte Kultdrama über das Verschwinden Marduks und seine Gefangennahme hier mimisch vorgeführt wurde. Man könnte auch annehmen, daß ein dementsprechender Text während der Zeremonien vorgetragen wurde. Der König brachte Marduk und den versammelten Göttern reichliche Opfer dar und verrichtete die vorgeschriebenen Gebete. Wie aus einer Inschrift des Nabonid hervorgeht, wurden bei dieser Gelegenheit wohl alle den Göttern gestifteten Gaben vorgewiesen:

«Er ließ 6021 Minen Silber, 307 Minen Gold hineinbringen, dazu noch die jährlichen Geschenke, die

Mögliches Aussehen einer Götterprozession mit Schiffswagen in Assur

stammen aus den Huldigungsabgaben, dem Überfluß des Landes, den Erzeugnissen der Gebirge, den Abgaben aller Siedlungen, dem Überfluß der Könige, der reichen Habe, die der Fürst Marduk mir anvertraut hat. 2850 von den Kriegsgefangenen... schenkte ich, auf daß sie den Tragkorb schleppten.»[52]

Die enge Verbindung des Festes zur Fruchtbarkeit der Natur könnte auch in besonderen Segnungen der Götter für die Fruchtbarkeit und das Gedeihen ihren Ausdruck gefunden haben. Ein großes Festmahl beschloß den Aufenthalt im Akitu-Haus.

Am elften Tag trat die Prozession wieder ihren Rückweg an. Dieser ging, wie die Inschriften eindeutig bezeugen, zu Lande vor sich. Hauptsächlich für diesen Zweck hatte Nebukadnezar II. die glanzvolle Prozessionsstraße anlegen lassen. Sie begann bereits außerhalb der eigentlichen Stadtmauer von Babylon und verlief zwischen den hohen Umwallungen der Hauptburg und einer Befestigungsanlage hindurch. Der König rühmte sich in zahlreichen Inschriften ihrer Erbauung; auch auf den dort verbauten Ziegeln hatte er die Kurzfassung dieses Textes anbringen lassen:

«Die Straßen von Babylon, die Prozessionsstraße des Nabu und des Marduk, meiner Herren, deren Gangbahn Nabopolassar, der König von Babylon, mein väterlicher Erzeuger, mit Asphalt und Brandziegeln glatt gemacht hatte: Ich, der Weise, der Gebetsfreudige, der Ehrfurcht hegt vor ihrer Herrlichkeit, schüttete über dem Asphalt und den Brandziegeln eine gewaltige Aufschüttung von reiner Erde auf; mit Asphalt und Brandziegeln wie eine Hochstraße verstärkte ich ihren Mittelweg. O Nabu und Marduk, wenn ihr in diesen Straßen freudig in eurer Prozession daherzieht, so mögen meine frommen Taten auf euren Lippen gefunden werden! In einem Leben für ferne Tage, in Wohlbefinden des Leibes, in Freude des Herzens, um vor euch darauf zu wandeln, möge ich alt werden in Ewigkeit!»[53]

Die Prozessionsstraße trug den Namen «aiburschabu», was in Übersetzung «Nicht habe Bestand der heimliche Feind» heißt. Ihre Wände waren mit einem Fries von 2,95 Meter Höhe aus Schmelzziegeln verkleidet, auf dem zwischen Rosettenbändern die Löwen als heilige Tiere der Göttin Ischtar dahinschritten. Die durch die Ausgrabung festgestellte Länge der Straße außerhalb der Stadt beträgt etwa 250 Meter, ihre Breite liegt zwischen 20 und 24 Metern. Der Boden war nicht nur mit Brandziegeln, sondern auch mit Steinplatten bedeckt, die an beiden Seiten eine weiße und in der Mitte eine rote Gangbahn bildeten.

Man kann sich vorstellen, daß gerade dieser Teil des Festes unter lebhafter Anteilnahme der Bevölkerung vor sich ging. Schon am Neujahrsfesthaus mögen Speisen und Getränke unter sie verteilt worden sein, damit sie teilhaben konnten an der allgemeinen Freude über die erfolgreiche Heimkehr des Marduk. Sicher folgten sie dem prächtigen Zug der Götter, um durch den Anblick der heiligen Bilder selbst besonderer Gnade teilhaftig zu werden. Wahrscheinlich hat man in den Tempeln und Straßen geweihte
Nachbildungen der beim Fest verwendeten Gegen- 77,
stände, wie aus Ton geformte kleine Betten, Tische, 79,
81,
Wagen, Schiffe und Glocken, verkauft. Auch Dar- 85
stellungen einer nackten Frau mit Kind, vielleicht eine Art Muttergottheit, von Musikanten und andere Figuren konnten als Andenken mit nach Hause genommen werden.

Nach Durchschreiten der Prozessionsstraße passierte man das vollkommen mit blauen Glasurziegeln
geschmückte Ischtar-Tor, dessen voller Name in VII
Übersetzung lautet «Ischtar wirft den nieder, der sich gegen sie erhebt». Am Tor waren die heiligen Tiere der am Fest teilnehmenden Götter – der Stier des Wettergottes und das «muschhuschschu» genannte
Fabelwesen des Marduk – in farbigen Reliefziegeln VI
abgebildet. Am Tor standen damals, wie Nebukadnezar schrieb, «massige Stiere aus Bronze und furchterweckende Fabelwesen» an den Schwellen; die Türflügel bestanden aus Zedernholz, überzogen mit Bronze, Schwellen und Türzapfen waren aus Erz.

Der farbenprächtige Schmuck der Straße endete wohl hinter dem Ischtar-Tor, denn dort hatte Koldewey bei der Grabung keine Hinweise mehr gefunden. Die Pflasterung mit Steinplatten führte jedoch weiter durch die Stadt bis zum Tempelbezirk des Marduk. Innerhalb der Stadt trug die Prozessionsstraße einen anderen Namen, der als «Ischtar ist der Schutzengel ihrer Truppen» übersetzt werden kann. Vor dem Erreichen von Esagila mußte eine Brücke über den Libilchegalla-Kanal passiert werden. Diese Brücke war anscheinend überdacht, denn Nebukadnezar sprach von der aus Zedern und Föhren gebauten Dachkonstruktion, die mit Bronze verkleidet war.

Wahrscheinlich bewegte sich der Götterzug durch das monumentale Tor innerhalb des Mauerringes von Etemenanki in den Bezirk des Babylonischen Turmes hinein; ob er allerdings dort länger verweilte, ist unklar. Die Prozession konnte nach Durchqueren des riesigen Hofes durch eines der auf der Südseite des Turmbezirks befindlichen Tore geradenwegs nach Esagila gelangen. Anscheinend suchte Marduk vor der Rückkehr in seine Cella noch einmal seinen Hochsitz auf dem Hof der Götterversammlungen auf; erst dann wurde die Statue wieder in ihre Cella zurückgetragen beziehungsweise gefahren, um dort bis zur nächsten festlichen Handlung zu verweilen. Auch Nabu kehrte mit seinem

Gefolge auf dem Wasserwege wieder nach Borsippa zurück. Die Götterstatuetten aus den Tempeln von Babylon und aus anderen Städten traten nun ebenfalls den Rückweg an.

Der Turm als Kultplatz ■ In der Beschreibung des Festrituals wird man bisher vergeblich Handlungen gesucht haben, die in unmittelbarer Verbindung mit der Zikkurrat abgehalten wurden. Das ist eine schwierige Frage, bei der es noch immer viele Unklarheiten gibt. Die im sumerischen Götterglauben zu den zentralen Kulthandlungen zählende «Heilige Hochzeit» dürfte auch in den folgenden Jahrtausenden noch eine Rolle gespielt haben. Es kann jedoch nicht mit Sicherheit behauptet werden, daß diese Zeremonie während des Neujahrsfestes stattfand. Viele Forscher sind der Meinung, daß sie als wichtigster Bestandteil des Akitu-Festes in das Neujahrsfestzeremoniell einging. Der Ort der Handlung ist allerdings auch umstritten.

Für die sumerische Zeit konnte mit einiger Sicherheit eine Lokalisierung des Bettzimmers auf der Zikkurrat angenommen werden; ob das allerdings auch auf spätere Perioden zutrifft, ist nur zu vermuten. Durch die Beschreibung des Herodot wurde bekannt, daß sich im Tempel auf der Spitze der Zikkurrat ein schön bereitetes Bett befinde, zu dem der Gott gelegentlich niedersteige; außer einem einheimischen Weib dürfe niemand dort übernachten. Das wäre ein — allerdings recht später — Hinweis auf den Vollzug der «Heiligen Hochzeit» im Hochtempel. Wichtiger noch ist der Vermerk auf der sogenannten Esagila-Tafel, wo das riesige Bett des Marduk in seiner Kultstätte auf dem Stufenturm erwähnt wird.

Über die vom Gott Nabu vollzogene «Heilige Hochzeit» mit seiner Gemahlin Taschmetum sind in einer Inschrift einige interessante Bemerkungen enthalten:

«Am zweiten Ajar kleidet sich ‹Nabu der Brautschaft› mit dem Anu-Kleid, aus Ezida tritt er zur Zeit der ersten Nachtwache wie der Mondgott strahlend hervor, wie Sin bei seinem Aufgang erhellt er die Dunkelheit, lenkt die Schritte nach Ehurschaba, zieht leuchtend dahin, tritt ein bei der Fürstin. Alles ist für die Hochzeit hingestellt. In Ehurschaba verbreitet er Helligkeit wie der Tag. Auf dem Lager der süßen Nacht legen sie sich immer wieder zum süßen Schlaf.» [54]

Auch andere Inschriften des 1. Jahrtausends v. Chr. enthalten Nachrichten über diese kultische Handlung, so daß man sie wohl für Marduk und seine Gemahlin Sarpanitum ebenfalls voraussetzen darf. Wenn sie sie tatsächlich während des Neujahrsfestes vollzogen haben sollten, dann bleibt am ehesten die Möglichkeit, sie nach der Rückkehr aus dem Akitu-Haus anzunehmen. Nach der Beendigung der anderen wichtigen Zeremonien könnte dieser Akt den Abschluß der Feierlichkeiten gebildet haben. Da man wahrscheinlich eine nächtliche Stunde gewählt hatte, wäre die Nacht vom elften zum zwölften Tag der geeignete Zeitpunkt. Die Zeugnisse der sumerischen Zeit ließen erkennen, daß der König und eine hohe Priesterin die körperliche Vereinigung tatsächlich oder symbolisch an Stelle der Götter vorgenommen haben. Die Bemerkung des Herodot wäre ein Hinweis darauf, daß es auch später noch so geschah.

Trotz der hier aufgeführten Texte und Fakten sind Deutung und Funktion des Tempelturmes noch immer umstritten. Sollte er tatsächlich nur ein überdimensionaler Träger für das Hochzeitshaus sein oder fanden dort noch andere Zeremonien statt? Eine weitere Argumentation, die immer wieder angeführt wird, ist die Erklärung als Grabbau. Sie wurde offensichtlich zur Zeit der griechischen und römischen Schriftsteller oft verwendet und von diesen überliefert. So berichtete Strabon über das «Grabmal des Bel, welches, wie man sagt, Xerxes zerstörte». Diodorus Siculus sah angeblich das «Grabmal des Ninos» in Turmform in Ninive. Daß diese Deutung auf ältere Wurzeln zurückgeht, wird durch einen assyrischen Kommentar zu Festvorgängen bewiesen, in dem die Zikkurrat als Grab des Anu bezeichnet wurde. In älteren wissenschaftlichen Arbeiten wurde die Meinung geäußert, daß der Tempelturm, wenn nicht das Grab, so zumindest das Gefängnis des Marduk während des Kultdramas am Neujahrsfest war. Dieser Annahme wird heute nicht mehr viel Gewicht beigemessen.

Wie bereits erwähnt, ließ sich der Beschreibung der Esagila-Tafel entnehmen, daß im Hochtempel auf der Zikkurrat nicht nur das Allerheiligste des Marduk, sondern auch zahlreiche andere Kulträume untergebracht waren. Das wäre ein wichtiger Hinweis darauf, daß hier nicht nur das Hochzeitshaus, sondern ein Heiligtum für die Verehrung mehrerer Götter gestanden hat. Die hier durchgeführten Zeremonien waren vermutlich sehr interner Art und nur wenigen eingeweihten Priestern zugänglich. Die gelegentlich in Keilschrifttexten vertretenen Erwähnungen des «gigunu» auf dem Tempelturm lassen den Schluß zu, hier die Wohnung des göttlichen Paares zu sehen.

Auf einige andere, in der wissenschaftlichen Forschung erwogene Deutungen des Tempelturms soll noch kurz hingewiesen werden. Man wollte in der Zikkurrat eine Art Götterthron sehen, der als erhöhter Sitz den Tempel auf seiner Spitze trug. Die besonders von Walter Andrae vertretene These vom Wohn- und Erscheinungstempel war stark von seiner anthroposophischen Weltanschauung geprägt. Er bezeichnete den Hochtempel als den Wohnort des Gottes, den dieser aufsuchte, ehe er im Tieftempel in Form seines Kultbildes erschien. Die große Mitteltreppe der Zikkurrat blieb deshalb der göttlichen Erscheinung vorbehalten. Die Zikkurrat stellt somit eine Verbindung zwischen Himmel und Erde dar. In dieser Deutung sind einige bemerkenswerte Gedanken enthalten, da bereits der Name des Babylonischen Turmes, «Fundament von Himmel und Erde», die verbindende Rolle des Heiligtums andeutet. Auch in den Namen anderer Zikkurratbauten Mesopotamiens ist diese Idee wiederzufinden. So heißt der Turm in Larsa «Band Himmels und der Erde», der von Dilbat «Haus, das der Standort von Himmel und Erde ist». Andere Bezeichnungen betonen stärker den Bergcharakter des Gebäudes, wie in Nippur, wo der Turm als «Berghaus» oder in Kazallu, wo er als «Haus, das die Leiter hinauf zum Berg ist» benannt wird.

Es ist versucht worden, diese Bezeichnungen aus den Mythen zu erklären, besonders aus denen, die die Schöpfung behandeln. Einer dieser Mythen beginnt mit den Worten «Als auf dem ‹Berg von Himmel und Erde› Anu die Anunna-Götter gezeugt hatte». Man stellte sich also damals den Weltberg als den Ort der Urschöpfung vor. Die in dem hier oft zitierten Weltschöpfungslied beschriebene Tötung der Urmutter Tiamat endet damit, daß ihr Körper geteilt und daraus Himmel und Erde gebildet wurden. Vielleicht war die Zikkurrat als tragendes und verbindendes Element gedacht, das ein Zusammenstürzen der beiden Teile verhindern sollte. Der Urhügel wäre dann auch der Ort, an dem zum Neujahrstage den Göttern das Schicksal bestimmt wurde. Die Zikkurrat als Symbol des Weltberges könnte folglich auch in dieser Beziehung eine Rolle gespielt haben.

Schließlich soll noch auf eine Vermutung eingegangen werden, die oft in der Literatur zum Verwendungszweck der Turmbauten geäußert wurde. Es ist bekannt, daß die Astronomie und Astrologie gerade im 1. Jahrtausend v. Chr. in Babylonien einen starken Aufschwung genommen hatten. Sowohl die auf exakten Beobachtungen und Berechnungen beruhende Astronomie als auch die spekulative Astrologie waren noch bis in das Mittelalter mit dem Namen der Chaldäer verbunden. Viele Erkenntnisse über den Lauf der Sterne, Planeten, über Sonnen- und Mondfinsternisse nahmen – von Griechen und Arabern weiterentwickelt und vermittelt – ihren Weg von Babylonien bis in unsere Tage. Man vermutete, daß solche Gestirnsbeobachtungen mit primitiven Hilfsmitteln von der obersten Plattform der

Turmbauten ausgeführt wurden und diese als eine Art Observatorium dienten. Da die Ausübung der Wissenschaften bevorzugt in den Händen von Priestern lag, ist es schon möglich, daß ihnen für diesen Zweck Zugang zum Hochtempel gewährt wurde. Die Betrachtung der Gestirne dürfte aber immer unter religiös-kultischen und nicht unter wissenschaftlichen Gesichtspunkten erfolgt sein. So war für die Durchführung des Neujahrsfestes zum Beispiel der Zeitpunkt des Frühjahrs-Äquinoktiums sowie der Aufgang bestimmter Sterne von Bedeutung, Erscheinungen, die man von der Höhe des Turmes verfolgen konnte. Auch die Rezitation von Gebeten war in bestimmten Fällen vom Aufgang einzelner Sterne abhängig. Daß diese auf der Zikkurrat stattgefunden haben, geht aus der Beschreibung einer Kultfeier hervor:

«In der ersten Nachtwache, auf dem Dach des Hochtempels der Zikkurrat
des Resch-Heiligtums, wenn der Stern ‹der große Anu des Himmels› aufglänzt, wenn der Stern ‹die große Antum des Himmels›
im ‹Lastwagen› (= großer Wagen) aufglänzt, sprichst du: ‹Gleich der schönen Erscheinung der Sterne des Himmels,
Anu, der König, geht auf, das schöne Bild›. Einen goldenen Tisch für Anu und Antum
des Himmels stellst du hin, reichst ‹Anu und Antum des Himmels› das Handwasser,
richtest den Tisch zurecht; Fleisch von Rind, Schaf und Vögeln richtest du zurecht; erstklassiges Bier
und gepreßten Wein stellst du hin, alle Arten von Gartenfrüchten gibst du reichlich,
streust... und Röstmehl auf das goldene Weihrauchbecken,
gießt mit der goldenen Kanne gepreßten Wein aus; auf die sieben goldenen ‹hohen Tische›
spendest du Jupiter, Venus, Merkur, Saturn und Mars, Mond und Sonne, bei ihrem Erscheinen...»[55]

In diesem aus der seleukidischen Periode Uruks stammenden Text werden die Götter offensichtlich in ihren astralen Erscheinungsformen auf der Zikkurrat verehrt.

Die vielen hier referierten Theorien und Ansichten zur Bedeutung und Funktion der Turmbauten haben zugleich auch die Lückenhaftigkeit unserer Kenntnisse gezeigt. Neben zahlreichen, durch inschriftliche Quellen oder das archäologische Zeugnis gesicherten Informationen über die Kultur und Religion Mesopotamiens stehen noch viele Vermutungen, die nur durch die weitere wissenschaftliche Forschung in Wissen verwandelt werden können. Einen Schritt auf jenem Wege stellen auch die Ausgrabungen dar, die seit einigen Jahren seitens irakischer Archäologen in Babylon unternommen werden.

BABYLON HEUTE

Als Robert Koldewey 1899 die Ausgrabungen in Babylon begann, führte seine jahrelange Tätigkeit, die er zusammen mit Hunderten von Arbeitern und einem kleinen Stab von Wissenschaftlern vollbrachte, zur Freilegung einiger Teile der Riesenstadt. Das von den Mauern umschlossene Areal von 16 Quadratkilometern konnte nur in wenigen Bereichen gründlich untersucht werden; große Teile des Stadtgebiets lagen weiterhin unter Sand und Schutt verborgen. Aber auch die ausgegrabenen Gebäude, die imponierenden Reste der Paläste des Nebukadnezar, die massigen Stadtmauern oder die Tempel blieben nicht lange in dem Zustand, den die Archäologen der Erde entrissen hatten. Babylon teilte das Schicksal der meisten Ausgrabungsstätten alter Kulturen und begann sehr bald wieder zu verfallen.

Probleme der Denkmalpflege ■ Die Ruinen Mesopotamiens wie auch angrenzender Gebiete sind besonders gefährdet, da das übliche Baumaterial — der luftgetrocknete Lehmziegel — ohne ständige Pflege sehr witterungsanfällig ist. Die auf diese Weise errichteten Gebäude mußten im Altertum bereits nach wenigen Jahren renoviert oder erneuert werden. Sonne, Regen und Wind begannen ihr Zerstörungswerk, und wenn die Feuchtigkeit eindrang, was es bald um den Bestand des Mauerwerks geschehen. So ist es auch heute noch; die vom Schutt befreiten Überreste alter Bauwerke sind in hohem Maße gefährdet.

Wie schon erwähnt, war die Verwendung gebrannter Ziegel eine nur in Ausnahmefällen unternommene größere Investition. Sie kamen gewöhnlich bei öffentlichen und vom König befohlenen Bauten zur Anwendung. Ihre Herstellung in Ziegelöfen erfordert größeren Aufwand, so daß sie noch immer ein geschätztes Baumaterial sind. Das führt auch zur Ausraubung vieler antiker Bauwerke; auf diese Weise fiel manche noch stabile Mauer, und tiefe Breschen wurden in die Stadtmauern geschlagen.

Es ist deshalb nicht verwunderlich, wenn schon bald nach Beendigung einer Grabung die Ruinenstätte schon wieder unansehnlich und uninteressant aussieht. Das Mauerwerk stürzt zusammen, alle wichtigen Funde gelangen in die Museen, und selbst der Fachmann hat trotz Benutzung der Pläne Schwierigkeiten, die Gebäude am Ort zu identifizieren. Wer – angezogen von den geschichtlichen Überlieferungen und den großen Namen der Vergangenheit – nach Babylon kam, erlebte sicher eine Enttäuschung, denn nur wenige Bauten waren noch erkennbar. Dieser Zustand blieb lange Jahre nach der Grabung von Koldewey bestehen, bis nach der Gründung der Republik Irak und dem allmählichen Ausbau eines Antikenwesens der Wunsch immer stärker wurde, die Stätten der alten Kultur in einen ansehenswerten Zustand zu versetzen.

Das ist eine äußerst komplizierte Aufgabe. Bis heute hat man noch keine wirkungsvolle Methode der Konservierung von Lehmziegeln gefunden, obwohl in den letzten zwanzig Jahren viele Versuche unternommen wurden. Seit einiger Zeit macht es das irakische Antikengesetz den Ausgräbern sogar zur Pflicht, gleichzeitig mit der Freilegung von Bauwerken auch an ihre Konservierung zu denken. In einigen Orten hat man zu diesem Zweck das anstehende antike Mauerwerk nach oben hin begradigt und mit Beton ausgegossen, der das Eindringen der Feuchtigkeit und die Winderosion verhindern soll. Man bewahrt so die Umrisse des Gebäudes und kann sich eine gewisse Vorstellung von seinen Ausmaßen machen. Die Nachteile dieser Methode liegen in der Verdeckung vieler wichtiger Befunde und in dem sehr modern und steril wirkenden Bild der Ausgrabungsstätte.

In anderen Fällen hat man, wie auch in Babylon, eine Rekonstruktion auf den alten Grundmauern versucht. So wurde zum Beispiel der nahe dem Ischtar-Tor liegende Tempel der Göttin Ninmach aus 86, 87
Ziegeln vollständig wiederaufgebaut und mit Lehmputz überzogen. Er bietet einen recht eindrucksvollen und für den Beschauer instruktiven Anblick, da man ihn umrunden und durch seine Innenräume gehen kann. Aber ein solches Gebäude benötigt ständige Pflege und Restaurierung.

Der Erhaltung der alten Baudenkmäler stellt sich in Babylon noch ein besonderes Problem, nämlich der hohe Grundwasserspiegel, entgegen. Die Stadt muß bereits im Altertum Schwierigkeiten gehabt haben, denn nur so lassen sich zahlreiche Maßnahmen der neubabylonischen Könige erklären, die das Niveau ihrer Bauten mehrmals erhöhten und zum Teil meterhohe Aufschüttungen einbringen ließen. Viele der das Gebiet von Babylon durchziehenden Kanäle dienten sicher nicht nur als Transportwege, sondern entwässerten gleichzeitig auch noch die bewohnten Stadtteile.

Der hohe Grundwasserspiegel war es auch, der Robert Koldewey bei der Ausgrabung große Schwierigkeiten machte und ihn nicht die tieferen Wohn-

VIII
Für die Rekonstruktionsarbeiten in Babylon werden große Mengen von Ziegeln benötigt, die man unmittelbar am Ort nach der alten Methode herstellt.

schichten erreichen ließ. Erinnert man sich an die Untersuchung der Zikkurrat, die nur bei ungewöhnlich niedrigem Wasserstand möglich war, so wird die Problematik dieser Frage noch deutlicher. Das Grundwasser birgt nämlich für das Lehmziegelmauerwerk große Gefahren, indem es bei ungenügender Isolierung eindringt und allmählich von unten her eine Auflösung bewirkt. Verbunden damit ist die Versalzung des Erdbodens, die schon im Altertum in Südmesopotamien Schwierigkeiten brachte. Die durch das Flußwasser im Boden abgelagerten Salze und andere Mineralien werden gerade durch das vom Klima her bedingte System der Bewässerungslandwirtschaft im Grundwasser angereichert. Da die Regenfälle nicht ausreichen, den Boden auszuspülen und das Wasser häufig durch eine undurchdringliche Tonschicht festgehalten wird, nimmt die Versalzung des Bodens ständig zu. Das hatte schwere Folgen für die Landwirtschaft, da man bereits im 3. Jahrtausend v. Chr. in stark versalzenen Gebieten keinen Weizen mehr anbauen konnte. Mit dem gleichen Problem hat sich heute die irakische Landwirtschaft zu beschäftigen. Der Boden muß durch sehr viel Wasser erst ausgewaschen und danach entwässert werden.

Die Bodensalze dringen auch in das Mauerwerk ein und entwickeln sich damit zu einem weiteren Feind der Archäologen und Denkmalschützer. So kann man in und um Babylon noch heute beobachten, wie aus dem Boden die Salze in solcher Menge austreten, daß es wie frisch gefallener Schnee aussieht, und wie sie als dicke Schicht auf den Lehmziegeln sitzen. Diese Salze haben im Endeffekt eine zerstörerische Wirkung und treiben die Ziegel auseinander. Als man zum Beispiel nach der Ausgrabung in Babylon 1920 im Berliner Museum begann, einen Teil der im Bereich von Prozessionsstraße und Ischtar-Tor gefundenen und mit Schmelzfarbenglasuren bedeckten gebrannten Ziegelbrocken zusammenzusetzen, mußte eine langwierige Vorbereitung vorangehen. Durch monatelanges Wässern mußten die Salze aus den Ziegeln herausgespült werden, damit sie nicht in Kürze zu einem Zerfall führen konnten. Solche Maßnahmen sind aber nur bei gebrannten und nicht bei den luftgetrockneten Lehmziegeln anzuwenden. Auch bei Tontafeln, gerade bei den in Babylon gefundenen, kann man die Folgen der Versalzung erkennen. Da viele der Tontafeln im Altertum gar nicht oder nur wenig gebrannt wurden, ist der Ton recht weich, und die Bodensalze drangen während ihrer jahrtausendelangen Lagerung in der Erde ein. Für den Ausgräber bedeutet das schnelles Handeln, das heißt äußerste Vorsicht bei der Freilegung, vorsichtiges Nachbrennen und meist monatelanges Wässern, um die Tafel zu erhalten.

Alle diese Faktoren und viele andere Schwierigkeiten sind zu berücksichtigen, wenn man den Versuch unternimmt, eine so riesige Ruinenstätte wie Babylon auszugraben und zu bewahren. Als in den fünfziger Jahren zahlreiche Restaurierungs- und Aufräumungsarbeiten durch die Antikenverwaltung des Irak in Babylon begonnen wurden, hatte man sich besonders um den Erhalt der Ruinen von Prozessionsstraße
89, 90 und Ischtar-Tor bemüht. Von letzterem war bei den Grabungen von Robert Koldewey nur noch die älteste Anlage in recht gutem Zustand angetroffen worden. Sie war noch nicht mit farbigen Ziegelreliefs geschmückt, und man hatte diese Vorstufen bereits im Altertum zugeschüttet und überbaut. Deshalb liegen sie heute mehrere Meter unter dem Niveau der Umgebung, und man muß zu ihnen herabsteigen.

In den späten sechziger Jahren wurde auch der schon erwähnte Ninmach-Tempel in Babylon rekon-

IX
Blick auf den bereits teilweise wieder freigelegten Südpalast Nebukadnezars II. in Babylon

X
Der an der Prozessionsstraße gelegene, gut erhaltene Tempel des Gottes Nabu-scha-chare wurde in den letzten Jahren von irakischen Archäologen ausgegraben. Blick auf die Eingangsfront

struiert. In einem kleinen Museumsbau brachte man Kleinfunde aus Babylon, ein Modell und zahlreiche Informationen unter. Doch reichten die zur Verfügung stehenden Mittel und Menschen nicht für größere Unternehmungen.

Waren es früher fast ausschließlich ausländische Expeditionen, die in den Ruinenstätten Grabungen durchführten, waren es europäische und amerikanische Wissenschaftler, die die Sprache und Geschichte des alten Mesopotamien erforschten, so begann man, verstärkt eigene Wissenschaftler ausbilden zu lassen. Mit der wachsenden Zahl irakischer Archäologen, Assyriologen und Historiker nahmen überall im Lande die neuen Unternehmungen und Forschungen zu. Zahlreiche Ruinenplätze wurden von ihnen ausgegraben, viele bedeutende und stark gefährdete Bauwerke restauriert und erhalten. Dazu gehörten auch die schon mehrfach erwähnten Tempeltürme von Ur und Aqarquf, die inzwischen eine III, 37
neue Ziegelummantelung in ihrem unteren Teil erhielten.

Neue Pläne für Babylon ■ Einen großen Aufschwung erlebte die Archäologie und Denkmalpflege seit dem Jahre 1978, als ein Programm der notwendigen Maßnahmen für das ganze Land aufgestellt wurde. In diesem Programm stand Babylon an erster Stelle, da es zweifellos eine der bekanntesten und bedeutendsten Städte des Altertums ist. Es wurde zu einer nationalen Pflicht erklärt, diese für die Entwicklung und die Geschichte der Menschheit so wichtige Stadt wieder in einen Zustand zu versetzen, der einen Eindruck von ihrer Größe und Schönheit vermitteln kann. Allein für die Rekonstruktion und Ausgrabung von Babylon stellte die irakische Regierung große Geldsummen zur Verfügung, die alsbald zu gesteigerter Aktivität führten. Eine aus Archäologen, Ingenieuren und Technikern gebildete Gruppe widmete sich mit großer Energie den in einem Stufenplan zusammengefaßten Aufgaben. An erster Stelle standen Versuche, den Grundwasserspiegel zu senken und den Boden zu verbessern. Ein Programm der Auswaschung und Entwässerung des Bodens wurde in Angriff genommen, das jedoch bei den zahlreichen schon erwähnten Schwierigkeiten bisher keine grundlegende Änderung der Situation herbeiführen konnte. Das gleiche gilt für die Isolierung der Gebäude und die Entwicklung von Konservierungsmethoden für Lehmziegel und Backsteine. Es wird sicher noch Jahre der Versuche und Erprobung erfordern, um einen erfolgversprechenden Weg für die Erhaltung der babylonischen Ziegelmonumente zu finden. So hatte man zum Beispiel begonnen, die ausgegrabenen Mauern mit einem Putz zu überziehen und damit zu schützen. Dieser Überzug darf jedoch nicht das Aussehen des Mauerwerks völlig verändern, zu technisiert und modern wirken. Die bei Rekonstruktions- und Erhaltungsarbeiten verwendeten Ziegel sollten möglichst an Ort und Stelle ge- VIII
fertigt werden, was normalerweise nicht schwierig ist, in Babylon aber durch den Salzgehalt des Bodens besondere Vorsicht erfordert. Denn die aus salzhaltigem Lehm gefertigten Ziegel fangen sehr schnell an auszublühen. An einigen Bauten verwendete man deshalb Lehm, der mit besonders präpariertem Zement gemischt wurde, um eine bessere Haltbarkeit zu erzielen. Doch muß man auch hier erst die Langzeitwirkung abwarten.

Das Programm für Babylon hatte sich mehrere Ziele gesteckt, die als erstes kleinere Untersuchungen und Projektstudien vorsahen. Gleichzeitig damit liefen zahlreiche technische Arbeiten. So mußten zum Beispiel für den großen Stab von Mitarbeitern, die über längere Zeit in Babylon tätig waren, Dienst- und Wohnräume geschaffen werden. Das kleine, schon länger bestehende Museum wurde ausgebaut und neu eingerichtet. Der Plan für die nächsten Jahre sieht vor, in der Stadt mehrere Museen zu schaffen, in denen Funde aus den neuen Ausgrabungen untergebracht werden sollen. Man will diese zeitlich in Objekte aus der altbabylonischen, neubabylonischen und griechisch-parthischen Periode trennen.

An Hand der wissenschaftlichen Publikationen, der Aufnahmepläne und Fotos der deutschen Babylon-Expedition begannen die irakischen Archäologen an verschiedenen Schwerpunkten in der Stadt mit der Arbeit. Es galt, die von Koldewey schon einmal entdeckten Gebäude erneut freizulegen und, wenn möglich, durch intensive Forschung über seine Ergebnisse hinauszukommen. Das ist eine sehr komplizierte und zeitweilig sogar gefährliche Aufgabe, da hohe Schutthügel in manchen Teilen aufgehäuft sind oder man in mehreren Metern Tiefe arbeiten muß. Unter Einsatz Hunderter von Arbeitern — 1978 waren es etwa 750, später wurde die Zahl noch vergrößert — und Anwendung technischer Hilfsmittel, vor allem von Förderbändern, wurde der Schutt aus den Gebäuden entfernt. Robert Koldewey hatte während seiner Grabungen den Aushub auf Grund fehlender Mittel an verschiedenen Stellen innerhalb von Babylon ablagern müssen. Da man jetzt aber eine allmähliche Erschließung der ganzen Stadt zum Ziel hatte, wurde der Abraum sofort mit Lastkraftwagen abgefahren und herausgebracht. Auf diese Weise konnte man bereits einen Teil der Südburg Nebukadnezars räumen, so daß es beispielsweise schon
IX, wieder möglich ist, den Thronsaal des Königs zu be-
92 treten. Besondere Sorgfalt galt der unter dem Namen «Hängende Gärten» bekannten Anlage im Palast. Sie wurde gründlich untersucht, da man inzwischen berechtigte Zweifel an der einst von Koldewey vorgeschlagenen Deutung hegte. Die Konstruktion wird
91 jetzt mit der vorsichtigen Bezeichnung «Gewölbebau» benannt, über dessen genaue Bedeutung man sich noch nicht im klaren ist. Die sogenannten «Hängenden Gärten» muß man wahrscheinlich für die Zeit Nebukadnezars im westlichen Teil des Palastes direkt am Flußufer suchen.

Ein weiterer Schwerpunkt der Arbeit waren die Befestigungsanlagen von Babylon, der berühmte doppelte Mauerring. Die unmittelbar an das Ischtar-Tor anschließenden Mauerteile, die noch von imponierender Höhe sind, sollten erneut freigelegt und gesichert werden. Auch an anderen Punkten der Stadtmauer – vor allem im Osten – wurde gearbeitet. Hier war man im Begriff, die Anlage mit Lehmziegeln zu rekonstruieren. Man traf dabei auf besondere Probleme, die auch bei dem sogenannten Sommerpalast Nebukadnezars II. im äußersten Norden von Babylon auftraten. Das riesige Stadtgebiet von Babylon ist bereits seit langem von der technischen Erschließung des Landes erreicht und beschnitten worden. So führt unmittelbar parallel mit der östlichen Stadtmauer die Eisenbahnlinie Bagdad—Basra entlang, während auf der anderen Seite der Mauer die vielbefahrene Fernstraße Bagdad–Hille verläuft. Es traten also hier zu den zahlreichen schon geschilderten Schwierigkeiten die uns gut bekannten Probleme unserer Zeit — Luftverschmutzung und Bodenerschütterung — hinzu. Die Stadtmauer selbst war in diesem Gebiet bereits ziemlich abgetragen, und der Sommerpalast ist ein gefährliches Trümmerfeld. Doch werden alle Rekonstruktionsarbeiten durch die vorbeifahrenden Autokolonnen und die Eisenbahn immer wieder eine Beeinträchtigung erfahren. Hier jedoch eine Änderung herbeizuführen, das heißt diese beiden Verkehrswege zu verlegen, würde große Investitionen erfordern und kann nur für die Zukunft angestrebt werden.

Innerhalb des Stadtgebietes von Babylon befinden sich heute noch fünf Dörfer, drei im östlichen und zwei im westlichen Teil der Stadt. Sie sind bewohnt, und einige Teile des Ruinengebietes werden landwirtschaftlich genutzt. Besonders das Gebiet des ehemaligen Euphratlaufes zeichnet sich heute durch dichten Palmenbewuchs aus, von wo eine reiche Dattelernte eingebracht wird. Herden von Schafen und Ziegen sind häufig im Stadtgebiet anzutreffen. Auch hier plant man für die Zukunft Veränderungen und eine allmähliche Aufgabe der Dörfer. Die Antikenverwaltung hat bereits begonnen, das Nutzland aufzukaufen, um das gesamte Stadtgebiet von Babylon zu einer geschützten archäologischen Zone erklären zu können.

Schon seit langer Zeit hat sich Babylon zu einem Anziehungspunkt für Touristen entwickelt. Nicht nur ausländische Reisegruppen, sondern in zunehmendem Maße auch die Bevölkerung des Irak kommt zur Besichtigung nach Babylon. Da es sehr schwierig ist, das ausgedehnte Gelände der Stadt zu beaufsichtigen, wird durch diese Besucher öfter Schaden angerichtet. Nicht selten sieht man Scharen von Kindern oder Erwachsenen auf den Mauern herumlaufen, sieht sie im Ruinenfeld nach einem «Souvenir» suchen. Es wird nötig sein, für die Besucher vorgeschriebene Wege zu schaffen, was teilweise schon geschah, um den unmittelbaren Zutritt zu den Gebäuden nur an den dafür vorgesehenen Teilen zu gewährleisten. Abgesehen von den Gefahren des Ruinengeländes wird von den Besuchern manches zerstört oder fortgeschleppt.

Erste Resultate ■ Seit dem Beginn der verstärkten Aktivitäten in Babylon 1978 konnten bereits eindrucksvolle Erfolge erzielt werden. So hat man inzwischen 88, 89
den Verlauf der Prozessionsstraße bis zum Tempel Esagila weiterverfolgt und den teilweise noch mit den originalen Steinplatten bedeckten Weg wieder freigelegt. Dabei ergaben sich zahlreiche interessante Neuentdeckungen. Eine besondere Überraschung stellt ein neben der Umfassungsmauer von Esagila liegender, gut erhaltener Tempel der neubabyloni- X
schen Zeit dar, den Koldewey nicht gefunden hatte. Die Mauern dieses Tempels, die noch mindestens drei Meter hoch anstehen, tragen den originalen Putz mit Spuren von Wandmalerei. In einigen Räumen wurden reiche Tontafelfunde gemacht, wahrscheinlich zu einem Archiv oder einer Schule gehörend. Der Tempel konnte als der des Gottes Nabu identifiziert werden, denn er ist in den Schriftquellen erwähnt. Nabu wurde nicht nur in Borsippa verehrt, sondern er hatte hier unmittelbar neben dem Hauptheiligtum des Marduk eine eigene Kultstätte, wo er unter dem Namen Nabu-scha-chare residierte.

Der schräg gegenüber befindliche Tempel der Ischtar von Akkad, den die deutschen Ausgräber bereits freigelegt hatten, kann inzwischen auch wieder besichtigt werden, da er vom Schutt befreit und teilweise rekonstruiert wurde.

Das riesige Wohngebiet ist bei den Unternehmungen zu Beginn unseres Jahrhunderts nur sporadisch erforscht worden. Unter Koldewey hatte man einige Straßenzüge und Häuserkomplexe ausgegraben, doch reichten weder Zeit noch Mittel zu einer intensiveren Untersuchung. So darf man auch hier interessante Neuentdeckungen erwarten. Schon jetzt wurden viele Gräber, gerade aus der späten Siedlungszeit, aufgedeckt und reiche Kleinfunde gemacht. Sowohl im Zentrum als vor allem auch im nördlichen Teil der Stadt waren in den Perioden des Niedergangs von Babylon in den ehemaligen Wohnvierteln die Toten beigesetzt worden, so daß sich dort größere Gräberfelder befinden.

Ein Gebäudekomplex, den man in den siebziger Jahren rekonstruierte, ist das griechische Theater von Babylon. Es wurde, wie bereits erwähnt, auf dem Schutt des Babylonischen Turmes errichtet, den Alexander der Große ablagern ließ. Das Halbrund des mit Sitzstufen versehenen Zuschauerraumes wurde aus neuen Ziegeln nachgebaut und ein Teil des Skenengebäudes rekonstruiert. Doch befriedigen die angewandten Methoden heute nicht mehr, so daß man eine Veränderung anstrebt. In einem Teil des Skenengebäudes soll das Museum der seleukidisch-parthischen Periode untergebracht werden.

Natürlich gehört zum Projekt der Ausgrabung und Rekonstruktion Babylons auch sein berühmtestes Gebäude: die Zikkurrat. Doch gerade hier sind die Schwierigkeiten und Meinungsverschiedenheiten besonders groß. Nach wie vor steht in diesem Bereich das Grundwasser sehr hoch an, und der Turmrest liegt in einem gras- und schilfbewachsenen Graben. Noch immer sind viele Fragen zur Baugeschichte und Rekonstruktion dieses Gebäudes offen, die nur durch gründliche Ausgrabungen und Untersuchungen geklärt werden könnten.

So müßten erst die Voraussetzungen für solche Untersuchungen geschaffen werden, um wirklich Klarheit zu gewinnen. Das des öfteren auch in der Presse erwähnte Projekt eines Wiederaufbaus des Babylonischen Turmes erfordert genaue Überlegung, große finanzielle Mittel und umfangreiche technische Vorbereitungen. Eine Überbauung der vorhandenen Reste hätte die endgültige Vernichtung des originalen Befundes zur Folge, ganz abgesehen von den damit verbundenen Schwierigkeiten. Zahlreiche Vorschläge wurden bereits unterbreitet und diskutiert, so zum Beispiel auch der Aufbau eines Modells neben dem Turmrest oder an anderer Stelle. Auch die Idee eines Stadtmodells, dessen Größe ein Durchschreiten einzelner Straßenzüge erlaubt, wurde erwogen; hier hätte eine maßstabsgerechte Rekonstruktion der Zikkurrat ebenfalls ihren Platz.

Dem Plan, die Stadt Babylon mit ihren zahlreichen bedeutenden Bauwerken — den Stadtmauern, Palästen, Tempeln und nicht zuletzt dem Babylonischen Turm — als archäologisches Denkmal wiederherzustellen, gebührt volle Anerkennung. Er kann der weiteren Erschließung und Aneignung eines großen kulturellen Erbes dienen.

ANHANG ZUR 2. AUFLAGE

Die Untersuchungen zur Rekonstruktion des Turmes von Babylon werden auch heute noch mit großem Erfolg fortgesetzt. In den letzten Jahren hat sich besonders H. Schmid, der 1962 die Ausgrabungen der Turmruine leitete, erneut mit diesen Problemen beschäftigt. Nachforschungen in den Unterlagen der Ausgräber Robert Koldewey und Friedrich Wetzel, neue Interpretationen von Texten sowie Veröffentlichungen bisher unbekannter Skizzen auf Tontafeln bilden eine der Grundlagen zu seinen Überlegungen. Als Resultat entstand ein neues Turmmodell, an dem H. Schmid das Ergebnis seiner 70
Forschungen anschaulich präsentiert.

Gegenüber dem von Martiny entwickelten Modell, das zur Zeit im Vorderasiatischen Museum Berlin ausgestellt ist, sind sowohl bei den Maßen der einzelnen Stufen des Turmes als auch beim Verlauf der Treppen Veränderungen angenommen worden. In einem erneuten Vergleich der in der Esagila-Tafel genannten und bei der Grabung ermittelten Maße schlägt H. Schmid an Stelle der bisher genannten Länge der Mitteltreppe von 51,61 Metern eine Länge von 66,10 Metern vor. Diese Differenz ergibt sich aus den in der Esagila-Tafel genannten Maßen des Sockelgeschosses und dem über der Geschoßsohle ansetzenden Verlauf der Seitentreppen und entsprechend auch der Mitteltreppe. Letztere endet auf der zweiten Stufe der Zikkurrat, von wo aus, nach Meinung von H. Schmid, hinter den Außenflanken und parallel zu diesen angeordnete Seitentreppen liegen, die, von Seite zu Seite wechselnd, bis zur obersten Stufe aufsteigen.

Diese Rekonstruktion gäbe auch eine einleuchtende Erklärung für den bei Herodot genannten Verlauf einer Wendeltreppe außen um die Türme herum. Wenn man voraussetzt, daß der Babylonische Turm zur Zeit des Herodot im 5. Jahrhundert v. Chr. bereits durch den absichtlichen Abriß der Mitteltreppe im Auftrag des persischen Königs Xerxes und den anschließenden Verfall des Mauerwerks stark geschädigt war, dann könnten diese ursprünglich verborgenen Treppenläufe bereits außen sichtbar gewesen sein.

Die Eingänge zu den innen in jeweils zwei Läufen angeordneten Treppen ergänzt H. Schmid, der babylonischen Tradition folgend, mit hohen Portalen und entscheidet sich bei der Weiterführung dieser Idee auch für eine sechste Stufe des Baukörpers. Als siebente und letzte Stufe setzt er dann einen monumentalen Tempelbau auf die Spitze. Dieser enthält, nach dem Grundriß babylonischer Tempel, um einen, in diesem Fall überdachten Innenhof angeordnete Raumfolgen, die durch vier große Tore von außen her zugänglich waren. In diesem Tempel befanden sich sowohl das Betthaus für den speziellen Kult des Marduk auf der Zikkurrat als auch weitere Zellen für einige in den Texten genannte Gottheiten. Mit diesem Rekonstruktionsvorschlag würde auch die recht komplizierte Annahme eines zweigeschossigen Tempelbaus auf der Zikkurrat, wie er noch im Modell von Martiny vorgesehen ist, wegfallen.

Diese neue, nunmehr von H. Schmid erarbeitete Rekonstruktion des Babylonischen Turmes vermag zwar manche bisher schwer erklärbare Fragen zu beantworten, wird aber sicherlich die wissenschaftliche Diskussion herausfordern. Nur so können wir zu neuen Erkenntnissen kommen und die Vorstellung von einem fast verlorenen legendären Bauwerk wiedergewinnen.

NACHWEIS DER ZITATE IM TEXT

1 Genesis 11, 1–9
2 Pietro della Valle, zitiert nach H. V. Hilprecht, Die Ausgrabungen in Assyrien und Babylonien, Leipzig 1904, S. 16
3 Abbé de Beauchamp, zitiert nach H. V. Hilprecht, op. cit., S. 20
4 C. J. Rich, zitiert nach H. V. Hilprecht, op. cit., S. 29 f.
5 R. K. Porter, zitiert nach H. V. Hilprecht, op. cit., S. 44
6 H. V. Hilprecht, op. cit., S. 99
7 R. Koldewey, Mitteilungen der Deutschen Orientgesellschaft (abgekürzt MDOG) 2, 1899, S. 7 f.
8 R. Koldewey, MDOG 2, 1899, S. 5
9 R. Koldewey, MDOG 7, 1900, S. 24 f.
10 R. Koldewey, Die Tempel von Babylon und Borsippa, Wissenschaftliche Veröffentlichungen der Deutschen Orient-Gesellschaft 15 (abgekürzt WVDOG), Leipzig 1911, S. 45
11 F. Wetzel, MDOG 42, 1909, S. 25
12 W. Andrae, Babylon, Berlin 1952, S. 150 f.
13 R. Koldewey, Das wieder erstehende Babylon, Leipzig 1913, Vorwort
14 E. Weidner, Die Inschriften Tukulti-Ninurtas I. und seiner Nachfolger, Beiheft 12 des Archivs f. Orientforschung, Graz 1959, S. 28 f.
15 H. Gressmann, Altorientalische Texte zum Alten Testament, Berlin/Leipzig 1926, S. 122 f.
16 Übersetzt nach D. D. Luckenbill, Annals of Sennacherib, Oriental Institute Publications II, Chicago 1924, S. 83 f.
17 R. Borger, Die Inschriften Asarhaddons, Königs von Assyrien, Beiheft 9 des Archivs f. Orientforschung, Graz 1956, S. 12
18 R. Borger, op. cit., S. 19
19 R. Borger, op. cit., S. 24
20 M. Streck, Assurbanipal, Vorderasiatische Bibliothek 7/2, Leipzig 1916, S. 227
21 F. Wetzel, Das Hauptheiligtum des Marduk in Babylon, WVDOG 59, Leipzig 1938, S. 43 (Übersetz. H. Weißbach)
22 F. Wetzel, op. cit., S. 47
23 F. H. Weißbach, Die Keilinschriften der Achämeniden, Vorderasiatische Bibliothek 3, Leipzig 1911, S. 5
24 Das Geschichtswerk des Herodotos von Halikarnassos, übertr. von Th. Braun, Leipzig 1956, S. 97 f. (Buch I, Kap. 178)
25 Herodotos, op. cit., S. 99 (Buch I, Kap. 181, 182)
26 Herodotos, op. cit., S. 99 f. (Buch I, Kap. 183)
27 E. Unger, Babylon, Berlin/Leipzig 1931, S. 329 f.
28 F. Wetzel, E. Schmidt, A. Mallwitz, Das Babylon der Spätzeit, WVDOG 62, Berlin 1957, S. 29
29 E. Unger, op. cit., S. 334
30 F. Wetzel, MDOG 51, 1913, S. 24
31 F. Wetzel, WVDOG 59, S. 53 f.
32 F. Wetzel, op. cit., S. 55
33 Herodotos, op. cit., S. 99 (Buch I, Kap. 181)
34 F. Wetzel, WVDOG 59, S. 55
35 F. Wetzel, WVDOG 59, S. 49
36 Herodotos, op. cit., S. 99 (Buch I, Kap. 181)
37 F. Wetzel, WVDOG 59, S. 47
38 R. Borger, Bibliotheca Orientalis XXX, 1973, S. 181
39 R. Koldewey, WVDOG 15, S. 72
40 R. Koldewey, WVDOG 15, S. 73
41 S. N. Kramer, Geschichte beginnt mit Sumer, München 1959, S. 170
42 A. Falkenstein, W. v. Soden, Sumerische und akkadische Hymnen und Gebete, Zürich/Stuttgart 1953, S. 197 f.
43 A. Falkenstein, W. v. Soden, op. cit., S. 193 ff.
44 Zitiert nach H. Gressmann, Altorientalische Texte zum Alten Testament, Berlin/Leipzig 1926, S. 109 ff.
45 A. Falkenstein, Festschrift J. Friedrich, Heidelberg 1959, S. 158
46 H. Gressmann, op. cit., S. 301
47 H. Gressmann, op. cit., S. 307
48 H. Gressmann, op. cit., S. 306
49 St. Langdon, Die neubabylonischen Königsinschriften, Vorderasiatische Bibliothek 4, Leipzig 1912, S. 127
50 H. Zimmern, Zum babylonischen Neujahrsfest, Königlich-Sächsische Gesellschaft der Wissenschaften zu Leipzig, Phil.-hist. Klasse LVIII, S. 147
51 St. Langdon, op. cit., S. 157
52 A. Falkenstein, Festschrift J. Friedrich, op. cit., S. 161
53 St. Langdon, op. cit., S. 197
54 A. Falkenstein, Festschrift J. Friedrich, op. cit., S. 163
55 A. Falkenstein, Topographie von Uruk. Ausgrabungen der Deutschen Forschungsgemeinschaft in Uruk-Warka 3, Leipzig 1941, S. 29

LITERATURAUSWAHL

ANDRAE, W., *Der Babylonische Turm*, in: MDOG 71 (1932), S. 1 ff.

ANDRAE, W., *Lebenserinnerungen eines Ausgräbers*, Stuttgart [2]1988.

ANDRAE, W., UND R. M. BOEHMER, *Bilder eines Ausgräbers.* Die Orientbilder von Walter Andrae 1898–1919, Berlin 1989.

DOMBART, Th., *Der babylonische Turm*, in: Der Alte Orient 29/2, Leipzig 1930.

FALKENSTEIN, A. – VON SODEN, W., *Sumerische und akkadische Hymnen und Gebete*, Zürich – Stuttgart 1953.

GRESSMANN, H., *Altorientalische Texte zum Alten Testament*, Berlin – Leipzig [2]1926.

HEINRICH, E., *Zur Entstehung der Zikkurrate*, in: Festschrift A. Moortgat, Berlin 1964, S. 113 ff.

HEINRICH, E., *Die Tempel und Heiligtümer im alten Mesopotamien*, Berlin 1982.

KLENGEL, H., *König Hammurapi und der Alltag Babylons*, überarb. Neuauflage Zürich 1991.

KLENGEL-BRANDT, E., *Reise in das alte Babylon*, Leipzig [3]1977.

KOLDEWEY, R., *Die Tempel von Babylon und Borsippa* (WVDOG 15), Leipzig 1911.

KOLDEWEY, R., *Der babylonische Turm nach der Tontafel des Anubelschunu*, in: MDOG 59 (1918), S. 1ff.

KOLDEWEY, R., *Das wieder erstehende Babylon*, 5., überarb. Auflage München 1990.

LANGDON, St., *Die neubabylonischen Königsinschriften* (Vorderasiatische Bibliothek 3), Leipzig 1912.

LENZEN, H., *Die Entwicklung der Zikkurrat*, Leipzig 1941.

LENZEN, H., *Mesopotamische Tempelanlagen von der Frühzeit bis zum 2. Jahrtausend*, in: Zeitschr. f. Assyriologie NF 17 (1955), S. 1 ff.

LENZEN, H., *Gedanken über die Entstehung der Zikkurrat*, in: Iranica Antiqua 6 (1966), S. 25 ff.

MARTINY, G., *Astronomisches zum Babylonischen Turm*, in: MDOG 71 (1932), S. 11 ff.

MINKOWSKI, H., *Aus dem Nebel der Vergangenheit steigt der Turm zu Babel*, Berlin 1960.

ORTHMANN, W. (Hrsg.), *Der Alte Orient* (Propyläen-Kunstgeschichte, Bd. 14), Berlin 1975.

PALLIS, A., *The Babylonian Akitu Festival*, Kobenhavn 1926.

PARROT, A., *Ziggurats et tour de Babel*, Paris 1949.

RENGER, J. – COOPER, J. S., *Heilige Hochzeit*, in: Reallexikon der Assyriologie IV/4–5, Berlin 1975, S. 251 ff.

SCHMID, H., *Ergebnisse einer Grabung am Kernmassiv der Zikkurrat in Babylon*, in: Baghdader Mitteilungen 12, 1981, S. 87 ff.

UNGER, E., *Babylon, die heilige Stadt*, Berlin/Leipzig 1931.

VON SODEN, W., *Etemenanki vor Asarhaddon*, in: Ugarit-Forschungen 3 (1971), S. 253 ff.

WETZEL, F., *Das Hauptheiligtum des Marduk in Babylon* (WVDOG 59), Leipzig 1938.

Wiedererstehendes Babylon. Eine antike Weltstadt im Blick der Forschung. Katalog einer Ausstellung des Museums für Vor- und Frühgeschichte der Staatlichen Museen Preußischer Kulturbesitz 1991, dort H. Schmid, Der „Turm zu Babel", S. 67 ff.

ZIMMERN, H., *Zum Babylonischen Neujahrsfest*, I–II, in: Berichte über die Verhandlungen der Sächsischen Gesellschaft der Wissenschaften zu Leipzig, Phil.-hist. Klasse, Bd. 58 (1903), S. 126 ff. und 70 (1918), S. 1 ff.

VERZEICHNIS DER ABBILDUNGEN AUF DEN TEXTSEITEN

VERZEICHNIS DER TAFELN

31 Luftaufnahme des Ruinenfeldes von Babylon

32 Ruine des «Weißen Tempels» auf der Hochterrasse des Anu-Bezirkes in Uruk/Warka

33 Modell des «Weißen Tempels» auf der Anu-Zikkurrat von Uruk/Warka

34 Teil der Hoffassade der sogenannten Pfeilerhalle im Heiligtum Eanna in Uruk/Warka, Anfang des 3. Jahrtausends v. Chr. Rekonstruktion mit Originalstiften. Berlin, Vorderasiatisches Museum

35 Blick auf die Ruine der Zikkurrat von Eanna in Uruk/Warka unmittelbar nach der Grabung

36 Der heutige Zustand der Ruine der Zikkurrat von Eanna in Uruk/Warka

37 Ruine der Zikkurrat von Aqarquf mit rekonstruierter Sockelstufe und Mitteltreppe

38 Detailaufnahme vom Lehmziegelkern der Zikkurrat von Aqarquf

39 Die Ruine der Zikkurrat des Assur in der Stadt Assur nach der Grabung

40 Abrollung eines Siegelzylinders mit Darstellung eines Beters vor einem Opferständer und Altar. Letztes Viertel des 2. Jahrtausends v. Chr. Höhe 4,2 cm. Berlin, Vorderasiatisches Museum (VA 5362)

41 Abrollung eines Rollsiegels mit der Darstellung eines Beters vor einem Stufenturm. Letztes Viertel des 2. Jahrtausends v. Chr. Höhe 4,7 cm. Berlin, Vorderasiatisches Museum (VA 7736)

42 Rekonstruktion des Palastbezirkes von Dur Scharrukin/Chorsabad mit der Zikkurrat im Hintergrund. Zeichnung nach G. Loud und Ch. B. Altman, Khorsabad, Part II, Chicago 1938

43 Die Zikkurrat von Tschoga Zanbil, Luftaufnahme von der Südostseite

44 Die Zikkurrat von Tschoga Zanbil, Luftaufnahme von der Nordseite

45 Ausgrabungsbeginn an der Zikkurrat von Tschoga Zanbil, Südostfassade

46 Der südöstliche Aufgang der Zikkurrat von Tschoga Zanbil

47 Die Zikkurrat von Tschoga Zanbil, Modell von Mme. Girshman

48 Emaillierte Tonfliesen mit Knäufen, zur Dekoration der Zikkurrat von Tschoga Zanbil gehörend

49 Oberer Teil der Siegesstele des assyrischen Königs Asarhaddon (680–669 v. Chr.) aus Sam'al Sendschirli in Nordsyrien. Höhe 3,2 m. Berlin, Vorderasiatisches Museum (VA 2708)

50 Alabasterplatte mit Inschrift des Königs Tukulti-Ninurta I. (1243–1207 v. Chr.) aus der Zikkurrat von Kar-Tukulti-Ninurta. Höhe 37 cm, Breite 76 cm. Berlin, Vorderasiatisches Museum (VA 8253)

51 Ziegel mit einer Inschrift des Königs Assurbanipal (668 bis 627 v. Chr.) für den Bau des Tempels von Etemenanki. Berlin (Bab. 41 143)

52 Steinplatteninschrift Nebukadnezars II. (605–562 v. Chr.) mit ausführlicher Beschreibung seiner Bauten in Babylon und anderen Städten. Breite 50 cm, Länge 57 cm, Foto nach Gipsabguß VAG 169, Original im Britischen Museum London. Berlin, Vorderasiatisches Museum

53 Tonzylinder mit einer Bauinschrift des Nabonid von Babylon (555–539 v. Chr.) über die Erbauung des Nabu-Heiligtums in Borsippa. Länge 20,2 cm. Berlin, Vorderasiatisches Museum (VA 5273)

54 Tontafelfragment mit einem Teil der Stadtbeschreibung von Babylon, speziell der Schilderung der Heiligtümer des Marduk, 2. Hälfte des 1. Jahrtausends v. Chr. Höhe 12 cm. Berlin, Vorderasiatisches Museum (VAT 554)

55 Astrologischer Text mit der Darstellung von Tierkreiszeichen beziehungsweise Sternbildern aus der Zeit Antiochos' I. (281–261 v. Chr.), gefunden bei den Ausgrabungen in Uruk. Höhe 9,5 cm. Berlin, Vorderasiatisches Museum (VAT 7847)

56 Seitentreppe der Zikkurrat von Babylon, Grabungsaufnahme von 1913

57 Südwestecke des Kernbaus der Zikkurrat von Babylon mit Resten des Mantels aus gebrannten Ziegeln nach der Grabung von 1913

58 Zeichnerische Rekonstruktion des Bezirkes von Etemenanki, ausgeführt von Robert Koldewey

59 Blick auf die Kaimauern und den Turm von Babylon vom Westufer des Euphrat aus. Rekonstruktionszeichnung von W. Andrae, 1923

60 Der Babylonische Turm, umgeben von Hofmauern, Rekonstruktionszeichnung von W. Andrae, 1923

61 Modell der Zikkurrat von Babylon nach der Vorlage von G. Martiny, 1933

62 Rekonstruktion des Turmes von Babylon nach Th. Dombart, 1930

63 Modell des Haupttempels von Babylon, rekonstruierter Zustand des 6. Jahrhunderts v. Chr. Berlin, Vorderasiatisches Museum

64 Ruine der Zikkurrat von Babylon von Südosten, vor der 1962 durchgeführten Grabung von H. Schmid

65 Südseite der Zikkurrat von Babylon mit muldenartiger Einsenkung als Spur des Abbruchs der Mitteltreppe, 1962

66 Das Kernmassiv der Zikkurrat von Babylon mit freigeputzten unteren Schichten, rechts Beginn der Einsenkung, 1962

67 Ansicht des freigelegten unteren Mauerwerks des Kernblocks der Zikkurrat von Babylon, darüber Reste von jüngeren Gebäuden, 1962

68 Oberfläche des Lehmziegelmassivs der Zikkurrat von Babylon im Mittellängsschnitt, 1962

69 Freigelegter Holzanker in der Südseite des Kernmassivs der Zikkurrat von Babylon, 1962

70 Neues Modell des Babylonischen Turmes, Rekonstruktion Hansjörg Schmid (Modellausführung H. Hallmann)

71, 72 Blick auf die Ruine der Zikkurrat von Borsippa (Birs-Nimrud), vor einigen Jahren aufgenommen

73 Keulenknauf aus Onyx, wohl aus dem 6. Jahrhundert v. Chr. Höhe 5 cm. Berlin, Vorderasiatisches Museum (VA Bab 666)

74 Gewichtsente aus Stein, gefunden im Bezirk von Etemenanki

75 Siegelrolle des Gottes Adad aus Lapislazuli mit Inschrift des Königs Asarhaddon (680–669 v. Chr.), gefunden in Babylon. Höhe: 11,5 cm. Berlin, Vorderasiatisches Museum (VA Bab 647)

76 Tonfigur des Botengottes Ninschubur, 2. Hälfte des 7. Jahrhunderts v. Chr. Höhe 16 cm. Berlin, Vorderasiatisches Museum (VA Bab 3135)

77 Tonnachbildung eines Bettes aus Flechtwerk, 1. Hälfte des 1. Jahrtausends v. Chr. Länge 12,8 cm, Breite 7 cm. Berlin, Vorderasiatisches Museum (VA 14 613)

78 Bleirelief mit der Darstellung einer erotischen Szene, 12. Jahrhundert v. Chr. Höhe 6 cm. Berlin, Vorderasiatisches Museum (VA 5428)

79 Nackte Frau mit Kind. Aus der Form gefertigte Terrakotte, 6. Jahrhundert v. Chr. Höhe 13,4 cm. Berlin, Vorderasiatisches Museum (VA Bab 67)

80 Sitzende Musikantin mit Kithara. Terrakotte, 2. Hälfte des 1. Jahrtausends v. Chr. Höhe 12,8 cm. Berlin, Vorderasiatisches Museum (VA 5405)

81 Tonglocke, vielleicht für kultische Zwecke bestimmt, 6. Jahrhundert v. Chr. Höhe 3,8 cm. Berlin, Vorderasiatisches Museum (VA Bab 1177)

82–84 Bronzefisch mit Orakelinschrift, 592 v. Chr. Länge 8,3 cm. Berlin, Vorderasiatisches Museum (VA Bab 4374)

85 Tonnachbildung eines Bootes, 6. Jahrhundert v. Chr. Höhe 12,3 cm, Länge 20,2 cm. Berlin, Vorderasiatisches Museum (VA Bab 1206)

86 Blick auf den rekonstruierten Tempel der Göttin Ninmach in Babylon

87 Innenhof des rekonstruierten Tempels der Ninmach

88 Schlangendrache aus gebrannten Reliefziegeln von der ersten Baustufe des Ischtar-Tores in Babylon

89 Ansicht der Prozessionsstraße von Babylon 1980

90 Heutiges Aussehen des Ischtar-Tores in Babylon

91 Gewölbebau, bisher als «Hängende Gärten» gedeutet, mit Rekonstruktionen einiger Teile

92 Die Südburg Nebukadnezars II.

Fotonachweis: Staatliche Museen zu Berlin: Preußischer Kulturbesitz Altes Museum 14 – Kupferstichkabinett 1, 8–10 – Museum für Vor- und Frühgeschichte, H.-D. Beyer: 70 – Vorderasiatisches Museum VI, VII, 33, 34, 40, 41, 49, 50, 52–55, 58–63, 73, 75–85 – Fundfotos: 15, 17–26, 28–32, 35, 39, 51, 56, 57, 74 – Bildarchiv Preußischer Kulturbesitz zu Berlin: I – Staatliche Kunstsammlungen Dresden: 2, 6 – Kunsthistorisches Museum zu Wien: II – Deutsches Archäologisches Institut, Abt. Bagdad (Prof. Dr. H. Schmid): 64–69 – Prof. Dr. R. Girshman: 43–48 – Prof. Dr. H. Klengel/Dr. E. Klengel: III–V, VIII–X, 7, 36–38, 71, 72, 86–92 – Dr. F. Wetzel: 16, 27.

Für die freundliche Überlassung oder Vermittlung der Fotovorlagen danken Autorin und Verlag den Direktionen der Staatlichen Museen zu Berlin (Vorderasiatisches Museum, Kupferstichkabinett und Sammlung der Zeichnungen, Altes Museum), der Staatlichen Kunstsammlungen Dresden (Sammlung Alte Meister, Grünes Gewölbe), des Kunsthistorischen Museums zu Wien, den Herren Professoren Dr. R. Girshman † und Dr. H. Schmid. Letzterem gilt besonderer Dank für die Durchsicht des Manuskriptes und wertvolle Hinweise.

REGISTER

In der Kulturhistorischen Reihe des Verlages Koehler & Amelang sind bisher erschienen:

1. *Wilhelm Schubart:* Das Buch bei den Griechen und Römern. Herausgegeben von Eberhard Paul
   1. Auflage 1961
2. *Werner Krenkel:* Pompejanische Inschriften
   1. Auflage 1961; 2. Auflage 1963
3. *Heinrich Alexander Stoll:* Griechische Tempel
   1. Auflage 1961; 2. Auflage 1963
4. *Eberhard Paul:* Die falsche Göttin. Geschichte der Antikenfälschung
   1. Auflage 1962
5. *Otto-Wilhelm von Vacano*: Die Etrusker in der Welt der Antike
   1. Auflage 1962
6. *Otto Walcha:* Porzellan
   1. Auflage 1963; 2. Auflage 1964
7. *Burchard Brentjes:* Land zwischen den Strömen. Eine Kulturgeschichte des alten Zweistromlandes Irak
   1. Auflage 1963
8. *Margarete Riemschneider:* Von Olympia bis Ninive im Zeitalter Homers
   1. Auflage 1963
9. *Hannelore Sachs*: Mittelalterliches Chorgestühl
   1. Auflage 1964
10. *Heinrich L. Nickel:* Byzantinische Kunst
    1. Auflage 1964
11. *Eberhard Hempel:* Der Dresdner Zwinger. Ein Denkmal festlicher Kultur in der sächsischen Residenz
    1. Auflage 1964; 2. Auflage 1965
12. *Siegfried Morenz*: Gott und Mensch im alten Ägypten
    1. Auflage 1964,
    2., erweiterte Auflage 1984
13. *Burchard Brentjes:* Fels- und Höhlenbilder Afrikas
    1. Auflage 1965
14. Das alte Halle. Aus den Schriften von *Siegmar von Schultze-Galléra*. Zusammengestellt und herausgegeben von *Erich Neuß*
    1. Auflage 1965; 2. Auflage 1968
15. *Margarete Riemschneider:* Das Reich am Ararat
    1. Auflage 1965
16. *Günter Schade:* Deutsche Möbel aus sieben Jahrhunderten
    1. Auflage 1966; 2. Auflage 1971
17. *Renate Krüger*: Die Kunst der Synagoge. Eine Einführung in die Probleme von Kunst und Kult des Judentums
    1. Auflage 1966; 2. Auflage 1968
18. *Waldemar Fietz:* VomAquädukt zum Staudamm. Eine Geschichte der Wasserversorgung
    1. Auflage 1966
19. *Werner Noth:* Die Wartburg
    1. Auflage 1967; 2. Auflage 1970; 3. Auflage 1971;
    4. Auflage 1974; 5. Auflage 1975
20. *Burchard Brentjes:* Die iranische Welt vor Mohammed
    1. Auflage 1967;
    2., verbesserte Auflage 1978
21. *Horst Klengel:* Geschichte und Kultur Altsyriens
    1. Auflage 1967; 2.,überarbeitete und erweiterte Auflage 1979
22. *Werner Forman und Yöngsiyebu Rintschen:* Lamaistische Tanzmasken. Der Erlik-Tsam in der Mongolei
    1. Auflage 1967
23. *Hans Bauer:* Tisch und Tafel in alten Zeiten. Aus der Kulturgeschichte der Gastronomie
    1. Auflage 1967
24. *Heinz Mode* und *Siegfried Wölffling*: Zigeuner. Der Weg eines Volkes in Deutschland
    1. Auflage 1968
25. *Nikolaus Zaske*: Gotische Backsteinkirchen Norddeutschlands zwischen Elbe und Oder
    1. Auflage 1968; 2. Auflage 1970
26. *Günter Schade*: Deutsches Glas.Von den Anfängen bis zum Biedermeier
    1. Auflage 1968
27. *Konrad Onasch*: Groß-Nowgorod und das Reich der heiligen Sophia. Kirchen- und Kulturgeschichte einer alten russischen Stadt und ihres Hinterlandes
    1. Auflage 1969
28. *Werner Becker:* Vom alten Bild der Welt. Alte Landkarten und Stadtansichten
    1. Auflage 1969; 2. Auflage 1971
29. *Arthur Suhle:* Die Münze. Von den Anfängen bis zur europäischen Neuzeit
    1. Auflage 1969; 2. Auflage 1970; 3. Auflage 1971
30. *Frederick Rose:* Die Ureinwohner Australiens. Gesellschaft und Kunst
    1. Auflage 1969
31. *Eberhard Paul:* Antikes Rom
    1. Auflage 1970; 2. Auflage 1972
32. *Evelyn und Horst Klengel:* Die Hethiter und ihre Nachbarn. Eine Kulturgeschichte Kleinasiens von Catal Hüyük bis zu Alexander dem Großen
    1. Auflage 1970; 2. Auflage 1975
33. *Hannelore Sachs:* Sammler und Mäzene. Zur Entwicklung des Kunstsammelns von der Antike bis zur Gegenwart
    1. Auflage 1971
34. *Burchard Brentjes:* Die Söhne Ismaels. Geschichte und Kultur der Araber
    1. Auflage 1971; 2. Auflage 1973; 3. Auflage 1977

35. *Hans Bauer*: Wenn einer eine Reise tat. Eine Kulturgeschichte des Reisens von Homer bis Baedeker
1. Auflage 1971; 2. Auflage 1973
36. *Renate Krüger:* Das Zeitalter der Empfindsamkeit. Kunst und Kultur des späten 18. Jahrhunderts in Deutschland
1. Auflage 1972; 2. Auflage 1975
37. *Hans Giesecke:* Das alte Erfurt. Mit Bildern von Klaus G. Beyer
1. Auflage 1972
38. *Herbert Plaeschke:* Buddhistische Kunst. Das Erbe Indiens
1. Auflage 1972; 2. Auflage 1974
39. *Wilhelm Neef*: Das Chanson. Eine Monographie
1. Auflage 1972
40. *G. A. Fedorow-Dawydow:* Die Goldene Horde und ihre Vorgänger, Übersetzung aus dem Russischen von *Alexander Häusler*
1. Auflage 1972
41. *Margarete Riemschneider:* Ruhmreiches Rhodos
1. Auflage 1973
42. *Burchard Brentjes:* Drei Jahrtausende Armenien
1. Auflage 1973; 2.Auflage 1976; 3., durchgesehene Auflage 1984
43. *Hans-Dieter Döpmann:* Das alte Bulgarien. Ein kulturgeschichtlicher Abriß bis zum Ende der Türkenherrschaft im Jahre 1878
1. Auflage 1973
44. *Hanns-Ulrich Haedeke:* Zinn. Zentren der Zinngießerkunst von der Antike bis zum Jugendstil
1. Auflage 1973; 2. Auflage 1974
45. *Burchard Brentjes:* Chane, Sultane, Emire. Der Islam vom Zusammenbruch des Timuridenreiches bis zur europäischen Okkupation
1. Auflage 1974
46. *Günter Schade*: Deutsche Goldschmiedekunst. Ein Überblick über die kunst- und kulturgeschichtliche Entwicklung der deutschen Gold- und Silberschmiedekunst vom Mittelalter bis zum beginnenden 19. Jahrhundert
1. und 2. Auflage 1974
47. *D. P. Kallistow*: Antikes Theater. Übersetzung aus dem Russischen von Bernd Funck
1. Auflage 1974
48./49. Japanische Kunst. Aus dem Japanischen übersetzt, bearbeitet und herausgegeben von *Jürgen Berndt*. 2 Bände
1. Auflage 1975
50. *Ursula Czeczot:* Die Meißner Albrechtsburg. Wegweisende Bauleistung an der Wende vom Mittelalter zur Neuzeit. Fotos von *Helmut Seifert*
1. Auflage 1975
51. *Werner Becker:* Von Kardinaltugenden, Todsünden und etlichen Lastern. Bilder und Plastiken zur Kultur- und Sittengeschichte des 12. bis 19. Jahrhunderts
1. Auflage 1975
52. *Peter Gülke*: Mönche, Bürger, Minnesänger. Musik in der Gesellschaft des europäischen Mittelalters
1. Auflage 1975; 2., erweiterte Auflage 1980
53. *Arne Effenberger:* Koptische Kunst. Ägypten in spätantiker, byzantinischer und frühislamischer Zeit
1. Auflage 1975
54. *Manfred Taube* und *Günter Nerlich*: Nepal. Land zwischen Tarai und Himalaja
1. Auflage 1975
55. *Edith Neubauer:* Altgeorgische Baukunst, Felsenstädte, Kirchen, Höhlenklöster
1. Auflage 1976
56. *Erich Donnert:* Das Moskauer Rußland. Kultur und Geistesleben im 15. und 16.Jahrhundert
1. Auflage 1976
57. *Karl-Heinz Bernhardt:* Der alte Libanon
1. Auflage 1976
58. *Helmut Zeraschi*: Drehorgeln
1. Auflage 1976; 2. Auflage 1978
59. *Burchard Brentjes:* Mittelasien. Eine Kulturgeschichte der Völker zwischen Kaspischem Meer und Tien-Schan
1. Auflage 1977
60. *Thomas Thilo:* Klassische chinesische Baukunst. Strukturprinzipien und soziale Funktion
1. Auflage 1977
61. *Joachim Menzhausen:* Dresdener Kunstkammer und Grünes Gewölbe. Fotos von Klaus G. Beyer
1. Auflage 1977
62. *Horst Prignitz:* Vom Badekarren zum Strandkorb. Zur Geschichte des Badewesens an der Ostseeküste
1. Auflage 1977
63. *Günter Schade:* Berliner Porzellan. Zur Kunst und Kulturgeschichte der Berliner Porzellanmanufakturen im 18. und 19. Jahrhundert
1. Auflage 1978; 2., erweiterte Auflage 1986
64. *Karl Czok*: Das alte Leipzig. Mit Fotos von Volkmar Herre
1. Auflage 1978
65. *Swetlana Alexandrowna Pletnjowa*: Die Chasaren. Mittelalterliches Reich an Don und Wolga. Übersetzung aus dem Russischen von *Alexander Häusler*
1. Auflage 1978
66. *Herbert* und *Ingeborg Plaeschke:* Hinduistische Kunst. Das indische Mittelalter
1. Auflage 1978
67. *Burchard Brentjes*: Völker beiderseits des Jordans
1. Auflage 1979

68. *Werner Gaude*: Die alte Apotheke. Eine tausendjährige Kulturgeschichte
1. Auflage 1979; 2., durchges. Auflage 1981; 3. Auflage 1985

69. *Renate Krüger*: Biedermeier. Eine Lebenshaltung zwischen 1815 und 1848
1. Auflage 1979; 2. Auflage 1982

70 *Peter Musiolek und Wolfgang Schindler:* Klassisches Athen
1. Auflage 1980

71. *Rudolf Drößler*: Kunst der Eiszeit. Von Spanien bis Sibirien
1. Auflage 1980

72. *Josef Janáček*: Das alte Prag. Mit Bildern von Josef Ehm, Übersetzung aus dem Tschechischen von *Wolf B. Oerter*
1. Auflage 1980; 2. Auflage 1983

73. *Maria Bogucka:* Das alte Danzig. Alltagsleben vom 15. bis 17. Jahrhundert. Übersetzung aus dem Polnischen von *Eduard Merian*
1. Auflage 1980; 2. Auflage 1987

74. Olympia. Von den Anfängen bis zu Coubertin. Von einem Autorenkollektiv unter Leitung von *Joachim Ebert*
1. Auflage 1980

75. *Burchard Brentjes:* Völker an Euphrat und Tigris
1. Auflage 1981

76. *Antonina Jelicz:* Das alte Krakau. Alltagsleben vom 13. bis zum 15. Jahrhundert. Übersetzung aus dem Polnischen von *Eduard Merian*
1. Auflage 1981

77. *Eberhard Paul:* Gefälschte Antike. Von der Renaissance bis zur Gegenwart
1. Auflage 1981

78. *Werner Piechocki:* Die Halloren. Geschichte und Tradition der »Salzwirkerbrüderschaft im Thale zu Halle.« Mit Fotos von *Walter Danz*
1. Auflage 1981

79. *Evelyn Klengel-Brandt:* Der Turm von Babylon. Legende und Geschichte eines Bauwerks
1. Auflage 1982

80. *Herbert und Ingeborg Plaeschke*: Indische Felsentempel und Höhlenklöster. Ajanta und Elura. Mit Fotos von *Günter Nerlich*
1. Auflage 1982

81. *Eberhard Paul:* Antike Keramik. Entdeckung und Erforschung bemalter Tongefäße in Griechenland und Italien
1. Auflage 1982

82. *Werner Noth:* Die Wartburg. Denkmal und Museum. Mit Aufnahmen von *Klaus G. Beyer*
1. Auflage 1983; 2. Auflage 1985; 3. Auflage 1989

83. *Erika und Manfred Taube:* Schamanen und Rhapsoden. Die geistige Kultur der alten Mongolei
1. Auflage 1983

84. *Burchard Brentjes:* Völkerschicksale am Hindukusch, Afghanen, Belutschen, Tadshiken
1. Auflage 1983

85. *Elfriede Rehbein*: Zu Wasser und zu Lande. Eine Geschichte des Verkehrswesens von den Anfängen bis zum Ende des 19. Jahrhunderts
1. Auflage 1984

86. *Ernst Badstübner:* Kirchen der Mönche. Die Baukunst der Reformorden im Mittelalter. Mit Aufnahmen von *Klaus G. Beyer*
1. Auflage 1984

87. *Erhard Hirsch:* Dessau-Wörlitz. Aufklärung und Frühklassik
1. Auflage 1985; 2. Auflage 1987

88. *Hermann und Alida Fabini:* Kirchenburgen in Siebenbürgen. Abbild und Selbstdarstellung siebenbürgisch-sächsischer Dorfgemeinschaften. Mit Aufnahmen von *Karin Wieckhorst*
1. Auflage 1985

89. *Wolfgang Schindler:* Römische Kaiser. Herrscherbild und Imperium
1. Auflage 1985

90. *Arne Effenberger:* Frühchristliche Kunst und Kultur. Von den Anfängen bis zum 7. Jahrhundert.
1. Auflage 1986

91. *Horst Prignitz:* Wasserkur und Badelust. Eine Badereise in die Vergangenheit
1. Auflage 1986

92. *L. Bretanizki, B. Weimarn und Burchard Brentjes*: Die Kunst Aserbaidshans vom 4. bis zum 18. Jahrhundert. Übersetzung aus dem Russischen von *Helga Hauffe.*
1. Auflage 1988

93. *Herbert und Ingeborg Plaeschke:* Frühe indische Plastik
1. Auflage 1988

94. *Burchard Brentjes:* Die Mauren. Der Islam in Nordafrika und Spanien (642–1800)
1. Auflage 1989

95. *Werner Müller:* Architekten in der Welt der Antike
1. Auflage 1989

96. *Ernst Badstübner:* Das alte Mühlhausen. Kunstgeschichte einer mittelalterlichen Stadt. Mit Aufnahmen von *Constantin Beyer*
1. Auflage 1989

97. *Harald Olbrich und Helga Möbius*: Holländische Malerei des 17. Jahrhunderts
1. Auflage 1990

98. *Eberhard Czaya:* Der Silberbergbau. Aus Geschichte und Brauchtum der Bergleute
1. Auflage 1990

99. *Gerhard König*: Die Uhr. Geschichte – Technik – Stil
1. Auflage 1991

100. *Christos G. Doumas:* Thera/Santorin. Das Pompeji der alten Ägäis. Übersetzung aus dem Englischen von *Werner Posselt*
1. Auflage 1991

35. *Hans Bauer*: Wenn einer eine Reise tat. Eine Kulturgeschichte des Reisens von Homer bis Baedeker
1. Auflage 1971; 2. Auflage 1973

36. *Renate Krüger*: Das Zeitalter der Empfindsamkeit. Kunst und Kultur des späten 18. Jahrhunderts in Deutschland
1. Auflage 1972; 2. Auflage 1975

37. *Hans Giesecke*: Das alte Erfurt. Mit Bildern von Klaus G. Beyer
1. Auflage 1972

38. *Herbert Plaeschke*: Buddhistische Kunst. Das Erbe Indiens
1. Auflage 1972; 2. Auflage 1974

39. *Wilhelm Neef*: Das Chanson. Eine Monographie
1. Auflage 1972

40. *G. A. Fedorow-Dawydow*: Die Goldene Horde und ihre Vorgänger, Übersetzung aus dem Russischen von *Alexander Häusler*
1. Auflage 1972

41. *Margarete Riemschneider*: Ruhmreiches Rhodos
1. Auflage 1973

42. *Burchard Brentjes*: Drei Jahrtausende Armenien
1. Auflage 1973; 2.Auflage 1976; 3., durchgesehene Auflage 1984

43. *Hans-Dieter Döpmann*: Das alte Bulgarien. Ein kulturgeschichtlicher Abriß bis zum Ende der Türkenherrschaft im Jahre 1878
1. Auflage 1973

44. *Hanns-Ulrich Haedeke*: Zinn. Zentren der Zinngießerkunst von der Antike bis zum Jugendstil
1. Auflage 1973; 2. Auflage 1974

45. *Burchard Brentjes*: Chane, Sultane, Emire. Der Islam vom Zusammenbruch des Timuridenreiches bis zur europäischen Okkupation
1. Auflage 1974

46. *Günter Schade*: Deutsche Goldschmiedekunst. Ein Überblick über die kunst- und kulturgeschichtliche Entwicklung der deutschen Gold- und Silberschmiedekunst vom Mittelalter bis zum beginnenden 19. Jahrhundert
1. und 2. Auflage 1974

47. *D. P. Kallistow*: Antikes Theater. Übersetzung aus dem Russischen von Bernd Funck
1. Auflage 1974

48./49. Japanische Kunst. Aus dem Japanischen übersetzt, bearbeitet und herausgegeben von *Jürgen Berndt*. 2 Bände
1. Auflage 1975

50. *Ursula Czeczot*: Die Meißner Albrechtsburg. Wegweisende Bauleistung an der Wende vom Mittelalter zur Neuzeit. Fotos von *Helmut Seifert*
1. Auflage 1975

51. *Werner Becker*: Von Kardinaltugenden, Todsünden und etlichen Lastern. Bilder und Plastiken zur Kultur- und Sittengeschichte des 12. bis 19. Jahrhunderts
1. Auflage 1975

52. *Peter Gülke*: Mönche, Bürger, Minnesänger. Musik in der Gesellschaft des europäischen Mittelalters
1. Auflage 1975;
2., erweiterte Auflage 1980

53. *Arne Effenberger*: Koptische Kunst. Ägypten in spätantiker, byzantinischer und frühislamischer Zeit
1. Auflage 1975

54. *Manfred Taube* und *Günter Nerlich*: Nepal. Land zwischen Tarai und Himalaja
1. Auflage 1975

55. *Edith Neubauer*: Altgeorgische Baukunst, Felsenstädte, Kirchen, Höhlenklöster
1. Auflage 1976

56. *Erich Donnert*: Das Moskauer Rußland. Kultur und Geistesleben im 15. und 16.Jahrhundert
1. Auflage 1976

57. *Karl-Heinz Bernhardt*: Der alte Libanon
1. Auflage 1976

58. *Helmut Zeraschi*: Drehorgeln
1. Auflage 1976; 2. Auflage 1978

59. *Burchard Brentjes*: Mittelasien. Eine Kulturgeschichte der Völker zwischen Kaspischem Meer und Tien-Schan
1. Auflage 1977

60. *Thomas Thilo*: Klassische chinesische Baukunst. Strukturprinzipien und soziale Funktion
1. Auflage 1977

61. *Joachim Menzhausen*: Dresdener Kunstkammer und Grünes Gewölbe. Fotos von Klaus G. Beyer
1. Auflage 1977

62. *Horst Prignitz*: Vom Badekarren zum Strandkorb. Zur Geschichte des Badewesens an der Ostseeküste
1. Auflage 1977

63. *Günter Schade*: Berliner Porzellan. Zur Kunst- und Kulturgeschichte der Berliner Porzellanmanufakturen im 18. und 19. Jahrhundert
1. Auflage 1978;
2., erweiterte Auflage 1986

64. *Karl Czok*: Das alte Leipzig. Mit Fotos von Volkmar Herre
1. Auflage 1978

65. *Swetlana Alexandrowna Pletnjowa*: Die Chasaren. Mittelalterliches Reich an Don und Wolga. Übersetzung aus dem Russischen von *Alexander Häusler*
1. Auflage 1978

66. *Herbert* und *Ingeborg Plaeschke*: Hinduistische Kunst. Das indische Mittelalter
1. Auflage 1978

67. *Burchard Brentjes*: Völker beiderseits des Jordans
1. Auflage 1979

68. *Werner Gaude*: Die alte Apotheke. Eine tausendjährige Kulturgeschichte
1. Auflage 1979; 2., durchges. Auflage 1981; 3. Auflage 1985
69. *Renate Krüger*: Biedermeier. Eine Lebenshaltung zwischen 1815 und 1848
1. Auflage 1979; 2. Auflage 1982
70 *Peter Musiolek und Wolfgang Schindler:* Klassisches Athen
1. Auflage 1980
71. *Rudolf Drößler*: Kunst der Eiszeit. Von Spanien bis Sibirien
1. Auflage 1980
72. *Josef Janáček*: Das alte Prag. Mit Bildern von Josef Ehm, Übersetzung aus dem Tschechischen von *Wolf B. Oerter*
1. Auflage 1980; 2. Auflage 1983
73. *Maria Bogucka:* Das alte Danzig. Alltagsleben vom 15. bis 17. Jahrhundert. Übersetzung aus dem Polnischen von *Eduard Merian*
1. Auflage 1980; 2. Auflage 1987
74. Olympia. Von den Anfängen bis zu Coubertin. Von einem Autorenkollektiv unter Leitung von *Joachim Ebert*
1. Auflage 1980
75. *Burchard Brentjes:* Völker an Euphrat und Tigris
1. Auflage 1981
76. *Antonina Jelicz:* Das alte Krakau. Alltagsleben vom 13. bis zum 15. Jahrhundert. Übersetzung aus dem Polnischen von *Eduard Merian*
1. Auflage 1981
77. *Eberhard Paul:* Gefälschte Antike. Von der Renaissance bis zur Gegenwart
1. Auflage 1981
78. *Werner Piechocki:* Die Halloren. Geschichte und Tradition der »Salzwirkerbrüderschaft im Thale zu Halle.« Mit Fotos von *Walter Danz*
1. Auflage 1981
79. *Evelyn Klengel-Brandt:* Der Turm von Babylon. Legende und Geschichte eines Bauwerks
1. Auflage 1982
80. *Herbert und Ingeborg Plaeschke*: Indische Felsentempel und Höhlenklöster. Ajanta und Elura. Mit Fotos von *Günter Nerlich*
1. Auflage 1982
81. *Eberhard Paul:* Antike Keramik. Entdeckung und Erforschung bemalter Tongefäße in Griechenland und Italien
1. Auflage 1982
82. *Werner Noth:* Die Wartburg. Denkmal und Museum. Mit Aufnahmen von *Klaus G. Beyer*
1. Auflage 1983; 2. Auflage 1985; 3. Auflage 1989
83. *Erika und Manfred Taube:* Schamanen und Rhapsoden. Die geistige Kultur der alten Mongolei
1. Auflage 1983
84. *Burchard Brentjes:* Völkerschicksale am Hindukusch, Afghanen, Belutschen, Tadshiken
1. Auflage 1983
85. *Elfriede Rehbein*: Zu Wasser und zu Lande. Eine Geschichte des Verkehrswesens von den Anfängen bis zum Ende des 19. Jahrhunderts
1. Auflage 1984
86. *Ernst Badstübner:* Kirchen der Mönche. Die Baukunst der Reformorden im Mittelalter. Mit Aufnahmen von *Klaus G. Beyer*
1. Auflage 1984
87. *Erhard Hirsch:* Dessau-Wörlitz. Aufklärung und Frühklassik
1. Auflage 1985; 2. Auflage 1987
88. *Hermann und Alida Fabini:* Kirchenburgen in Siebenbürgen. Abbild und Selbstdarstellung siebenbürgisch-sächsischer Dorfgemeinschaften. Mit Aufnahmen von *Karin Wieckhorst*
1. Auflage 1985
89. *Wolfgang Schindler:* Römische Kaiser. Herrscherbild und Imperium
1. Auflage 1985
90. *Arne Effenberger:* Frühchristliche Kunst und Kultur. Von den Anfängen bis zum 7. Jahrhundert.
1. Auflage 1986
91. *Horst Prignitz:* Wasserkur und Badelust. Eine Badereise in die Vergangenheit
1. Auflage 1986
92. *L. Bretanizki, B. Weimarn und Burchard Brentjes*: Die Kunst Aserbaidshans vom 4. bis zum 18. Jahrhundert. Übersetzung aus dem Russischen von *Helga Hauffe.*
1. Auflage 1988
93. *Herbert und Ingeborg Plaeschke:* Frühe indische Plastik
1. Auflage 1988
94. *Burchard Brentjes:* Die Mauren. Der Islam in Nordafrika und Spanien (642–1800)
1. Auflage 1989
95. *Werner Müller:* Architekten in der Welt der Antike
1. Auflage 1989
96. *Ernst Badstübner:* Das alte Mühlhausen. Kunstgeschichte einer mittelalterlichen Stadt. Mit Aufnahmen von *Constantin Beyer*
1. Auflage 1989
97. *Harald Olbrich und Helga Möbius*: Holländische Malerei des 17. Jahrhunderts
1. Auflage 1990
98. *Eberhard Czaya:* Der Silberbergbau. Aus Geschichte und Brauchtum der Bergleute
1. Auflage 1990
99. *Gerhard König*: Die Uhr. Geschichte – Technik – Stil
1. Auflage 1991
100. *Christos G. Doumas:* Thera/Santorin. Das Pompeji der alten Ägäis. Übersetzung aus dem Englischen von *Werner Posselt*
1. Auflage 1991

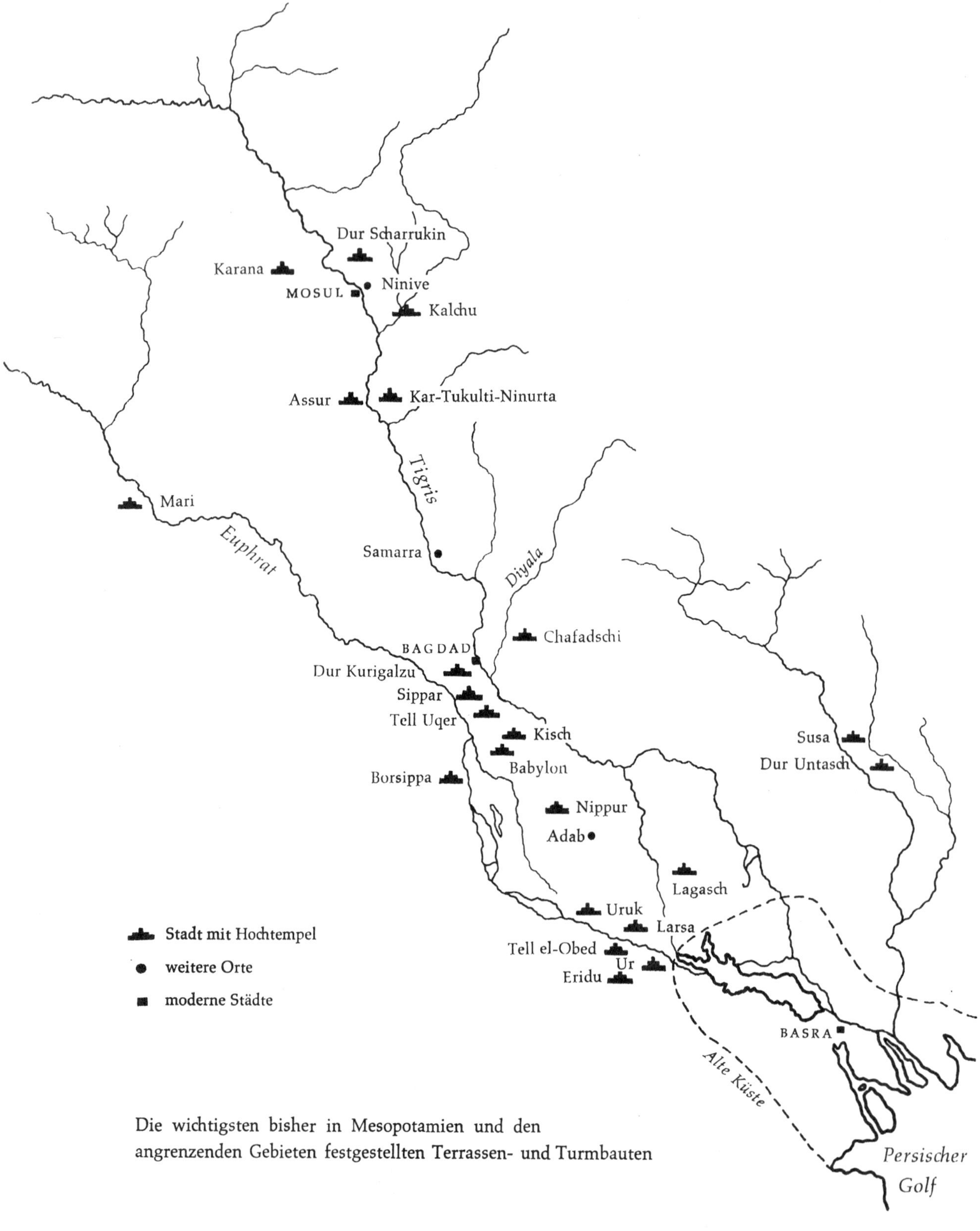

Die wichtigsten bisher in Mesopotamien und den angrenzenden Gebieten festgestellten Terrassen- und Turmbauten